ARD-Ratgeber Geld

Herausgeber
Dr. Wolfgang Friedrich

Bayerischer Rundfunk

Eine Produktion des Bayerischen Rundfunks
in Zusammenarbeit mit den Verbraucherzentralen

verbraucherzentrale

In diesem Buch erhalten Sie die wichtigsten Informationen, Anregungen und Tipps zum Thema „Zuschüsse vom Staat". Der Praxis-Ratgeber berücksichtigt die neuesten Kürzungen und Streichungen – Stichworte: Gesundheits- und Arbeitsmarkt-Reformen samt Hartz-III- und Hartz-IV-Gesetz. Er bietet damit schnelle und fundierte Informationen, leicht verständlich aufbereitet und für den Alltag zu gebrauchen. Das Buch zeigt auch, wie Sie Ihre finanziellen Interessen gegenüber Behörden durchsetzen können. Redaktionsschluss für die vorliegende Auflage ist der 20. April 2004.

Detlef Pohl ist Experte auf den Gebieten Geldanlage, Verbraucherrecht, Versicherungen, Immobilien und Altersvorsorge.

Detlef Pohl

Zuschüsse vom Staat

Öffentliche Mittel, die Ihnen zustehen

vgs EGMONT

Bibliografische Information Der Deutschen Bibliothek
Die Deutsche Bibliothek verzeichnet diese Publikation in der Deutschen Nationalbibliografie;
detailierte bibliografische Daten sind im Internet über http://dnb.ddb.de abrufbar.

Coverbild:	Getty Images
Herausgeber:	Dr. Wolfgang Friedrich
Fachliche Mitwirkung:	Bernd Jaquemoth
Lektorat/Koordination:	Frank Wolsiffer
Druck/Bindung:	Koelblin-Fortuna-Druck GmbH & Co. KG, Baden-Baden

Internet: www.vgs.de
www.verbraucherzentrale-nrw.de

ISBN 3-8025-1617-6

Liebe Leserin, lieber Leser,

vieles – manch einer wird sagen: viel zu vieles – in unserem Leben dreht sich ums liebe Geld. Nicht nur der Staat, auch immer mehr Privathaushalte sind hoch verschuldet. Dabei wird es uns einerseits so einfach gemacht wie nie zuvor, an Geld heranzukommen, etwa in Form von Krediten. Andererseits aber wird fast überall der – nur scheinbar scherzhaft gemeinte – Stoßseufzer immer lauter: „Wie kann es sein, dass am Ende des Geldes noch so viel Monat übrig bleibt?"

Wie wahr: Die Steuer- und Abgabenlasten, die jeden Einzelnen von uns drücken, sind kaum noch zu bewältigen, ganz abgesehen von den vielen größeren oder kleineren Raten für Kredite, Hypotheken und Ähnliches, die fast jeden Bundesbürger mehr oder weniger belasten.

Durch meine langjährige verantwortliche Tätigkeit in unterschiedlichen Geld- und Verbraucherredaktionen des deutschen Fernsehens weiß ich: Das Bedürfnis der Bevölkerung nach guter, verständlicher und aktueller Information rund um das Thema Geld ist so groß wie nie. Die Berge von Zuschauerpost, die etwa regelmäßig nach jeder Sendung von „ARD-Ratgeber Geld" beim Bayerischen Rundfunk eingehen, sprechen hierfür Bände.

Nicht zuletzt das Wissen um diesen enormen Informationsbedarf hat mich dazu veranlasst, in Zusammenarbeit mit den Verbraucherzentralen und der Egmont vgs verlagsgesellschaft die aktuelle Ratgeberreihe „Top-Tipps Geld" herauszugeben. Sie soll unsere Fernseharbeit für die Verbraucher vertiefen und umfassende Antworten auf viele Ihrer Fragen geben, die in der Kürze der Fernsehzeit notgedrungen oft ein wenig auf der Strecke bleiben. Deswegen hat ein kompetentes Team von erfahrenen Fachautoren – etwa Juristen, Finanzfachleuten oder qualifizierten Journalisten – zusammen mit Experten der Verbraucherzentralen diese Ratgeberreihe konzeptioniert. Jedes Buch dieser Reihe beschäftigt sich auf aktuelle, informative und kompetente Weise klar und übersichtlich mit Ihren speziellen Fragen rund um Ihre Finanzen.

Ich bedanke mich im Namen meines Teams für das Vertrauen, das Sie uns entgegenbringen, und hoffe, dass wir den Dschungel der komplexen Materie für Sie ein wenig lichten können. Ich würde mich freuen, wenn Sie mit unserer Hilfe die Informationen bekommen, die Sie brauchen.

Herzlichst,
Ihr

Dr. Wolfgang Friedrich

Leiter der Redaktionsgruppe Wirtschaft
beim Bayerischen Fernsehen

Inhaltsverzeichnis

3 Haus & Wohnung

4 Berufstätigkeit

5 Arbeitslosigkeit

6 Arbeitslosenhilfe und Sozialhilfe

11 Notlagen und Streitsituationen

12 So setzen Sie Ihre Ansprüche durch

Abkürzungsverzeichnis

ABM	Arbeitsbeschaffungsmaßnahme
ASB	Arbeiter-Samariter-Bund
AWO	Arbeiterwohlfahrt
BAB	Berufsausbildungsbeihilfe
BaföG	Bundesausbildungsförderungsgesetz
BaFin	Bundesanstalt für Finanzdienstleistungsaufsicht
BetrAVG	Gesetz zur Verbesserung der betrieblichen Altersversorgung
BfA	Bundesversicherungsanstalt für Angestellte
BGB	Bürgerliches Gesetzbuch
BU	Berufsunfähigkeit
DAV	Deutscher Anwaltverein
DCV	Deutscher Caritasverband
DLRG	Deutsche Lebens-Rettungs-Gesellschaft
DRK	Deutsches Rotes Kreuz
DRF	Deutsche Rettungsflugwacht
DtA	Deutsche Ausgleichsbank
DW	Diakonisches Werk
EKD	Evangelische Kirche in Deutschland
ER	Erwerbsminderungsrente
ERP	European Recovery Program
EU	Erwerbsunfähigkeit
GDV	Gesamtverband der deutschen Versicherungswirtschaft
GKV	Gesetzliche Krankenversicherung
IHK	Industrie- und Handelskammer
KfW	Kreditanstalt für Wiederaufbau
KVdR	Krankenversicherung der Rentner
LVA	Landesversicherungsanstalt für Arbeiter
MDK	Medizinischer Dienst der Krankenversicherung
MwSt	Mehrwertsteuer
OEG	Opferentschädigungsgesetz
PKV	Private Krankenversicherung
SAM	Strukturanpassungs-Maßnahme
SB	Selbstbeteiligung
SGB	Sozialgesetzbuch
SV	Sozialversicherung
THW	Technisches Hilfswerk
VBL	Versorgungsanstalt des Bundes und der Länder
VL	Vermögenswirksame Leistungen
ZWST	Zentralwohlfahrtsstelle der Juden in Deutschland

1 Familie & Kinder

Familien mit Kindern sind gegenüber Steuerzahlern ohne Kinder finanziell benachteiligt. Darauf hat sich der Staat mit Zuschüssen und Erleichterungen für Eltern eingestellt, oftmals „sanft" vom Bundesverfassungsgericht gedrängt. Die Unterstützung beginnt schon vor der Geburt und reicht bis zum Ende der Ausbildung, bei behinderten Kindern auch darüber hinaus. Im Folgenden soll es um geldwerte Leistungen des Staats für Eltern mit Kind gehen.

Schwangerschaft und Schwangerschaftsabbruch

Schwangeren stehen besondere medizinische Hilfen zu, die von der Krankenkasse bezahlt werden. Dies ist zwar nur „indirekt" eine Geldleistung, aber solche Leistungen werden im Folgenden immer wieder mit abgehandelt, da sie für die Betreffenden – hier werdende Mütter – bares Geld wert sind. Neben der Praxisgebühr sind für Schwangere kostenlos:

- Regelmäßige Vorsorgeuntersuchungen während der Schwangerschaft und nach der Geburt (abgerechnet über Versichertenkarte der Kasse),
- Gymnastik, Entspannungs- und Atemtechnikübungen, ausgeführt von Hebammen (die direkt mit der Kasse abrechnen),
- Arznei-, Verbands- und Heilmittel, die im Zusammenhang mit Schwangerschaft und Entbindung verordnet werden (keine Rezeptgebühr zu zahlen),
- Hebamme oder Entbindungspfleger (rechnen direkt mit der Kasse ab),
- Stationäre Entbindung im Krankenhaus (nicht aber in einem Geburtshaus, einer Hebammen- oder Entbindungsstube),
- Ärztliche Behandlung des Neugeborenen,

Nur stationäre Entbindungen im Krankhaus sind kostenlos

- Krankenhausaufenthalt bis sechs Tage nach der Geburt (keine Zuzahlung wie sonst bei stationärer Behandlung).

Nicht immer ist die Aussicht auf ein Baby für die Frau ein Grund zur Freude. Um eine unerwünschte Schwangerschaft zu verhüten, können sich junge Frauen unter 20 Jahren die „Pille" kostenlos verschreiben lassen. Ein Schwangerschaftstest beim Frauenarzt wird in jedem Alter von der Kasse bezahlt. Bricht eine Frau aus medizinischer, embryopathischer (kranke Frucht im Mutterleib) oder kriminologischer Sicht (zum Beispiel nach einer Vergewaltigung) die Schwangerschaft ab, übernimmt die Krankenkasse alle Kosten (nichtrechtswidriger Abbruch). Voraussetzung: Sie lassen sich spätestens drei Tage vor dem Eingriff bei einer anerkannten Beratungsstelle zum Abbruch beraten.

Der Schwangerschaftsabbruch aus anderen Gründen (und wenn die Frau sich ebenfalls beraten lässt) ist zwar rechtswidrig, aber bis zur zwölften Schwangerschaftswoche straffrei. Allerdings wird die Schwangere dann an den Kosten beteiligt: Die *Frau* selbst bezahlt den Eingriff (Untersuchungen zur Operationsvorbereitung, Narkose, operativer Eingriff, Wehen auslösendes Medikament, Überwachung unmittelbar nach der Operation) und die nötige Nachbehandlung. Die *Krankenkasse* zahlt die notwendigen Kosten für ärztliche Beratung, Behandlung während der Schwangerschaft, Ultraschalltest und für die Behandlung bei Komplikationen im Zusammenhang mit dem Abbruch.

Am Schwangerschaftsabbruch muss sich die Patientin normalerweise beteiligen

Im Normalfall muss die Frau zum Abbruch nicht ins Krankenhaus. Als ambulante Behandlung kostet sie der Abbruch rund 140 bis 180 Euro. Muss sie aus medizinischer Sicht doch ins Krankenhaus (stationäre Behandlung), kostet der Abbruch die Schwangere rund 180 bis 230 Euro; die Krankenkasse übernimmt dann nämlich alle Kosten bis auf einen Tagespflegesatz (für den Tag des

Abbruchs). Unterm Strich übernimmt die Krankenkasse im Normalfall rund 40 Prozent der Kosten, 60 Prozent muss die Schwangere selbst zahlen. Schafft sie es wegen geringen Einkommens nicht, so gibt es nach dem Schwangeren- und Familienhilfegesetz in besonderen Fällen die Chance, dass das Sozialamt auf Antrag den Kostenanteil der Frau übernimmt. Übrigens: Jede Frau, die eine Schwangerschaft abbricht, hat während ihrer Arbeitsunfähigkeit Anspruch auf Lohnfortzahlung, bei rechtswidrigem Abbruch jedoch nicht auf Krankengeld. In schwieriger wirtschaftlicher Lage wird Sozialhilfe gewährt.

Ab 2004 zahlt die Kasse eine Sterilisation nur noch, wenn der Eingriff wegen Krankheit erforderlich ist. Wer dagegen auf künstliche Befruchtung ausgewiesen ist, für den gilt: Frauen zwischen 25 und 40 und Männern bis 50 Jahren bezahlt die Kasse die Hälfte der im Behandlungsplan genehmigten Kosten.

Wer in der Schwangerschaft arbeitslos wird, erhält eine Sonderunterstützung

Schwangere darf der Arbeitgeber nicht kündigen. Eine Ausnahme gilt bei Privathaushaltsjobs: Hier kann das Arbeitsverhältnis nach Ablauf des fünften Schwangerschaftsmonats aufgelöst werden. In diesem Fall hat die werdende Mutter Anspruch auf besondere Unterstützung des Staats. Diese „Sonderunterstützung für Beschäftigte im Familienhaushalt“ ist steuer- und abgabenfrei. Sie wird von der Krankenkasse ausgezahlt, bei der Sie versichert sind. Wenn Sie nicht Mitglied einer Krankenkasse sind, hilft Ihnen die Allgemeine Ortskrankenkasse weiter. Die Höhe der Zahlung richtet sich nach Ihrem bisherigen Nettogehalt, ausgehend vom Durchschnittsverdienst der letzten drei Monate. Die Sonderunterstützung geht anschließend nahtlos in die Zahlung des Mutterschaftsgeldes über.

Schwangere, die sich in einer finanziellen Notlage befinden, erhalten auf Antrag vom Sozialamt *Sozialhilfe*. Zudem haben Sie neben dem Sozialhilfe-Regelsatz Anspruch auf „Hilfe in besonderen Lebenslagen" (siehe auch S. 126). Das Sozialamt übernimmt die Kosten für Ihre Umstandskleidung oder stellt diese aus der Kleiderkammer zur Verfügung. Ab dem sechsten Schwangerschaftsmonat können Sie außerdem Zuschüsse für die Baby-Erstausstattung beantragen. Dazu zählen: Babykleidung, Windeln, Flaschen, Babybett (Gestell, Matratze, Decke) und Kinderwagen. Außerdem haben schwangere Sozialhilfeempfängerinnen ab dem sechsten Monat Anspruch auf mindestens 20 Prozent Mehrbedarfszuschlag zum Sozialhilfe-Regelsatz (siehe S. 112 ff.).

Mutterschaftsgeld und Zuschuss zum Mutterschaftsgeld

Wenn eine Frau ein Kind erwartet, arbeitet sie sechs Wochen vor der Entbindung und acht Wochen danach nicht. Während dieser Mutterschutzfrist (bei Früh- und Mehrlingsgeburten bis zwölf Wochen nach der Entbindung, wobei jede Woche einer zu frühen Geburt hinten angehängt wird) hat sie meist Anspruch auf Mutterschaftsgeld (auch Auszubildende). Das kann frühestens sieben Wochen vor dem Geburtstermin bei der Krankenkasse beantragt werden; vor der Geburt gibt es schon eine Abschlagzahlung. Ab 2004 wird es aus Steuermitteln finanziert. Unterm Strich verbessert sich das Nettoeinkommen dadurch nicht, es sprudelt nur teilweise aus anderen Quellen. Die Höhe richtet sich nach der bisherigen Erwerbstätigkeit und der Art der Krankenversicherung:

Gesetzlich Krankenversicherte bekommen Mutterschaftsgeld in Höhe des Nettoeinkommens

- Sind Sie Arbeitnehmerin, bis vor der Geburt berufstätig und selbst *Mitglied in einer Krankenkasse* (Gesetzliche Krankenversicherung = GKV), so erhalten Sie Mutterschaftsgeld in der Höhe Ihres bisherigen Nettoeinkommens. Davon zahlt die Krankenkasse bis zu 13 Euro pro Tag. War das Nettoeinkommen in den drei Monaten vor der Entbindung höher, muss der Arbeitgeber für die Differenz aufkommen. Macht zusammen das volle Nettoeinkommen.

- Sind Sie Arbeitnehmerin, bis vor der Geburt berufstätig und *privat krankenversichert (PKV)*, gibt es einmalig bis zu 210 Euro Mutterschaftsgeld vom Bundesversicherungsamt (Adresse im Anhang). Der Arbeitgeber zahlt abgesehen von 13 Euro pro Tag (die Sie im Gegensatz zu GKV-versicherten Frauen nicht bekommen) das volle Nettoeinkommen weiter. Macht zusammen das volle Nettoeinkommen abzüglich rund 300 Euro pro Monat (Beamtinnen erhalten den vollen Nettoverdienst).
- Sind Sie Arbeitnehmerin, deren Arbeitsverhältnis während der Schwangerschaft rechtlich zulässig beendet wird (etwa wegen Konkurs), zahlt die Krankenkasse (GKV-Versicherte) bzw. das Bundesversicherungsamt (PKV-Versicherte) den vollen Zuschuss, der eigentlich vom Arbeitgeber käme (im Schnitt 40 Euro pro Tag).
- Sind Sie eigentlich Arbeitnehmerin, aber schon zu Beginn der Schwangerschaft arbeitslos, erhalten Sie Mutterschaftsgeld von der Krankenkasse in Höhe des Arbeitslosengeldes oder der Arbeitslosenhilfe. Wird während der Arbeitslosigkeit eine Umschulung/Ausbildung gemacht, gibt es Mutterschaftsgeld in Höhe des Unterhaltsgeldes (genauso hoch wie Arbeitslosengeld).

Arbeitslose Frauen bekommen Mutterschaftsgeld von der Krankenkasse

- Sind Sie Arbeitnehmerin, verdienen aber so wenig, dass Sie nicht selbst krankenversichert sein müssen (bis 400 Euro Monatsverdienst), gibt es einmalig 210 Euro Mutterschaftsgeld vom Bundesversicherungsamt (Adresse im Anhang).
- Sind Sie Unternehmerin, freiwillig gesetzlich krankenversichert und haben Anspruch auf Krankengeld, so gibt es Mutterschaftsgeld von der Krankenkasse in Höhe des Krankengeldes.
- Sind Sie Beamtin, so gibt es kein Mutterschaftsgeld, sondern vom Arbeitgeber (Staat, Land, Kommune oder nahe stehende Institutionen) die vollen Dienstbezüge weiter. Kommt in einer

Beamten-Familie ein Kind zur Welt, zahlt die Behörde zudem einmalig rund 130 Euro für die Babyausstattung.

Alle Frauen, die keinen Anspruch auf Mutterschaftsgeld haben (zum Beispiel Unversicherte und Minderjährige, die keine Ausbildung absolvieren), konnten von der Krankenkasse einmalig 77 Euro Entbindungsgeld bekommen. Das galt für kostenlos beim Ehemann mitversicherte Frauen (Familienversicherung; alle Hausfrauen zum Beispiel), freiwillig Krankenversicherte ohne Krankengeldanspruch (viele Selbstständige), gesetzlich krankenversicherte Studentinnen sowie alle Schwangeren, die Rente beziehen. Seit 2004 gibt es kein Entbindungsgeld mehr. Bedürftige wenden sich an das Sozialamt.

Wenn das Kind endlich da ist, wird jeder Euro gebraucht. Fachleute haben ausgerechnet, dass jeder Sprössling von der Geburt bis zur wirtschaftlichen Unabhängigkeit die Eltern mindestens 50.000 Euro kostet, mit Hochschulstudium glatt das Doppelte. Ein Wegweiser:

Kindergeld

Für die ersten drei Kinder bekommen Eltern jeweils 154 Euro Kindergeld monatlich

Das Kindergeld wird steuerfrei ausgezahlt und steht grundsätzlich allen Eltern zu. Den Antrag müssen Sie an die Kindergeldkasse der Arbeitsagentur richten (im öffentlichen Dienst an den Arbeitgeber). Höhe: 154 Euro pro Monat für das erste, zweite und dritte Kind sowie 179 Euro für jedes weitere Kind – unabhängig vom Einkommen der Eltern. Sozialhilfeempfänger müssen sich jedoch nach Ermessen des Sozialamtes das Kindergeld als Einkommen auf die Sozialhilfe anrechnen lassen. In solchen Fällen fällt die Sozialhilfe geringer aus.

Kindergeld wird zunächst bis zum 18. Geburtstag gezahlt. Darüber hinaus bis 27, aber nur,

- solange sich das Kind in einer Ausbildung befindet,
- für eine Übergangszeit zwischen zwei Ausbildungen oder zwischen zwei Ausbildungsabschnitten,
- wenn ein Kind eine Ausbildung wegen fehlenden Ausbildungsplatzes nicht beginnen oder fortsetzen kann oder
- wenn es freiwilligen Dienst (freiwilliges soziales oder ökologisches Jahr oder einen Europäischen Freiwilligendienst) ableistet.

Zwischen 18 und 21 gibt es Kindergeld auch dann, wenn das Kind einen Arbeitsplatz sucht und den Vermittlungsbemühungen der Arbeitsagentur zur Verfügung steht.

Länger als 27 gibt es Kindergeld ohne altersmäßige Begrenzung, wenn das Kind wegen körperlicher, geistiger oder seelischer Behinderung nicht in der Lage ist, sich selbst zu versorgen.

Hat das Kind ab 18 eigene Einkünfte (dazu zählen auch Sparzinsen), so können die unter Umständen dazu führen, dass kein Anspruch auf Kindergeld mehr besteht – etwa durch einen Ausbildungsplatz und entsprechend hohes eigenes Einkommen. Die Einkommensgrenze verändert sich von Zeit zu Zeit; 2004 beträgt sie 7.680 Euro.

TIPP

Negative Einkünfte aus einer Einkunftsart werden mit allen positiven Einkünften anderer Einkunftsarten und Bezüge „verrechnet" (Verlustausgleich). So kann man etwa eine unvermietete Wohnung, die Kosten verursacht, als Verlust gegen die Einkünfte aufrechnen.

Kindergeld bekommt der Elternteil, bei dem das Kind lebt

Haben Sie mehrere Kinder und das Älteste „wächst" aus dem Kindergeldalter heraus, so rücken die anderen nach: Das zweite Kind wird „kindergeldtechnisch" zum ersten, das dritte zum zweiten. Bei getrennt lebenden Eltern geht die Zahlung an den Elternteil, bei dem das Kind lebt. Der andere darf dann die

Unterhaltszahlung um den halben Kindergeldbetrag kürzen. Wird ein Kind geboren, sollten sich die Eltern bei ihrer zuständigen Familienkasse im Arbeitsamt eine Kindergeldbescheinigung holen.

Alternativ zum Kindergeld gibt es einen Kinderfreibetrag von der Einkommensteuer: pro Kind 3.648 Euro für 2004 (Alleinerziehende die Hälfte). Das Finanzamt prüft bei der Steuererklärung automatisch, was günstiger ist. Bei getrennt lebenden Eltern geht die Zahlung an den Elternteil, bei dem das Kind lebt. Der andere darf dann die Unterhaltszahlung um den halben Kinderfreibetrag kürzen.

Erziehungsgeld und Elternzeit

Erziehungsgeld

Erziehungsgeld unterstützt Eltern, die sich nach der Geburt ihres Kindes selbst um die Erziehung und Betreuung ihres Nachwuchses kümmern wollen und deshalb nicht berufstätig sein können. Als Elternpaar können Sie bei der Antragstellung wählen (später nicht mehr), wer von beiden das Erziehungsgeld beansprucht und wann Sie sich gegebenenfalls bei der Erziehungsgeld-Zeit abwechseln wollen. Selbst Großeltern können einen Anspruch auf Erziehungsgeld erheben: wenn das Enkelkind bei ihnen lebt, weil der betreuende Elternteil verstorben ist oder so schwer krank ist, dass er sich nicht selbst um das Kind kümmern kann. Auch wenn Sie ein Kind adoptieren, bekommen Sie Erziehungsgeld, vorausgesetzt das Kind ist bei der Adoption nicht älter als sieben Jahre. Bei unehelich geborenen Kindern erhält in der Regel die Mutter das Erziehungsgeld. Um das Erziehungsgeld zu erhalten, muss der Bezieher folgende Voraussetzungen erfüllen: Er/Sie muss

- gar nicht oder maximal 30 Stunden pro Woche arbeiten,
- das Sorgerecht für das Kind besitzen,

- das Kind tatsächlich im gemeinsamen Haushalt überwiegend selbst betreuen,
- in Deutschland wohnen.

Keinen Einfluss auf Erziehungsgeld hat die Art der bisherigen Berufstätigkeit. Auch Mütter oder Väter, die vor der Geburt gar kein oder nur wenig Arbeitseinkommen hatten, erhalten Erziehungsgeld: Es beträgt maximal 300 Euro pro Monat (bis 2003: 307 Euro) und wird höchstens 24 Monate gezahlt. Der Betrag ist grundsätzlich steuerfrei und wird wie Kindergeld erstmals in dem Monat gezahlt, in dem das Kind geboren (oder adoptiert) wurde. Bei Mehrlingsgeburten vervielfacht sich der Betrag entsprechend, Sie erhalten zum Beispiel 600 Euro für Zwillinge. Kommen während der zweijährigen Bezugszeit weitere Kinder zur Welt, haben Sie für jedes Kind zusätzlich Anspruch auf Erziehungsgeld. Alternativ zu 24 Monaten Dauer können auch 12 Monate gewählt werden: Dann gibt es bis zu 450 Euro pro Monat.

Erziehungsgeld gibt es unabhängig von vorheriger Berufstätigkeit

Der Anspruch auf Erziehungsgeld endet sofort, wenn Sie nur eine der Voraussetzungen nicht mehr erfüllen, also zum Beispiel voll arbeiten. Zudem gibt es Verdienstgrenzen, die dazu führen, dass spätestens nach sechs Monaten längst nicht mehr jede Familie Erziehungsgeld erhält.

Erziehungsgeld gibt es nur, wenn alle Voraussetzungen erfüllt sind

Seit 2004 werden Entgeltersatzleistungen wie Arbeitslosen- oder Krankengeld als „Einkommen" mitgerechnet. Ab 2004 gibt es Erziehungsgeld in folgender Höhe:

- **1. bis 6. Lebensmonat des Kindes:** 300 Euro monatlich bis zum pauschalisierten Familien-Nettoeinkommen von 30.000 Euro (bis 2003: 51.130 Euro) im Jahr für Ehepaare (Ledige bis 23.000 Euro im Jahr). Jedes weitere Kind im Haushalt erhöht die Einkommensgrenze um 3.140 Euro.

- **7. bis 24. Lebensmonat des Kindes:** 300 Euro monatlich bis zum Familieneinkommen von 16.470 Euro im Jahr für Ehepaare (Alleinerziehende bis 13.498 Euro im Jahr). Jedes weitere Kind im Haushalt erhöht die Einkommensgrenze um 3.140 Euro. Bei Überschreiten der Einkommensgrenze ab dem siebten Monat wird das Erziehungsgeld stufenweise gekürzt: pro Stufe um 5,2 Prozent (bei Wahl des 24-Monate-Bezugs) bzw. 7,2 Prozent (bei Wahl des 12-Monate-Bezugs).

Bis zu diesem Einkommen gibt es Erziehungsgeld ab 7. Monat

Familienverhältnisse	**Anzahl der Kinder**	**Erziehungsgeld[1]**		
		voll bis	**gemindert bis (24-Monate-Bezug)**	**gemindert bis (12-Monate-Bezug)**
Ehepaar	1	16.470	23.533	23.736
Alleinerziehende	1	13.498	20.581	20.764
Ehepaar	2	19.610	26.693	26.876
Alleinerziehende	2	16.638	23.721	23.904
Ehepaar	3	22.750	29.833	30.016
Alleinerziehende	3	19.778	26.861	27.044
Ehepaar	4	25.890	32.973	33.156
Alleinerziehende	4	22.918	30.001	30.184

1 Jahres-Nettoeinkommen in Euro; Stand: 2004

Maßgeblich ist das Einkommen im Kalenderjahr der Geburt, ab 13. Monat das Einkommen im Folgejahr. Außerdem gehen nur positive Einkünfte in die Berechnung ein; Verluste (etwa bei Selbstständigen) werden mit null Euro angesetzt. Faustregel für Arbeitnehmer: Vom Bruttoverdienst können Sie alle Werbungskosten, Unterhaltsleistungen und gegebenenfalls einen Pauschalbetrag für behinderte Kinder abziehen. Was übrig bleibt, geht in die Wertung ein (auch Mieteinkünfte, Sparzinsen oberhalb des Sparerfreibetrages) und ist maßgeblich für die Höhe des Erziehungsgeldes.

TIPP

Den schriftlichen Antrag auf Erziehungsgeld sollten Sie möglichst bald nach der Geburt bei der zuständigen Erziehungsgeldstelle einreichen. Er kann allerdings auch bis zu sechs Monate später gestellt werden. Später gehen Ansprüche verloren, da rückwirkend für höchstens sechs Monate ab Antragstellung gezahlt wird.

Bis sechs Monate nach der Geburt kann Erziehungsgeld beantragt werden

Zuständig sind je nach Bundesland sehr unterschiedliche Behörden (siehe Kasten). Weiterhelfen kann in jedem Fall die örtliche Sozialverwaltung. Mitzubringen sind: Geburtsurkunde des Kindes (vom Standesamt), Verdienstbescheinigung (vom Arbeitgeber, der einen Vordruck der Erziehungsgeldstelle ausfüllen muss), Bescheinigung über Mutterschaftsgeld-Bezug nach der Geburt (von der Krankenkasse). Wer mehr zum Erziehungsgeld wissen möchte, sollte sich vom Bundesministerium für Familie, Senioren, Frauen und Jugend die kostenlose Broschüre „Erziehungsgeld, Elternzeit" bestellen (Broschürenstelle, 53107 Bonn).

Bringen Sie alle Unterlagen bei der Antragstellung mit

Hier sind Sie mit dem Erziehungsgeld-Antrag richtig

Bundesland	**Institution**
Baden-Württemberg	Landeskreditbank
Bayern	Amt für Versorgung und Familienförderung
Berlin	Jugendamt
Brandenburg	Jugendamt
Bremen	Amt für soziale Dienste
Bremerhaven	Amt für Familie und Jugend
Hamburg	Einwohneramt
Hessen	Amt für Versorgung und Soziales
Mecklenburg-Vorpommern	Versorgungsamt

Bundesland	Institution
Niedersachsen	Gemeindeverwaltung
Nordrhein-Westfalen	Versorgungsamt
Rheinland-Pfalz	Jugendamt
Saarland	Landesamt für Jugend, Soziales und Versorgung
Sachsen	Amt für Familie und Soziales
Sachsen-Anhalt	Amt für Versorgung und Soziales
Schleswig-Holstein	Landesamt für Soziale Dienste
Thüringen	Jugendamt

TIPP

Über das Bundes-Erziehungsgeld hinaus gibt es in manchen Bundesländern im Anschluss an das Bundes-Erziehungsgeld noch Landes-Erziehungsgeld, meist abhängig vom Einkommen. Hier ein Überblick (Stand Ende 2003):

- **Baden-Württemberg:** Im Anschluss an das Bundes-Erziehungsgeld gibt es weitere zwölf Monate lang jeweils 205 Euro Landes-Erziehungsgeld (ab drittem Kind: 307 Euro). Einkommensgrenze: monatlich 1.380 Euro für Ehepaare beim ersten Kind (Alleinerziehende: 1.125 Euro), die sich bei jedem weiteren Kind um 230 Euro (Geburten ab 2003) erhöht. Wer mehr verdient, erhält stufenweise weniger Geld. Weitere Informationen gibt es bei den Bürgermeisterämtern oder der Landeskreditbank Baden-Württemberg in Karlsruhe.

- **Bayern:** Nach dem zweiten Geburtstag des Kindes gibt es weitere zwölf Monate lang jeweils 256 Euro fürs erste und zweite Kind Landes-Erziehungsgeld (ab drittem Kind: je 307 Euro). Einkommensgrenzen: wie beim Bundes-Erziehungsgeld ab siebtem Monat. Wer mehr verdient, bekommt stufenweise weniger Geld. Weitere Informationen gibt es bei den Ämtern für Versorgung und Familienförderung.

In einigen Bundesländern bekommen Eltern länger Erziehungsgeld

- **Mecklenburg-Vorpommern:** Nach dem zweiten Geburtstag des Kindes gibt es weitere zwölf Monate lang jeweils bis zu 307 Euro Landes-Erziehungsgeld. Einkommensgrenzen: wie beim Bundes-Erziehungsgeld ab siebten Monat. Wer mehr verdient, erhält stufenweise weniger Geld. Antragstellung frühestens ab 21. Lebensmonat möglich. Weitere Informationen gibt es bei den Versorgungsämtern.
- **Sachsen:** Im Anschluss an das Bundes-Erziehungsgeld gibt es weitere neun Monate lang jeweils 205 Euro Landes-Erziehungsgeld (ab drittem Kind: 307 Euro) – allerdings nur, wenn in dieser Zeit kein staatlich geförderter Kindertagesstättenplatz beansprucht wird. Sind die Eltern noch Schüler, Auszubildende oder Studenten, gibt es 307 Euro pro Monat. Einkommensgrenzen: wie beim Bundes-Erziehungsgeld ab siebten Monat. Wer mehr verdient, erhält stufenweise weniger Geld. Weitere Informationen gibt es bei den Ämtern für Familie und Soziales.
- **Thüringen:** Im Anschluss an das Bundes-Erziehungsgeld gibt es weitere sechs Monate lang jeweils bis zu 307 Euro Landeserziehungsgeld, danach besteht Rechtsanspruch auf einen Kindergartenplatz. Einkommensgrenzen: wie beim Bundeserziehungsgeld ab siebten Monat. Wer mehr verdient, bekommt stufenweise weniger Geld. Wer sich für nur zwölf Monate Bezug von Bundes-Erziehungsgeld entscheidet, erhält kein Landeserziehungsgeld. Weitere Informationen gibt es bei den Jugendämtern.

Verschiedene Landesstiftungen unterstützen zudem Familien oder Alleinerziehende in besonderer finanzieller Not. Beispiele hierfür sind „Hilfe für Mutter und Kind", „Hilfe für Frauen und Familien" oder „Hilfe für Familien in Not". Die Länderregelungen weichen zum Teil sehr stark voneinan-

Wenn Sie finanziell bedürftig sind, lassen Sie sich am besten beraten der ab. Sie reichen von direkten Zuschüssen bis zu zinslosen Darlehen. Manche Förderung in Form von Projekten ist zeitlich begrenzt, manche Stiftung sogar regional oder auf einzelne Kommunen beschränkt. Daher empfiehlt es sich, eine Beratungsstelle vor Ort aufzusuchen. Auskünfte geben die jeweiligen Sozialdienststellen und Jugendämter, die Wohlfahrtsverbände, das Müttergenesungswerk und die kirchlichen Hilfswerke (zum Beispiel Caritas oder Diakonisches Werk).

Elternzeit

Für Mütter oder Väter, die sich nach der Geburt vorwiegend um die Kinderbetreuung kümmern wollen und deshalb nicht voll arbeiten können, gibt es zusätzlich zum Erziehungsgeld auch drei Jahre Elternzeit (früher: Erziehungsurlaub). Dies ist aber keine bezahlte Freistellung wie beim normalen Urlaub. Im Vordergrund steht, dass der Arbeitsplatz über eine lange Zeit erhalten bleibt (Kündigungsschutz). Gedacht ist dies für den Elternteil, der vorwiegend die Kindbetreuung übernimmt und deswegen gar nicht oder höchstens 30 Wochenstunden arbeitet (auch für Väter nichtehelicher Kinder möglich). Vater und Mutter können sich in der Zeit dreimal bei der Betreuung abwechseln, müssen es dem Arbeitgeber jedoch schon bei Antragstellung (spätestens vier Wochen nach der Geburt) mitteilen. Statt drei Jahre für einen Elternteil können beide Eltern auch gemeinsam 1,5 Jahre zusammen aussetzen. Inzwischen ist es auch möglich, mit Zustimmung des Arbeitgebers ein Jahr Elternzeit für später aufzuheben, etwa für das erste Schuljahr des Kindes. Spätestens zum 8. Geburtstag des Kindes ist jedoch Schluss mit der Übertragung restlicher Zeiten.

Eltern können gemeinsam anderthalb Jahre Elternzeit nehmen

Übrigens: Auch in der Elternzeit hat man Anspruch auf die jährlichen Sonderzahlungen des Arbeitgebers, allerdings nur als Bestandteil der Vergütung und anteilsmäßig entsprechend der im

Ausstiegsjahr erbrachten Arbeitsleistung (Bundesarbeitsgericht, Az.: 6 AZR 156/89). Kranken- und Pflegeversicherung bleiben im Erziehungsurlaub kostenlos (beitragsfrei) erhalten; für die Rentenversicherung wird die Erziehungsurlaubszeit als Kindererziehungszeit gerechnet. Das heißt: Sie werden kostenlos so gestellt, als hätten Sie gearbeitet und Beitrag bezahlt; Sie bekommen 75 Prozent des volkswirtschaftlichen Durchschnittseinkommens in dieser Zeit für Ihr persönliches Rentenkonto gutgeschrieben. Seit 1998 gilt: Wer Mutterschafts- oder Erziehungsgeld bekommt, begründet während dieser Zeit keinen Anspruch mehr auf Arbeitslosengeld.

TIPP

Wenn eine Frau nach der Entbindung erkrankt, kann sie Lohnfortzahlung vom Arbeitgeber und bei längerer Krankheit auch Krankengeld der Krankenkasse in Anspruch nehmen, falls sie ihre Elternzeit noch nicht angemeldet hat. Dieses Hinauszögern des Antrags ist immer dann sinnvoll, wenn Ihr Einkommen höher ist als das Erziehungsgeld. Haben Sie die Elternzeit allerdings schon angemeldet, können Sie im Krankheitsfall keine Ansprüche mehr auf Lohnfortzahlung oder Krankengeld stellen. Der ideale Zeitpunkt für die Beantragung der Elternzeit ist exakt vier Wochen nach der Geburt.

Kinderbetreuung

Falls das Finanzamt feststellt, dass Sie statt Kindergeld mit dem Kinderfreibetrag besser fahren, können Eltern-Ehepaare zusätzlich einen Betreuungsfreibetrag von 2.160 Euro je Kind geltend machen (Alleinerziehende: 1.080 Euro). Der Freibetrag steht allen Eltern bis zum 18. Geburtstag des Kindes zu; bei Ausbildung auch darüber hinaus, bei Behinderung des Kindes im Extremfall lebenslang. Achtung: Der Freibetrag wird nicht automatisch in die Steuertabellen eingearbeitet; man kann ihn auch nicht auf der Lohnsteuerkarte eintragen lassen. Wer profitieren will – das klappt nur im Nachhinein –, kommt nicht um eine Steuererklärung herum.

Wenn Sie Ihr Kind in eine Tagesstätte oder zu einer Tagesmutter geben wollen, müssen Sie sich in der Regel selbst um diese Unterbringung bemühen und auch für die gesamten Kosten aufkommen. Unter bestimmten Umständen übernimmt jedoch das Jugendamt diese Kosten. Beispiel: Wenn Eltern die monatlichen Kosten für den Platz nicht mehr aufbringen können, kann die Gemeinde auf Antrag der Eltern die Kosten voll oder teilweise übernehmen. Das klappt häufig bei Familien, in denen das Einkommen unter den Sozialhilfesatz für den Haushaltsvorstand rutscht (rund 290 Euro), insbesondere bei Alleinerziehenden. Faustregel: Wer als Erwachsener weniger bekommt, sollte den Antrag auf Befreiung vom Kindergartenbeitrag stellen. Mitunter haben die Gemeinden auch bei höherem Einkommen Interesse daran, dass das Kind nicht aus der Einrichtung abgemeldet wird (zum Beispiel aus sozialen Gründen). Das Jugendamt zahlt entweder den Platz komplett oder gibt – je nach Einkommen der Eltern – Geld zum Mindestbeitrag dazu.

Kosten für Tagesmütter und -stätten müssen Eltern im Regelfall allein aufbringen

Der Zuschuss wird solange gewährt, wie die Familie bedürftig ist, und reicht maximal bis zur Einschulung. Wer auf der Suche nach einem Kindergartenplatz oder einer anderen Unterbringungsmöglichkeit ist, sollte deshalb auf jeden Fall beim Jugendamt anfragen, ob es für den speziellen Fall Fördermöglichkeiten gibt.

Kinderpflegekrankengeld

Wenn Sie berufstätig sind und Ihr Kind krank ist, haben Sie Anspruch auf bezahlte Freistellung von der Arbeit. Bis das Kind seinen zwölften Geburtstag feiert, sind Freistellungen bezahlt, danach unbezahlt. Falls Sie keinen tariflichen Lohnfortzahlungsanspruch bei Krankheit des Kindes haben, springen für Kinder bis zwölf Jahren die gesetzlichen Krankenkassen mit der Zahlung von Kinderpflegekrankengeld ein.

Für jedes Kind können sich Vater und Mutter je zehn Tage im Jahr von der Arbeit freistellen lassen, bei zwei Kindern jeder 20, ab drei Kinder jeder höchstens 25 Tage. Um Alleinerziehende nicht zu benachteiligen, gesteht ihnen der Gesetzgeber für ein Kind 20 Tage, für zwei Kinder 40 Tage und für drei und mehr Kinder 50 Tage Kinderpflegekrankengeld pro Jahr zu. Die Höhe richtet sich nach dem Krankengeld, das Sie bei eigener Krankheit bekommen würden. Es beträgt 70 Prozent des Bruttogehalts, höchstens jedoch 90 Prozent des Nettoeinkommens.

Alleinerziehende sind beim Kinderkrankengeld wie ein Ehepaar gestellt

Haushaltshilfe

Wenn Sie nach der Geburt in der Klinik bleiben müssen, so dass der Haushalt zwischenzeitlich nicht allein bewältigt werden kann, wird auf Antrag eine Haushaltshilfe bezahlt. Die gibt es für gesetzlich krankenversicherte Mütter oder Väter von Kindern unter zwölf Jahren oder von behinderten Kindern (Alter ist dann egal), aber auch für Ehepartner pflegebedürftiger Gatten, die selbst dringend Erholung brauchen und keinem anderen Familienangehörigen vorübergehend die Aufsicht/Pflege übertragen können. Wer nicht über eine Krankenkasse abgesichert ist, kann dieselbe Hilfe vom Sozialamt bekommen, und zwar als Hilfe zur Weiterführung des Haushalts. Die Höhe der Haushaltshilfe soll immer dem Einzelfall angemessen sein. Wenn keiner aus der Familie einspringen kann, sind rund 50 Euro pro Tag möglich. Seit 2004 muss der Versicherte jedoch mindestens fünf Euro zuzahlen, höchstens jedoch 10 Euro.

Erholungsurlaub für Mütter und Väter

Besonders belastete Mütter (und Väter) können preiswerte oder kostenlose Kuren beanspruchen

Das Müttergenesungswerk verhilft mit seinen über 110 Einrichtungen seit Jahrzehnten Müttern, die besonders belastet sind, zu jährlich knapp 80.000 Erholungsaufenthalten und Kuren. Vor allem wenn Sie als Alleinerziehende Beruf und Kindererziehung nebeneinander meistern müssen oder als Mutter viele Kinder haben, kommen Sie in den Genuss der Unterstützung. Teilweise wird dafür gesorgt, dass Ihre Kinder zu Hause betreut werden, teilweise bieten spezielle Mutter-und-Kind-Kuren Betreuung am Urlaubsort an.

Die Kosten für die Kur beim Müttergenesungswerk (ohne Kind) werden von der Krankenkasse je nach Satzung voll oder teilweise übernommen oder aus Mitteln der Sozialhilfe gefördert. Voraussetzung: Ihr Kinder- oder Hausarzt unterstützt eine solche Erholung. Lediglich der gesetzlich festgelegte Eigenanteil ist von der Mutter zu zahlen; das sind 2004 pro Tag 10 Euro, maximal für 28 Tage (Kinder kostenlos).

Mitunter sind Mütterkuren auch völlig von Zuzahlungen frei. Auskunft gibt Ihre Krankenkasse. Wichtig: Selbst wenn Sie normalerweise keinen Anspruch auf Sozialhilfe haben, können Sie unter bestimmten Voraussetzungen Geld vom Sozialamt für die Kur erhalten.

Kinder mit chronischen Krankheiten können mit Mutter oder Vater zur Kur fahren

Mütter können auch gemeinsam mit dem Kind zur Kur fahren. Solche Mutter-Kind-Kuren gibt es nur in Ausnahmefällen beim Müttergenesungswerk, sondern in aller Regel über den Deutschen Arbeitskreis für Familienhilfe (Adresse im Anhang), besonders sozialtherapeutische Kuren. Die Wartelisten sind lang. Gute Chancen haben Mütter, deren Kind erholungsbedürftig oder behindert ist, wo die häusliche Betreuung während der Kur nicht gewährleistet ist oder die Trennung von Mutter und Kind während der Kur aus psychologischen Gründen nicht gut wäre. Die Chancen steigen, wenn das Kind zudem an Atemwegsbeschwerden, Asthma, Pseudokrupp, Allergien, Neurodermitis oder psychosomatischen Beschwerden leidet. Erster Ansprechpartner sollte der Hausarzt oder die Krankenkasse sein. Bei begründetem Antrag (auch direkt an den Arbeitskreis für Familienhilfe möglich) übernimmt die Krankenkasse je nach Satzung voll oder teilweise die Kosten: Die Spanne reicht von voller Kostenübernahme samt Fahrgeld bis hin zu einer mageren Tagespauschale, die die tatsächlichen Kosten praktisch gar nicht abdeckt. Wie bei Müttergenesungskuren ist auch hier der gesetzlich festgelegte Eigenanteil zu zahlen.

TIPP

Mehr über Erholungsheime und Kurorte, über Termine und Unterstützungsmöglichkeiten erfahren Sie außerdem beim Deutschen Müttergenesungswerk (Adresse im Anhang), bei Wohlfahrtsverbänden (zum Beispiel Caritas, Arbeiterwohlfahrt, Deutsches Rotes Kreuz) und den Krankenkassen.

Zuschüsse für Familienferien

Damit sich auch Familien mit niedrigem Einkommen, Kinderreiche, Alleinerziehende oder Familien mit behindertem Kind einen gemeinsamen Erholungsurlaub leisten können, gibt es verschiedene Möglichkeiten für Zuschüsse von Bund, Ländern und Gemeinden. Die Höhe ist meist vom Familieneinkommen abhängig.

Aus dem Bundeshaushalt werden rund 160 Familienferienstätten gemeinnütziger Träger gefördert. Die Häuser stehen allen Familien offen – egal wie viel Sie verdienen. In der Hauptsaison kostet die Übernachtung für einen Erwachsenen nach Beobachtung der Stiftung Warentest meist zwischen 10 und 25 Euro; Kinder zahlen weniger. Diese Familienferienstätten sind im Katalog „Familienerholung in Deutschland" des Bundesfamilienministeriums zusammengefasst. Er enthält spezielle Angebote und Einrichtungen (auch für Familien mit behinderten Angehörigen). Der Katalog ist kostenlos bei der Bundesarbeitsgemeinschaft Familienerholung zu haben. Angebote erfahren Sie auch unter: Katholischer Arbeitskreis für Familienerholung, Evangelische Familienerholung im Diakonischen Werk der EKD und Paritätischer Arbeitskreis für Familienerholung (Adressen im Anhang).

Länder und Gemeinden unterstützen bedürftige Familien bei der Finanzierung von Ferien

Die Unterstützung von Familienferien ist sehr unterschiedlich geregelt. Die meisten Bundesländer und viele Gemeinden leisten auf Antrag Zuschüsse zu den Aufenthaltskosten. Die Einkommensgrenzen unterscheiden sich etwas; Faustregel: 500 Euro netto monatlich pro Erwachsener und 250 Euro pro Kind. Eine genaue Übersicht über Zuschüsse, die Familien in ihrem Bundesland bekommen können, finden Sie ebenfalls im Katalog „Familienerholung in Deutschland".

Auf diese Zuschüsse besteht jedoch kein Rechtsanspruch; zudem müssen sie meist mindestens zwei Monate vorher beantragt werden.

Für Kinder, die in den Ferien nicht verreisen können, organisieren größere Kommunen eigene Ferienprogramme. Für die Teilnahme daran wird oft nur ein fast symbolischer Preis gefordert. Näheres über Zuschüsse zur Familienerholung und Ferienprogramme erfahren Sie bei den Wohlfahrtsverbänden, kirchlichen Einrichtungen, Kommunen (dort vor allem die Jugendämter) und anderen Trägern.

Unterhaltsvorschuss fürs Kind

Viele alleinerziehende Mütter und Väter mit Wohnsitz in Deutschland haben Anspruch auf Unterhalt vom jeweils anderen Elternteil. Bekommen Sie vorübergehend oder dauerhaft keinen Unterhalt – etwa, weil Ihr Ex-Partner so wenig verdient, dass bei ihm nicht genug zu holen ist –, hilft der Staat mit Unterhaltsvorschuss fürs Kind. Der Staat holt sich das Geld – wenn möglich – irgendwann vom Unterhaltsverpflichteten zurück. Den Antrag auf den Vorschuss stellen Sie beim Jugendamt.

Der Staat verlangt den Unterhaltsvorschuss vom anderen Elternteil zurück

Und so viel Geld gibt es: Unterhaltsvorschuss erhalten Sie für Kinder bis zu zwölf Jahren für längstens 72 Monate, und zwar unabhängig vom Einkommen. Die Zahlung ist allerdings auf einen Höchstbetrag beschränkt, der sich am aktuell geltenden Regelbedarf (Mindestunterhalt nach der so genannten Düsseldorfer Tabelle) orientiert, von dem die Hälfte des Kindergeldes für das erste Kind abgezogen wird (77 Euro). Genaue Auskünfte gibt das Jugendamt. Diesen Vorschuss erhält der Elternteil, bei dem das Kind lebt:

Alter des Kindes	Vorschuss (West) pro Monat	Vorschuss (Ost) pro Monat
unter 6 Jahren	122 Euro	106 Euro
von 6 bis unter 12 Jahren	164 Euro	145 Euro

Stand: 1. Juli 2003

Wichtig: Der Anspruch auf den Vorschuss ist ausgeschlossen, wenn der Alleinerziehende keine Auskunft über den anderen Elternteil gibt oder bei der Feststellung der Vaterschaft oder des Aufenthaltsortes des anderen Elternteils nicht mitwirkt. Denn die Unterhaltsvorschusskasse braucht die Adresse, bei der sie ihr Geld wieder zurückfordern kann. Der Vorschuss entfällt auch, wenn beide Elternteile zusammenleben oder der Alleinerziehende wieder heiratet.

Falls das Gesamteinkommen der Kleinfamilie trotz Vorschuss dürftig ausfällt, sollten Sie Sozialhilfe beantragen. Wer mehr zum Unterhaltsvorschuss wissen möchte, sollte sich vom Bundesministerium für Familie, Senioren, Frauen und Jugend die kostenlose Broschüre „Der Unterhaltsvorschuss – Eine Hilfe für Alleinerziehende" bestellen (Broschürenstelle, 53107 Bonn). Hilfreich ist auch die Broschüre „So schaffe ich es allein", herausgegeben vom Verband Alleinstehender Mütter und Väter (Adresse im Anhang).

Zuschüsse für den beruflichen Wiedereinstieg der Mutter

Wenn Sie eine Babypause eingelegt haben, erleichtert Ihnen der Staat den Wiedereinstieg in den Beruf mit verschiedenen Programmen, die meist auf Länderebene oder in den Kommunen organisiert werden. So werden Mütter (und Väter) nach der Kinderpause bei der beruflichen Fortbildung und Umschulung bevorzugt. Normalerweise gilt: Wer in den letzten drei Jahren vor Beginn der Fortbildung oder Umschulung zwei Jahre versicherungspflichtig tätig war, kann Unterhaltsgeld vom Arbeitsamt zur Sicherung seines Lebensunterhalts bekommen. Für Mütter wurde diese Rahmenfrist von drei Jahren um fünf Jahre verlängert. Sie können also mit ihrem ersten Kind insgesamt acht Jahre zu Hause bleiben, ohne dadurch die zuvor erworbenen Rechte auf geförderte berufliche Weiterbildung einzubüßen. Für jedes weitere Kind erhöht sich die Frist um weitere fünf Jahre. Maßgeblich ist dabei nicht das Geburtsdatum des letzten Kindes, sondern ausschließlich die Zahl der Kinder.

Lange Frist zur Wahrnehmung einer geförderten beruflichen Weiterbildung bei Wiedereinstieg

Als Berufsrückkehrerinnen gelten – nach dem Sozialgesetzbuch IIII – Frauen, die ihre Berufstätigkeit für die Erziehung ihrer Kinder (bis zum Alter von 15 Jahren) oder die Betreuung eines pflegebedürftigen Angehörigen unterbrochen haben. Selbstverständlich gelten alle Regelungen für Berufsrückkehrerinnen auch für Männer, die nach der Familienpause in den Beruf zurückkehren wollen. Als Eingliederungshilfe kann das Arbeitsamt einem Unternehmen einen Einarbeitungszuschuss für Berufsrückkehrerinnen zahlen. Inzwischen heißt er „Eingliederungszuschuss für Arbeitnehmer mit Vermittlungshemmnis" (nach Hartz-III-Gesetz). Das Arbeitsamt übernimmt bis zu 50 Prozent der Lohnkosten für maximal ein Jahr.

Trainingsmaßnahmen im Betrieb funktionieren ähnlich wie Schüler- oder Studentenpraktika. Die Berufsrückkehrerin arbeitet zunächst probeweise und unentgeltlich im Unternehmen. Wer Anspruch auf Arbeitslosengeld oder -hilfe hat, bekommt weiterhin Geld vom Arbeitsamt. Die Angebote zur beruflichen Weiterbildung reichen von mehrmonatigen Fortbildungskursen bis zur Umschulung, die bis zu drei Jahre dauern kann, und in der die Frauen einen ganz neuen Beruf erlernen. Während einer Weiterbildung oder Umschulung übernimmt die Arbeitsagentur Lehrgangsgebühren und Fahrtkosten, gegebenenfalls zahlt sie auch Kosten für Arbeitskleidung und Kinderbetreuung. Frauen mit Anspruch auf Arbeitslosengeld oder -hilfe erhalten außerdem Unterhaltsgeld (siehe S. 92 ff.).

Arbeitsagentur übernimmt die meisten Kosten der Fortbildung

TIPP

Wenn Sie nach einer Pause von mindestens drei Jahren, in denen Sie Kinder betreut oder Familienangehörige gepflegt haben, in den Beruf zurückkehren wollen, und vorher mindestens ein halbes Jahr arbeitslos gemeldet waren, werden Sie Langzeitarbeitslosen gleichgestellt, die maximal zwei Jahre ohne Job waren.

Seit 2004 wird die unterschiedliche Praxis der Lohnkostenzuschüsse entsprechend dem „Job-Aktiv-Gesetz" der Bundesregierung vereinheitlicht. Danach können Eingliederungszuschüsse ohne Wartezeit vergeben werden. Für arbeitslose Berufsrückkehrer, die eine besondere Einarbeitung benötigen, werden demnach sechs Monate lang 30 Prozent des regelmäßigen Entgelts an den Arbeitgeber gezahlt.

Außerdem bietet die Bundesagentur für Arbeit insbesondere für Frauen, denen nach einer Erwerbspause die richtige berufliche

Qualifizierung fehlt, Leistungen aus dem Europäischen Sozialfonds (ESF). Dazu gehört vor allem Unterhaltsgeld, wenn Frauen an einer von der Arbeitsagentur geförderten Qualifizierungs- oder Trainingsmaßnahme teilnehmen, aber eigentlich keinen Anspruch auf Leistungen zum Lebensunterhalt nach SGB III haben; je nach Familiensituation beträgt der Unterhalt monatlich zwischen 568 und 645 Euro. Darüber hinaus bietet das Job-Aktiv-Gesetz Müttern verstärkt die Möglichkeit, an einer Teilzeitqualifizierung teilzunehmen und entsprechend Teilzeitunterhalt zu beziehen. Für Kosten zur Kinderbetreuung von arbeitslosen Frauen, die an einer Weiterbildung zur Erhöhung ihrer beruflichen Chancen teilnehmen wollen, zahlt die Arbeitsagentur monatlich 130 Euro für jedes Kind.

Mütter können sich in Teilzeit qualifizieren und beziehen Teilzeitunterhalt

Tipp: Berufsrückkehrer haben das Recht auf Teilnahme an einer Arbeitsbeschaffungsmaßnahme auch dann, wenn sie aktuell keinen Anspruch auf Arbeitslosengeld oder -hilfe haben, aber früher mindestens ein Jahr lang versicherungspflichtig beschäftigt waren.

Wenn ein Elternteil stirbt: Waisen- und Witwenrente

Trotz allgemein steigender Lebenserwartung werden Familien mit Kindern nicht selten aus allen Träumen gerissen, wenn Mutter oder Vater im besten Alter ums Leben kommen, etwa durch schwere Krankheit oder Autounfall. Dann bekommt das Kind Waisenrente und der Ehepartner Witwenrente.

Waisenrente

Waisenrente erhält jedes Kind, dessen verstorbener Elternteil mindestens fünf Jahre gesetzlich rentenversichert war. Dann gibt es zehn Prozent der Ansprüche, die der Verstorbene auf eigene Altersrente hatte, wenn der lebende Elternteil noch zum Unterhalt beisteuern muss (Halbwaisenrente). Ist der lebende Elternteil nicht mehr unterhaltspflichtig, gibt es 20 Prozent der aktuellen Rentenansprüche des Verstorbenen (Vollwaisenrente). Bei Tod durch Arbeitsunfall oder Berufskrankheit erhält jedes Kind 20 Prozent vom letzten Bruttoeinkommen des Verstorbenen als Waisenrente von der zuständigen Berufsgenossenschaft (Vollwaisen: 30 Prozent).

Bis zum 18. Geburtstag fließt das Geld immer in voller Höhe, danach unter Umständen noch bis 27 (falls eine Ausbildung andauert) oder darüber hinaus (Wehr- und Zivildienst). Ab 18 wird allerdings eigenes Einkommen des „Kindes" auf die Waisenrente angerechnet. Bis zum Nettoeinkommen von rund 445 Euro bleibt die Waisenrente voll erhalten. Jeder Betrag an Nettoverdienst darüber hinaus wird zu 40 Prozent auf die Waisenrente angerechnet.

Bis zu einem Nettoeinkommen des Kindes von rund 445 Euro gibt es volle Waisenrente

TIPP

Waisenrente aus der gesetzlichen Unfallversicherung gibt es zusätzlich zu etwaiger Waisenrente aus der gesetzlichen Rentenversicherung. Erst wenn beide Renten 80 Prozent des Jahresarbeitsverdienstes des Verstorbenen übersteigen, werden sie gekürzt.

Witwenrente

Für die ersten drei Monate nach dem Todesfall gibt es noch die volle Rente (100 Prozent) – so als würde der Verstorbene noch leben (bei Tod durch Arbeitsunfall oder Berufskrankheit: 66,6 Prozent). Voraussetzung:

- Der Verstorbene bekam eine eigene gesetzliche Rente oder
- er war mindestens fünf Jahre gesetzlich rentenversichert oder
- er hatte seine Ausbildung vor weniger als sechs Jahren abgeschlossen, war aber seither schon mindestens ein Jahr pflichtversichert oder

- Todesursache war ein Schaden beim Wehr- oder Zivildienst oder durch politische Haft.

Nach den drei Monaten gilt: Maßstab für die Höhe der Witwenrente sind die Ansprüche, die der verstorbene Ehepartner zuletzt auf eigene Rente hatte. Entweder werden davon 60 Prozent gezahlt („große" Witwenrente) oder nur 25 Prozent („kleine" Witwenrente).

Große und kleine Witwenrente

Große Witwenrente

Witwe/Witwer ist mindestens 45 Jahre alt
oder selbst berufs-/erwerbsunfähig
oder hat mindestens ein Kind unter 18 zu erziehen (bei behindertem Kind auch darüber hinaus)

Kleine Witwenrente

alle anderen Witwen/Witwer

Kürzungen und Einschränkungen bei Witwenrenten

Seit 2002 wird die große Witwenrente gekürzt, und zwar für neu geschlossene Ehen sowie für Ehen, in denen beide Partner jünger als 40 Jahre sind. Statt 60 Prozent der Rentenansprüche des Verstorbenen gibt es noch 55 Prozent. Die kleine Witwenrente bleibt bei 25 Prozent, wird aber für manche befristet: Ist die Witwe

- jünger als 45,
- nicht berufstätig (und nicht erwerbsgemindert) und
- ohne Kind unter 18,

wird die Witwenrente auf zwei Jahre begrenzt.

TIPP

Hinterbliebene mit eigenem Einkommen erhalten nur anteilig Witwenrente. Sie dürfen ungefähr 670 Euro verdienen, ohne dass die volle Witwenrente in Gefahr gerät. Mit Kind, das Anspruch auf Waisenrente hat, dürfen Sie weitere rund 140 Euro Monatseinkommen haben, ohne dass die Witwenrente dadurch geschmälert wird.

Nach Tod durch Arbeitsunfall oder Berufskrankheit gibt es 30 Prozent vom letzten Bruttoverdienst. Wenn die Witwe mindestens 45 Jahre alt oder selbst berufsunfähig ist oder wenigstens ein Kind unter 18 Jahren erzieht (bei behindertem Kind auch darüber hinaus), gibt es nach Tod durch Arbeitsunfall oder Berufskrankheit sogar 40 Prozent des letzten Bruttoeinkommens vom Verstorbenen als Witwenrente.

2 Schule, Ausbildung & Studium

Jeder soll die Chance haben, unabhängig vom Geldbeutel der Eltern eine Ausbildung zu absolvieren, die seinen Neigungen und Fähigkeiten am besten entspricht. Wenn der Familie das Geld fehlt, greift der Staat dem Nachwuchs finanziell unter die Arme.

Finanzspritzen während der Schulzeit

Schulbildung ist Ländersache. Daher gibt es je nach Region und Umständen mehr oder weniger finanzielle Hilfe. Die wichtigste wird ohnehin stillschweigend mitgenommen: kostenlose Bildung und oftmals kostenlose Schulbücher. Grundsätzlich muss man unterscheiden zwischen Lern- und Lehrmitteln.

Lernmittel sind Materialien, die der Schüler persönlich verbraucht, zum Beispiel Papier und Stifte. Sie werden heute nur noch in seltenen Ausnahmen vom Staat oder der Schule gestellt. Als Lehrmittel dagegen gelten zum Beispiel Bücher und Landkarten. Lehrmittel, die zur Ausstattung von Schulen gehören, müssen gestellt werden. Dasselbe gilt für Lehrmittel, die unbedingt benötigt werden, um ein vorgeschriebenes Klassenziel zu erreichen.

Lehrmittel werden größtenteils gestellt und sind somit kostenlos

Für Schüler sind direkte Geldleistungen ansonsten Mangelware. Ausnahmen:

- **Schulwegkostenerstattung:** Eltern, deren Kinder einen langen Schulweg haben, weil keine Schule in der Nähe liegt, und deshalb ziemlich happige Fahrtkosten in Kauf nehmen müssen, können unter Umständen mit einer Schulwegkostenerstattung rechnen. Dies gilt vor allem für
  - Kinder der Grundschulklassen eins bis vier mit über zwei Kilometer langem Schulweg,

- Schüler der Klassen fünf bis zehn mit über drei Kilometer langem Schulweg sowie
- alle anderen Schüler, die im Jahr über 280 Euro Fahrtkosten für den Schulweg bezahlen müssen.

Faustregel: Erstattet wird das Fahrgeld in voller Höhe bei entsprechend langem Schulweg bis Klasse zehn. Teilweise Erstattung gibt es für alle anderen, die mehr als 280 Euro im Jahr bezahlen müssen. Genaue Auskunft gibt es in der Schule, im Schulamt oder der Gemeindeverwaltung. Wird das Geld erstattet, so passiert dies rückwirkend meist monatlich. Der Bescheid gilt dann für ein Schuljahr.

■ Schüler-BAföG: Ältere Schüler können in der Ausbildung finanziell gefördert werden. Dieser Zuschuss braucht im Gegensatz zum Studenten-BAföG (S. 49 ff.) später nicht zurückgezahlt werden. In die engere Wahl kommen Schüler von allgemein bildenden Schulen ab Klasse zehn, die nicht bei den Eltern wohnen (Realschulen, Gymnasien, zehnte Klassen der Berufsfachschulen sowie Fach- und Fachoberschulen). Außerdem Schüler an medizinischen, KindergärtnerInnen-, technischen, künstlerischen und Verwaltungs-Fachschulen und an Abendschulen.

Zuständig ist das kommunale Amt für Ausbildungsförderung am Wohnort der Eltern. Meist erhalten Schüler BAföG jedoch nur, wenn sie nicht bei den Eltern wohnen können, weil

Schüler bekommen nur in seltenen Fällen BAföG

- die Schule von der Wohnung der Eltern aus praktisch nicht jeden Tag erreichbar ist (etwa, weil der tägliche Schulweg über drei Stunden betragen würde),
- sie schon einen eigenen Haushalt führen und verheiratet sind oder
- mit mindestens einem Kind zusammenleben.

Abhängig vom Einkommen der Eltern und davon, ob man noch bei den Eltern wohnt, gibt es für Schüler zwischen 247 und 562 Euro Schüler-BAföG. Das Geld fließt ab dem ersten Schultag für ein Jahr. Danach ist ein erneuter Antrag nötig.

So viel BAföG ist monatlich drin[1]

Ausbildungsstätte	wohnt bei Eltern	eigene Wohnung
weiterführende allgemein bildende Schule, Berufsfachschule (10. Klasse), Fach- und Fachoberschule[2]	–	467 Euro[3]
Berufsfachschulklasse, Fachschulklasse[2] über mindestens 2 Jahre Dauer	247 Euro	467 Euro[3/4]
Abendhaupt- und Abendrealschule, Berufsaufbauschule, Fachoberschule[5]	403 Euro	536 Euro[3]
Fachschule [5], Kolleg, Abendgymnasium	409 Euro	562 Euro[3]
Hochschule, Höhere Fachschule, Akademie	432 Euro	585 Euro[3]

1 inklusive Zuschlag für eigene Kranken- (47 €) und Pflegeversicherung (8 €)
2 ohne abgeschlossene Berufsausbildung
3 inklusive Mietzuschlag
4 falls auswärtige Unterbringung notwendig ist
5 Voraussetzung: mit abgeschlossener Berufsausbildung

Quelle: „Soziale Sicherung"; Stand: Juli 2003

Höhe des Schüler-BafäG ist in Bedarfssätzen festgelegt

In diesen Bedarfssätzen sind der Grund- und der zusätzliche Wohnbedarf enthalten. In Härtefällen kann ein Mietzuschuss beantragt werden. Wer mehr zum Schüler-BAföG wissen möchte, sollte sich vom Bundesministerium für Bildung und Forschung die kostenlose Broschüre „BAföG" bestellen (Referat Öffentlichkeitsarbeit, 53170 Bonn).

Berufsausbildungsbeihilfe

Wer einen anerkannten betrieblichen oder außerbetrieblich geförderten Ausbildungsberuf erlernt, kann unter Umständen eine Berufsausbildungsbeihilfe (BAB) bekommen. Gefördert wird in aller Regel nur die erste Ausbildung. Daneben gibt es Berufsausbildungsbeihilfe auch für bestimmte berufsvorbereitende Bildungsmaßnahmen, die

- auf die Aufnahme einer Ausbildung vorbereiten oder der beruflichen Eingliederung dienen und nicht den Schulgesetzen der Länder unterliegen,
- eine erfolgreiche berufliche Bildung erwarten lassen und
- nach den Grundsätzen der Wirtschaftlichkeit und Sparsamkeit geplant und im Auftrag der Arbeitsagentur durchgeführt werden.

Als **Auszubildender** erhalten Sie eine BAB, wenn Sie während der Ausbildung nicht bei den Eltern wohnen können, weil der Ausbildungsbetrieb vom Elternhaus zu weit entfernt ist. Sind Sie älter als 18 Jahre oder verheiratet (oder waren verheiratet) oder haben mindestens ein Kind, können sie auch BAB erhalten, wenn sie zwar außerhalb, aber in der Nähe des Elternhauses leben.

Grundsatz: Sie schaffen es nicht, die Mittel für Ihren Lebensunterhalt, Fahrkosten, sonstige Aufwendungen und Lehrgangskosten anderweitig zu decken. Dabei wird das eigene Einkommen, das der Eltern und des Ehegatten angerechnet, soweit das jeweilige Einkommen bestimmte Freibeträge übersteigt.

Bedürftigkeit ist Grundlage für die Zahlung von Berufsbildungsbeihilfe

Bedarfssätze für Berufsausbildungsbeihilfe

Art der Unterbringung	Ausbildung (in Euro)	Berufsvorbereitung (in Euro)
Bei den Eltern	Kein Anspruch[1]	192
Außerhalb	443 + 64, wenn Wohnkosten > 133/ Monat	348 + 64, wenn Wohnkosten > 52/ Monat
Im Wohnheim oder Internat mit voller Verpflegung	80 + Internatskosten	80 + Internatskosten

1 außer Behinderte

Quelle: „Soziale Sicherung"; Stand: Juli 2003

Außerdem stehen dem Azubi bzw. Teilnehmer an einer berufsvorbereitenden Maßnahme folgende Mittel pro Monat zu:

- Kosten für die Pendel- und Heimfahrten bis 341 Euro monatlich;
- sonstige Aufwendungen, etwa für Lernmittel bei berufsvorbereitenden Maßnahmen (8 Euro), Arbeitskleidung (11 Euro) und Kinderbetreuung (bis 130 Euro).

Auf den Gesamtbedarf wird dann das Einkommen angerechnet (außer bei berufsvorbereitenden Maßnahmen). Die Anrechnung erfolgt analog zum BAföG (Einkommen des Azubis, der Eltern und gegebenenfalls des Ehepartners). Maßgeblich ist das zu versteuernde Jahreseinkommen (abzüglich einer Pauschale für Sozialversicherung und Werbungskosten), von dem noch bestimmte Freibeträge abgezogen werden dürfen. Faustregel:

- Azubi-Einkommen: 52 Euro pro Monat,
- Eltern-Einkommen: 1.440 Euro pro Monat.

Beispiel für die Förderung einer Ausbildung

Gregor (17) ist ledig und wohnte bisher bei seinen Eltern in Torgau. Dort fand er keine passende Ausbildungsstelle als Florist. Deshalb hat er sich für einen Ausbildungsplatz in Leipzig entschieden. Er hat ein Zimmer angemietet, das 210 Euro monatlich kostet. Im ersten Lehrjahr bekommt er eine Ausbildungsvergütung in Höhe von 320 Euro. Er stellt einen BAB-Antrag beim Arbeitsamt in Torgau. Dort wird wie folgt gerechnet:

Kosten für den Lebensunterhalt	443 Euro
Zusatzbedarf Miete (sofern teurer als 133 Euro) bis:	64 Euro
Kosten für Arbeitskleidung	11 Euro
Fahrtkosten am Ausbildungsort (Monatskarte)	41 Euro
Bedarf für Familien-Heimfahrt:	14 Euro
Gesamtbedarf:	573 Euro

Dem Gesamtbedarf wird dann das anzurechnende Einkommen von Gregor und seinen Eltern gegenübergestellt:

Gregor	
Ausbildungsvergütung	320 Euro
- Freibetrag	52 Euro
= anzurechnen	268 Euro
Eltern	
Einkommen	2.200 Euro
- Freibetrag	1.440 Euro
- Freibetrag für Ausbildungsstelle außerhalb	510 Euro
= eigentlich anzurechnen	250 Euro
(aber 50 Prozent anrechnungsfrei)	125 Euro
= tatsächlich anzurechnen	125 Euro

Das maßgebliche Eltern-Einkommen von 250 Euro wird nicht voll angerechnet, sondern davon sind 50 Prozent anrechnungsfrei. Damit erhält Gregor neben seiner Ausbildungsvergütung vom Betrieb (320 Euro) zusätzlich 180 Euro BAB (573 Euro Gesamtbedarf abzüglich 268 Euro anzurechnendes eigenes Einkommen und abzüglich 125 Euro anzurechnendes Einkommen der Eltern).

Berufsausbildungsbeihilfe wird in der Regel für 18 Monate gewährt und muss dann neu beantragt werden. Anträge werden bei der Arbeitsagentur des Wohnortes auf Vordrucken gestellt. Arbeitslosigkeit vor der Ausbildung wirkt sich nicht nachteilig auf die Bewilligung aus.

TIPP Ausbildungssuchende werden auf Antrag extra gefördert: durch Übernahme von Bewerbungs- und Reisekosten im Zusammenhang mit der Beratung, Vermittlung und Vorstellung sowie durch Mobilitätshilfen, wie Umzugskosten, Arbeitskleidung und Überbrückungsgeld.

Andere Förderungen beruflicher Ausbildung

Neben der BAB können Jugendliche eine Reihe weiterer geldwerter Hilfen des Staates zur Berufsvorbereitung und Berufsausbildung nutzen.

- **Berufsvorbereitende Bildungsmaßnahmen:**
  - Grundausbildungslehrgang: um Berufswahl zu überdenken und zu treffen (maximal ein Jahr)
  - Förderlehrgang: für Behinderte (maximal drei Jahre)
  - testen – informieren – probieren: für Jugendliche, die den Anschluss ans Berufsleben zu verlieren drohen, etwa durch Straffälligkeit (maximal drei Monate)
  - Lehrgang zur Verbesserung beruflicher Bildungs- und Eingliederungschancen (BBE): Vorbereitung auf Aufnahme einer Ausbildung oder Berufstätigkeit (maximal ein Jahr)

Die Entscheidung über die Teilnahme trifft die Berufsberatung. Träger sind freie Jugendhilfen, Unternehmen, Berufsbildungswerke, Stiftungen, Bildungseinrichtungen von Unternehmen, Vereine.

- **Ausbildungsbegleitende Hilfen:** Sie umfassen einen so genannten Stützunterricht zum Abbau von Bildungs- und

Sprachdefiziten sowie eine sozialpädagogische Unterstützung. Der Träger (kann auch der Ausbildungsbetrieb sein) erhält vom Staat die Kosten erstattet.

- **Außerbetriebliche Berufsausbildung:** Sie ersetzt nicht eine reguläre Berufsausbildung in einem Unternehmen, sondern soll im Idealfall darauf vorbereiten. Nach ein bis zwei Lehrjahren sollen die Auszubildenden möglichst in einen Betrieb wechseln und dort die Ausbildung abschließen. Dafür gibt es nach dem Job-Aktiv-Gesetz eine Prämie an den Träger von 2.000 Euro. Gelingt der Wechsel nicht, kann die Ausbildung auch überbetrieblich abgeschlossen werden. Die Träger erhalten die Kosten und Teile der Ausbildungsvergütung vom Staat ersetzt.

  Wer gefördert wird, darüber entscheidet die Arbeitsagentur vor Ort. Jugendliche, die ihren Hauptschulabschluss im Rahmen einer berufsvorbereitenden Maßnahme nachholen, werden durch Berufsausbildungsbeihilfe (BAB) gefördert.

- **Bildungskredit:** Der Bildungskredit ist eine zusätzliche Geldquelle für volljährige Schüler und Studierende kurz vor Abschluss der jeweiligen Ausbildung. Dieser zinsgünstige Kredit wird unabhängig vom eigenen Einkommen oder dem der Eltern gewährt und kann auch neben dem BAföG in Anspruch genommen werden. Allerdings besteht kein Rechtsanspruch darauf, da das Budget begrenzt ist.

  Da Auszubildende zumeist keine Sicherheiten für die Bank vorweisen können, übernimmt der Bund eine Ausfallbürgschaft (Bundesgarantie). Der Kredit wird von der Deutschen Ausgleichsbank monatlich im Voraus in Höhe von 300 Euro ausgezahlt. Bis zu 24 Monatsraten können bewilligt werden. Auch geringere Zeiträume kommen in Betracht, allerdings nicht weniger als drei

Einen Bildungskredit in Höhe von 300 Euro monatlich gibt es unabhängig vom Einkommen

Monatsraten. Ein Splitting des Gesamtkredits auf zwei Teile ist möglich.

TIPP Wenn Sie nachweisen, dass Sie für eine außergewöhnliche Belastung eine größere Summe Geld auf einmal benötigen, können Ihnen bis zu sechs Monatsraten (1.800 Euro) als Abschlag ausgezahlt werden.

Im Allgemeinen dient der Bildungskredit der Finanzierung der letzten Ausbildungsphase, also bei Schülern in einer berufsqualifizierenden Ausbildung das letzte bzw. vorletzte Jahr. Studenten sind berechtigt, wenn sie

- die Zwischenprüfung ihres Studiengangs bestanden haben,
- den ersten Teil eines Konsekutivstudiengangs abgeschlossen haben,
- ein Masterstudiengang oder ein postgraduales Diplomstudium absolvieren,
- ein Zusatz-, Ergänzungs- oder Aufbaustudium betreiben,
- eine Erklärung der Hochschule haben, dass es in dem Studium keine Zwischenprüfung gibt, sie aber die Leistungen mindestens der ersten beiden Studienjahre erbracht haben.

TIPP Bildungskredit kann bis zum Ende des 36. Lebensjahres und höchstens bis zum Ende des zwölften Studiensemesters gewährt werden.

Beantragt wird er schriftlich beim Bundesverwaltungsamt in Köln (Adresse im Anhang). Mit einem Bewilligungsbescheid kann dann bei der Deutschen Ausgleichsbank ein Kreditvertrag abgeschlossen werden. Zurückgezahlt werden muss er binnen vier Jahren in Raten von monatlich 120 Euro. Die erste Rückzahlung erfolgt spätestens ab 25. Monat nach der ersten Auszahlung.

Geld für Studenten (BAföG)

Nicht nur Schüler können vom Bundesausbildungsförderungsgesetz (BAföG) profitieren, sondern in erster Linie Studenten. BAföG bekommen in der Regel junge Leute bis zum Höchstalter von 30 Jahren. BAföG gibt es nur auf Antrag. Formulare können aus dem Internet heruntergeladen werden (www.bafoeg.bmbf. de) oder beim Studentenwerk der Hochschule, an der Sie immatrikuliert sind, abgeholt werden.

Studierende bis höchstens 30 können BAföG bekommen

Dort wird auch entschieden, ob und wie viel Förderung Sie erhalten. Die Entscheidung wird für höchstens ein Jahr gefällt, es wird nicht rückwirkend gezahlt.

Neben *persönlichen Anforderungen* (deutsche Staatsangehörigkeit; Eignung – ab 5. Fachsemester Vorlage von Nachweisen wie Prüfungen; Höchstalter von 30 Jahren bei Beginn der Ausbildung) richtet sich das BAföG danach, ob die verfügbaren finanziellen Mittel ausreichen oder nicht. Maßstab ist dabei ein abstrakter Bedarf, der typischerweise für seinen Lebensunterhalt und für die Ausbildung (Lehrbücher, Fahrtkosten usw.) gebraucht wird. Diese *Bedarfssätze* variieren naturgemäß entsprechend der Lebenssituation und der konkreten Bildungseinrichtung des Auszubildenden (siehe Tabelle auf S. 42).

TIPP

Über diese Bedarfssätze hinaus gibt es Zuschüsse zu den Mietkosten, und zwar 64 Euro für Schüler und Studierende, die nicht bei den Eltern wohnen, wenn bei Studenten die Miet- und Nebenkosten teurer als 133 Euro sind (bei Schülern: 52 Euro). Inklusive aller denkbaren Zuschüsse beträgt der Förderungshöchstsatz für auswärts wohnende Studenten 585 Euro (Stand: 1. Januar 2004).

Studierende, die auswärts wohnen, können bis zu 585 Euro BAföG erhalten

Wie hoch ist die individuelle Förderhöhe?

Bedarfssatz
- anrechenbares Einkommen und Vermögen des Auszubildenden
- anrechenbares Einkommen und Vermögen seines Ehegatten
- anrechenbares Einkommen und Vermögen der Eltern

= Förderbetrag nach dem BAföG

TIPP

In jedem Fall wird das Kindergeld nicht zum anrechenbaren Einkommen gezählt. Daraus folgt: Beim **elternabhängigen BAföG** wird das Einkommen der Eltern mit angerechnet. Das eigene Einkommen und das des Ehepartners spielen in jedem Fall eine Rolle. Damit findet das bürgerliche Recht Anwendung, nach dem immer zuerst Ehepartner und Eltern für den Unterhalt und die Ausbildung der Kinder bzw. des Ehepartners zuständig sind. Erst wenn diese Belastungen für die Angehörigen nicht mehr zumutbar sind, gibt es BAföG.

Zum **anrechenbaren Einkommen** werden alle positiven Einkünfte im Sinne des Einkommensteuergesetzes (entsprechend Steuerbescheid) gezählt. Beim Auszubildenden zählt das aktuelle Einkommen, bei den Familienangehörigen das Einkommen des vorletzten Kalenderjahres. Davon gehen ab:

- Einkommen- und Kirchensteuer,
- SV-Versicherung,
- Altersentlastungsbetrag,
- Sonderausgaben für selbst genutzte Eigentumswohnungen und Einfamilienhäuser.

Jeder, der zur Finanzierung der Ausbildung herangezogen wird, hat jedoch bestimmte **Freibeträge**, die er für den eigenen Lebensunterhalt und den von Angehörigen benötigt. Diese Freibeträge werden nicht auf das BAföG angerechnet.

Freibeträge

- Eltern, verheiratet und zusammenlebend 1.440 Euro
- Elternteil, allein stehend 960 Euro
- Stiefelternteil 480 Euro
- Kinder und andere Unterhaltsberechtigte der Eltern, die nicht in einer förderfähigen Ausbildung stehen 435 Euro

Nach Abzug möglicher weiterer Freibeträge bleibt der **Anrechnungsbetrag der Eltern**, den sie für die Ausbildung ihres Kindes aufwenden müssen. Haben die Eltern mehrere Kinder, die sie gleichzeitig bei der Ausbildung nach dem BAföG zu unterstützen haben, wird der Anrechnungsbetrag gleichmäßig auf alle Geschwister verteilt. Ergibt sich kein Anrechnungsbetrag, erhalten Sie als Student oder Schüler den vollen Bedarfssatz. Ergibt sich dagegen ein Anrechnungsbetrag, wird BAföG in Höhe der Differenz von Bedarfssatz und Anrechnungsbetrag gezahlt – allerdings nur, wenn der Student ledig ist und kein eigenes Einkommen hat.

Unterstützen Eltern mehrere Kinder bei der Ausbildung, verteilt sich das anrechenbare Einkommen gleichmäßig

Verweigern die Eltern ihren Unterhaltsanteil zum BAföG, kann das Kind einen Antrag auf Ausbildungsförderung als Vorschuss stellen. Die Behörden nehmen dann die Eltern in Anspruch.

Bevor die Eltern zur Kasse gebeten werden, müssen zunächst der Antragsteller selbst und – wenn er verheiratet ist – auch der Ehepartner ihre Vermögensverhältnisse offenbaren. Die **Freibeträge von Schülern und Studenten** richten sich zunächst nach der Schule und betragen zwischen 112 und 215 Euro. Daneben bleiben – in Abhängigkeit von deren Einkommen – unangetastet:

- 480 Euro für den Ehegatten
- 435 Euro für Kinder.

Außerdem bleiben bestimmte Beträge von Waisenrenten frei (bis 112 Euro pro Monat). Andere Einkünfte wie Stipendien, Ausbildungsbeihilfen oder Unterhaltsleistungen schlagen indes voll ins Kontor.

Kann der Studierende Lebensunterhalt und Studium nicht selbst finanzieren, muss zunächst der Ehepartner in die Bresche springen

Kann der Student Geld für Lebensunterhalt und Ausbildung nicht selbst finanzieren, wird als Nächstes der Ehepartner hinzugezogen, falls vorhanden.

Die Freibeträge des Ehegatten

■ für sich selbst	960 Euro
■ für Kinder und andere Angehörige, die nicht selbst in ihrer Ausbildung gefördert werden	435 Euro

Erst wenn beim Studenten selbst und seinem Ehegatten nichts zu holen ist, werden die Eltern zur Kasse gebeten.

TIPP

In Ausnahmefällen wird BAföG **unabhängig vom Einkommen der Eltern** gewährt:

- der Aufenthaltsort der Eltern ist nicht bekannt,
- die Eltern leben im Ausland und können keinen Unterhalt leisten,
- der Auszubildende hat nach seinem 18. Geburtstag fünf Jahre gearbeitet,
- er hat drei Jahre Berufsausbildung absolviert und mindestens drei weitere Jahre gearbeitet,
- er ist bei Beginn der Ausbildung älter als 30 Jahre,
- er besucht ein Abendgymnasium oder ein Kolleg.

Wie lange jemand BAföG erhält, richtet sich bei Studenten nach der Fachrichtung und Regelstudienzeit.

So lange gibt es BAföG

Schulart	Wie lange?
Hochschulen[1]	entsprechend Regelstudienzeit
Akademie[1], Höhere Fachschule[1]	Ausbildungszeit gemäß Prüfungsordnung
Schulen, auch Berufsfachschulen Abendgymnasium	bis zum Verlassen der Schule, auch in den Ferien während der letzten drei Schulhalbjahre

1 ab 5. Fachsemester Förderung nur nach Vorlage von Leistungsnachweisen

Studierende erhalten BAföG höchstens bis ein Jahr ab Ende der Regelstudienzeit

Die Förderung für Studierende an Hochschulen kann um maximal ein Jahr verlängert werden, wenn glaubhaft nachgewiesen wird, dass nach zusätzlichen vier Semestern der Abschluss geschafft wird. Diese *Hilfe zum Studienabschluss* wird in Form eines Bankdarlehens gewährt.

Zusätzlich zum gewährten BAföG können Studenten durch *Ferien- und Nebenjobs* Geld zum Studium hinzuverdienen. Das erwarten vor allem die Eltern, weil sonst das eigene Haushaltsgeld knapp wird. Jedoch dürfen Studenten nicht unbegrenzt Geld verdienen, um den Anspruch auf BAföG nicht zu gefährden (nebenbei: auch das Kindergeld könnte sonst gefährdet sein).

Hinzuverdienst bei BAföG-Bezug[1]

Schulart	Obergrenze in Euro (Brutto/Monats-durchschitt)
Weiterführende allgemeinbildende Oberschule, Fach- und Fachoberschule ohne Berufausbildung	229
Abendhauptschule, Berufsaufbau-Schule, Abendrealschule, Fachoberschule mit abgeschlossener Berufsausbildung	281
Fachschule mit abgeschlossener Berufsaufbildung, Abendgymnasium, Kolleg, Höhere Fachschule, Akademie, Hochschule	360

1 für ledige, kinderlose Azubis, die neben BAföG und Nebenverdienst keine Einkünfte und kein Vermögen haben

Besitzt der Student zudem Vermögen (Geld, Immobilie), so muss er es voll zur Finanzierung seines Studiums einsetzen. Ausnahme: Eine Rücklage von maximal 5.200 Euro muss nicht angetastet werden. Sie erhöht sich – falls verheiratet – um 1.800 Euro für den Ehepartner. Zudem darf die Rücklage pro eigenem Kind nochmals 1.800 Euro höher sein.

BAföG muss zur Hälfte als zinsloses Darlehen zurück gezahlt werden

Die BAföG-Förderung ist kein reines Geschenk des Staates, sondern nur zur Hälfte ein Zuschuss und zur Hälfte ein zinsloses Staatsdarlehen.

Etwa viereinhalb Jahre nach Ende der BAföG-Zahlungen bekommen Absolventen einen Brief vom Bundesverwaltungsamt in Köln (Adresse im Anhang), in dem ihnen mitgeteilt wird, wie hoch ihr Darlehen insgesamt ist, ab wann und wie viel sie zurückzahlen müssen. Die Konditionen sind so bemessen, dass die Rückzahlung sozial verträglich ist.

Problemlose Rückzahlung des BAföG-Darlehensteils

- Das Darlehen ist auf maximal 10.000 Euro begrenzt.
- Mit der Rückzahlung können Sie fünf Jahre warten und sich finanziell darauf einstellen.
- Sie können die Rückzahlung auf 20 Jahre ausdehnen, so dass die Rate monatlich nur 41,66 Euro beträgt.
- Wenn Sie wenig verdienen (Singles unter 940 Euro), wird die Tilgung ausgesetzt.
- Für die Kindererziehung (bis 10 Jahre) wird die Rückzahlung erlassen, falls nicht oder nur geringfügig gearbeitet und verdient wird (bis 400 Euro).
- Als Belohnung für ein sehr gutes oder sehr schnelles Studium wird ein Teil des Betrages erlassen: Wer zu den besten 30 Prozent seines Jahrgangs gehörte, kann mit 25 Prozent Erlass des Staatsdarlehens rechnen. Wer vorzeitig mit dem Studium fertig ist, spart bis zu 2.560 Euro Rückzahlung.
- In Härtefällen wird für schwierige Lebensphasen ganz auf die Raten in dieser Zeit verzichtet.

Viele Studenten bleiben nicht der einmal gewählten Uni oder Fachrichtung treu. Was passiert, wenn ein BAföG-Empfänger ein **Zweitstudium** aufnimmt, die **Fachrichtung wechselt** oder nach einer **abgebrochenen Ausbildung** ein neues Studium aufnehmen will? Grundsätzlich gilt: Gefördert wird nur die Erstausbildung, also beispielsweise ein Studium nach dem Abitur. Aber auch Formen des zweiten Bildungsweges mit anschließender Ausbildung können unterstützt werden. Alle berufsqualifizierenden Ausbildungen, die berufliche Grundkenntnisse und in der Regel auch eine berufliche Qualifikation vermitteln, können im Anschluss an die allgemein bildende Schule absolviert werden, und zwar mindestens für drei Jahre. Wer keine drei Jahre benötigt, kann daran eine zweite Ausbildung anschließen, die ebenfalls gefördert werden kann.

TIPP

Wenn Sie als Erstausbildung eine Berufsausbildung etwa zum Gas-Wasser-Installateur absolvieren, die nicht gefördert wird, behalten Sie Ihren Anspruch auf BAföG. Sie können also zu gegebener Zeit ein Studium oder ein Abendgymnasium absolvieren, für das Sie dann das Darlehen beanspruchen können.

Für ein vollständiges Aufbaustudium – etwa nach Abschluss des Erststudiums – oder eine vollständig andere Ausbildung nach der Erstausbildung ist es jedoch so gut wie ausgeschlossen, BAföG zu bekommen. Es sei denn,

- ein Zweitstudium ist rechtlich für den Berufsstart erforderlich,
- nach der Berufsausbildung soll auf dem zweiten Bildungsweg ein Schulabschluss nachgeholt werden,
- nach Abschluss des zweiten Bildungsweges soll sich eine entsprechende Ausbildung anschließen,
- nach Berufsfach- oder Fachschule schließt sich eine zweite Ausbildung an,
- an ein Bachelorstudium schließt sich ein Masterstudium an (wenn drei Jahre Berufstätigkeit dazwischen liegen: BAföG unabhängig von Eltern).

Schwieriger wird es bei einem Fachrichtungswechsel oder einer abgebrochenen Ausbildung.

Wenn Sie auf BAföG angewiesen sind, sollten Sie sich unbedingt vor Abbruch oder Fachrichtungswechsel informieren, ob die Förderung anschließend weiter geht. Ein *Abbruch* liegt immer dann vor, wenn Sie die Art der Ausbildungsstätte wechseln, also von der Akademie zur Hochschule. Ein *Fachrichtungswechsel* bedeutet, dass Sie an einer Hochschule bleiben und statt Medizin zum Beispiel Ingenieurwesen studieren.

Studienabbruch und Fachrichtungswechsel wirken sich negativ auf die BAföG-Förderung aus

Ein Fachrichtungswechsel nach Beginn des vierten Fachsemesters schließt eine Fortsetzung der Förderung praktisch aus.

Überhaupt werden nur wichtige oder unabweisbare Gründe akzeptiert, die Sie sofort mitteilen müssen. Beispiele: fehlende intellektuelle, psychische oder körperliche Eignung für die gewählte Ausbildung oder grundlegend gewandelte Neigungen.

Neben dem zinslosen Staatsdarlehen ist auch ein *verzinsliches Bankdarlehen* möglich, um Teile des Studiums zu finanzieren. Es wird in der Regel bei weiterführenden Ausbildungen gewährt, und zwar direkt von der Deutschen Ausgleichsbank. Anträge werden beim zuständigen Amt für Ausbildungsförderung gestellt und auch dort entschieden. Das Darlehen muss einschließlich der Zinsen in Raten von mindestens 103 Euro innerhalb von 20 Jahren, und zwar ab dem sechsten Jahre nach Ende der Förderzeit, zurückgezahlt werden.

TIPP

Wer sowohl ein unverzinsliches Staats- als auch ein verzinsliches Bankdarlehen in Anspruch genommen hat, beginnt bei der Rückzahlung mit dem zweiten Darlehen. Insgesamt verlängert sich die Zeit auf 22 Jahre.

Übrigens: Studenten können auch *Sozialhilfe* beantragen. Allerdings bekommen sie nur in den Fällen regelmäßige Unterstützung, in denen eigenes Einkommen, das von Eltern und Ehegatten sowie andere Förderungen wie das BAföG nicht oder nicht in ausreichendem Maße greifen. Grundsätzlich gilt: Wer BAföG bekommt, dem steht keine Sozialhilfe zu. Aber auch hier gibt es Ausnahmen, wie Behinderungen, Schwangerschaft, Alleinerziehung von Kindern. Nachfragen lohnt also (siehe S. 112 ff.).

In Deutschland gibt es eine Fülle von *Stipendien*, die häufig von Stiftungen vergeben werden. Firmen, Kirchen, Parteien, Länder oder die Hochschulen selbst sind die Träger. Manche Stipendien kommen nur für Studenten höherer Semester in Frage, die meisten unterstützen besonders begabte junge Menschen oder solche, die aus sozial schwachen Familien stammen. Private Stiftungen machen die Vergabe auch von persönlich-subjektiven Kriterien abhängig, so dass sich ein Informationsgespräch empfiehlt. Detaillierte Auskünfte über Stipendien erhalten Sie am besten über das Studentenwerk Ihrer Hochschule; dort ist man auch über hochschulinterne und regionale Stipendien bestens informiert. Allerdings muss ein Stipendium meist hart erkämpft werden; Prüfungen, Auswahlseminare, Klausuren sind an der Tagesordnung. Wer da erfolgreich besteht, kann zum Teil mit mehr als 500 Euro monatlich rechnen (allerdings fällt dann das BAföG möglicherweise geringer aus).

Besonders begabte oder bedürftige Studierende können Stipendien beantragen

TIPP

Guten Überblick verschafft das Buch des Deutschen Studentenwerkes „Fördermöglichkeiten für Studierende", erschienen im Verlag Karl Heinz Bock. Im Internet wird man unter *www.stiftungsindex.de* und *www.stifterverband.de* fündig. Auch ein Besuch auf den Homepages großer Firmen lohnt sich. Nähere Auskünfte geben die einzelnen Stiftungen direkt (Auswahl mit Adressen im Anhang).

Die Aufstiegsfortbildungsförderung („Meister-BAföG")

Neue Meister braucht das Land, und besonders dem Handwerk geht langsam der Nachwuchs aus. Gefragt sind gut ausgebildete Leute, die sich eine eigene Existenz aufbauen und Arbeitsplätze schaffen wollen. Die Aufstiegsfortbildung kostet jedoch Geld, nicht selten 20.000 Euro und mehr. Daher gelten für die Aufstiegsqualifizierung seit 2002 neue Regelungen.

Die Förderung wird unabhängig von der gewählten Lernform gewährt. Möglich sind Voll- und Teilzeitunterricht, schulische und außerschulische Formen, mediengestützte Lernmethoden und Fernunterricht.

Allerdings muss der gewählte Abschluss über dem Niveau einer Facharbeiter-, Gesellen- und Gehilfenprüfung oder eines Berufsfachschulabschlusses liegen, nämlich zum

- Handwerks- oder Industriemeister,
- Techniker,
- Fachkaufmann,
- Fachkrankenpfleger,
- Betriebsinformatiker,
- Programmierer oder
- Betriebswirt.

Dabei kann der „Meisterlehrling" folgende Unterstützung bekommen:

- Beitrag zum Lebensunterhalt für Alleinstehende an Vollzeitmaßnahmen: bis zu 614 Euro monatlich, davon 230 Euro Zuschuss und 384 Euro Darlehen.
- Bei Verheirateten erhöht sich das Darlehen um 215 Euro, für jedes Kind um 179 Euro.
- Alleinerziehende erhalten außerdem einen Zuschuss zu den Kinderbetreuungskosten von monatlich 128 Euro pro Kind.
- Kosten für das Meisterstück werden bis zu 1.534 Euro gefördert.
- Lehrgangs- und Prüfungsgebühren werden vollständig, höchstens jedoch bis 10.226 Euro finanziert. 35 Prozent sind ein Zuschuss, der Rest ein zinsgünstiges Bankdarlehen.

TIPP

Die Darlehen sind während der Fortbildung sowie die ersten beiden Jahre nach dem Abschluss zins- und tilgungsfrei. Danach müssen sie innerhalb von zehn Jahren in monatlichen Raten von mindestens 128 Euro zurückgezahlt werden. Wer sich nach der Prüfung selbstständig macht, dem können auf Antrag drei Viertel des Darlehens für die Lehrgangs- und Prüfungskosten erlassen werden. Anträge und Beratung bietet das zuständige Amt für Ausbildungsförderung.

Womöglich brauchen Sie gar keinen Meisterbrief. Denn seit 2004 gilt der *Meisterzwang* nur noch für 41 Gewerke (vorher: 94; siehe Liste A der Handwerksordnung unter www.handwerk-info.de/119765.html). Zudem dürfen Gesellen einen Handwerksbetrieb in den 41 Gewerken auch dann ohne Meisterbrief führen, wenn sie bereits zwei Jahre als Geselle und weitere vier Jahre in leitender Stellung gearbeitet hatten. Diese Erleichterung gilt nicht für Schornsteinfeger, Augenoptiker, Hörgeräteakustiker, Orthopädietechniker, Orthopädieschuhmacher und Zahntechniker.

Wehr- und Zivildienst

Der Wehrdienst dauert gegenwärtig neun Monate, der Zivildienst zehn Monate. Die Grundlage für den Lebensunterhalt in dieser Zeit ist der Sold. Er beträgt in Abhängigkeit von Dienstgrad, Eignung, Befähigung und Leistung:

- Soldgruppe 1 (1. bis 3. Monat): 7,41 Euro pro Tag
- Soldgruppe 2 (4. bis 6. Monat): 8,18 Euro pro Tag
- Soldgruppe 3 (7. bis 10. Monat): 8,95 Euro pro Tag.

Hinzu kommen bei Soldaten täglich Mobilitätszuschläge, wenn ihr Wohnort weit vom Einsatzort entfernt ist:

Wehrdienstpflichtige bekommen Zuschläge, wenn sie weit vom Einsatzort entfernt wohnen

- mehr als 30 Kilometer: 0,51 Euro (dieser Satz gilt einheitlich auch für den Zivildienst)
- mehr als 50 Kilometer: 1,53 Euro
- mehr als 100 Kilometer: 3,07 Euro.

Außerdem gibt es ein Weihnachtsgeld von 191,73 Euro (Zivildienst: bis 172,56 Euro) und bei Abschluss der Dienstzeit ein Entlassungsgeld von 766,94 Euro (Zivildienst: maximal 690,24 Euro).

Wer nicht an der kostenlosen Gemeinschaftsverpflegung teilnehmen kann (Urlaub, Heimfahrt), erhält für diese Zeit Verpflegungsgeld. Pro vollem Kalendertag gibt es 7,20 Euro (seit 1. Juli 2003), bei halben Tagen entsprechend weniger.

Während der Dienstzeit werden weitere Formen der Unterstützung gewährt (nach Unterhaltssicherungsgesetz):

- SV-Beiträge für alle Formen der Sozialversicherung
- Beschädigtenversorgung, falls während des Dienstes ein bleibender Schaden entsteht (zahlt später das Versorgungsamt weiter)
- kostenlose Familienheimfahrten
- Eltern bzw. uneheliche Kinder bekommen bei Anspruch Einzelleistungen
- Übernahme des Beitrags für private Schaden-Versicherungen (außer Kfz-Police), wenn die Verträge schon zwölf Monate vor der Einberufung bestanden (gesamt: bis sechs Prozent des Nettoeinkommens vor der Einberufung)
- Mietbeihilfe (100 Prozent), wenn der Mietvertrag schon sechs Monate vor der Einberufung bestand (ansonsten 70 Prozent)
- Wirtschaftsbeihilfe für Selbstständige
- Härteausgleich, etwa bei Darlehensverpflichtungen
- Garagenmiete, wenn Kfz wegen Wehrdienst abgemeldet wurde.

Müssen Sie bereits für eine eigene Familie aufkommen, so sichert der Staat den Unterhalt Ihrer Familie für die Zeit des Wehr- bzw. Zivildienstes: mit Unterhalt, einer besonderen Zuwendung im Dezember und Überbrückungsgeld bei der Entlassung. Die Ehefrau bekommt während des Dienstes einkommensabhängig Unterhaltsgeld (mindestens 30 Prozent mehr als der Regelsatz der Sozialhilfe, maximal 60 Prozent des letzten Einkommens des Mannes vor der Einberufung). Für jedes Kind gibt es zwölf Prozent des letzten Einkommens als Unterhaltsgeld. Unabhängig vom Einkommen stehen als besondere Zuwendung im Dezember der Ehefrau rund 200 Euro und jedem Kind rund 25 Euro zu. Zur

Entlassung des Mannes gibt es Überbrückungsgeld: 350 Euro für die Frau und 100 Euro für jedes Kind. Wer bereits eine Baufinanzierung laufen hat, für den werden die Raten übernommen (bis 25 Prozent des Nettoeinkommens vor der Einberufung).

Ehefrauen von Wehrdienstleistenden und Kinder bekommen Unterhaltsgeld

Diese Leistungen werden bei der Unterhaltssicherungsbehörde der Stadt- oder Kreisverwaltung Ihres Wohnsitzes beantragt, am besten schon vor Antritt des Dienstes.

TIPP Wer einen gesetzlich geregelten Freiwilligendienst leisten möchte, kann dies inzwischen nicht nur im sozialen oder ökologischen Bereich tun, sondern auch zum Beispiel in der Jugendarbeit des Sports, im kulturellen Bereich (Bibliotheken, Museen oder Musikinitiativen) oder in der Denkmalpflege. Auch der Einsatz außerhalb Europas ist gestattet. Der Freiwilligendienst kann direkt im Anschluss an den Schulabschluss geleistet werden; ein Mindestalter wird nicht mehr vorgeschrieben. Übrigens: Anerkannte Kriegsdienstverweigerer können anstelle des Zivildienstes einen 12-monatigen gesetzlich geregelten Freiwilligendienst bei einem dafür anerkannten Träger leisten. Diese Anerkennung der Träger wird von den zuständigen Landesbehörden vorgenommen.

Kriegsdienstverweigerer können statt Zivil- auch Freiwilligendienst leisten

3 Haus & Wohnung

Hier gibt es eine ganze Palette von Fördermöglichkeiten, die Bund, Länder und Gemeinden sowohl für Mieter als auch für Eigentümer eingerichtet haben. Das reicht vom direkten Zuschuss zur Miete (Wohngeld) bis zur Starthilfe für Eigenheimbauer (Eigenheimzulage).

Wohngeld

Mieter, die im Verhältnis zu ihrem Einkommen überdurchschnittlich viel Geld fürs Wohnen ausgeben müssen, haben Anspruch auf Wohngeld. Zuständig ist die Wohngeldstelle des Wohnungsamtes. Die Höhe hängt von der Familiengröße, dem Nettoeinkommen und den zuschussfähigen Wohnkosten ab.

Unverheiratete Paare müssen getrennt Wohngeld beantragen

- **Familiengröße:** Zur Familie zählen alle, die im gemeinsamen Haushalt leben. Dazu können neben dem Antragsteller der Ehegatte, Eltern, Schwiegereltern, Großeltern, Kinder und Enkelkinder, außerdem Onkel, Tanten, Nichten und Neffen (auch wenn sie angeheiratet sind) gehören. Keine Familie im Sinne des Wohngeldgesetzes bilden Sie, wenn Sie als Paar ohne Trauschein („Wilde Ehe") zusammenleben. Dann müssen Sie jeder für sich einen Antrag auf Wohngeld stellen. Wenn sich Ihre Familie vergrößert (zum Beispiel durch Geburt oder wenn ein auswärts wohnender Familienangehöriger am Ort ein Studium aufnimmt), sollten Sie erneut einen Antrag auf Wohngeld stellen. Wenn sich Ihre Familie verkleinert, kann der Anspruch auf Wohngeld erlöschen. Stirbt allerdings ein Familienmitglied, wirkt sich dies erst mit einer Verzögerung von zwei Jahren auf das Wohngeld aus. Damit sollen Härten im Zusammenhang mit einem Todesfall vermieden werden.

- **Gesamteinkommen:** Hier zählen alle steuerpflichtigen positiven Jahres-Einkünfte im Sinne des Einkommensteuergesetzes abzüglich bestimmter Frei- und Abzugsbeträge. Dabei werden die Einkommen aller Familienmitglieder, die in der Wohnung leben, zusammengerechnet. Beispiele: Gehälter, Arbeitslosengeld/-hilfe und Sonderprämien des Arbeitgebers. Nicht eingerechnet werden das Arbeitsentgelt von Auszubildenden und Leistungen der gesetzlichen Unfall- und Krankenversicherung, zum Beispiel Krankengeld. Wenn Sie einen Teil der Wohnung untervermietet haben, gilt Ihr Antrag auf Wohngeld nur für den Teil der Wohnung, den Sie tatsächlich bewohnen. Normalerweise wird die Untermieteinnahme nicht zu Ihrem Familieneinkommen gerechnet. Wie ein Untermieter wird auch der Lebenspartner behandelt, den Sie in Ihre Wohnung aufnehmen, ohne ihn zu heiraten. Das bedeutet, dass Sie vom Zeitpunkt des Zusammenlebens an nur noch die Hälfte der Miete beim Antrag auf Wohngeld angeben dürfen und zwar unabhängig davon, ob Ihr Partner die andere Hälfte der Miete nun zahlt oder nicht. Allerdings kann dieser wie ein Untermieter einen eigenen Antrag auf Wohngeld stellen.

- **Zuschussfähige Wohnkosten:** Der dritte Faktor, der das Wohngeld bestimmt, ist die Miethöhe. Grob betrachtet, gilt der Grundsatz, je teurer Ihre Wohnung, desto höher Ihr Anspruch auf Wohngeld. Allerdings gelten bestimmte Höchstgrenzen, die verhindern sollen, dass mit staatlicher Hilfe luxuriöse Wohnungen gefördert werden. Diese Höchstgrenzen richten sich nach Ihrer Familiengröße, dem Mietniveau am Ort und dem Alter und der Ausstattung Ihrer Wohnung. Alles in allem eine komplizierte Rechnung, die von Bundesland zu Bundesland unterschiedlich ist (wegen unterschiedlicher Mietstufen in den Gemeinden).

Bei der Finanzierung mit Wohngeld gibt es Höchstbeträge bei der Miete, abhängig von der Familiengröße

Diese Mietstufen gelten

Mietstufe	Mieten-Niveau
1	mehr als 15 Prozent unter Durchschnitt (unter minus 15 %)
2	minus 15 bis unter minus 5 Prozent
3	minus 5 bis unter 5 Prozent[1]
4	5 bis unter 15 Prozent[1]
5	15 bis unter 25 Prozent[1]
6	25 Prozent und mehr[1]

1 Abweichung der örtlichen Miete vom Bundesdurchschnitt vergleichbarer-Wohnungen

Daraus ergibt sich letztlich, wie hoch die laut Wohngeldgesetz zulässigen zuschussfähigen Wohnkosten überhaupt sind. Als Faustregel, für wen sich ein Antrag überhaupt lohnt, gelten folgende Einkommensgrenzen (wer deutlich mehr verdient, kann sich den Antrag sparen):

Beim Wohngeld gibt es Einkommensgrenzen

Bis zu dieser Miethöhe können Sie mit Wohngeld rechnen

Zahl der Familien-Mitglieder	Obergrenzen für das monatliche Gesamteinkommen nach Mietstufen für ab 1992 bezugsfertige Wohnungen (Euro)					
	Mietstufe					
	1	2	3	4	5	6
1	750	760	770	800	810	830
2	1.010	1.040	1.060	1.090	1.110	1.140
3	1.270	1.290	1.320	1.340	1.370	1.370
4	1.670	1.700	1.730	1.770	1.800	1.830
5	1.910	1.960	1.980	2.030	2.060	2.100

Allerdings werden nur Mieten bis zu einer bestimmten Höhe berücksichtigt. Das richtet sich nach Alter und Ausstattung der Wohnung sowie dem örtlichen Mietpreisniveau (siehe folgende

Tabelle). Wer in Wirklichkeit höhere Miete zahlen muss, wird so behandelt, als würde er nur den zuschussfähigen Höchstbetrag bezahlen. Daher wirkt Wohngeld häufig nur wie der sprichwörtliche Tropfen auf den heißen Stein (im Schnitt 70 Euro).

Wohngeld für drei Familienmitglieder

Monats-einkommen (Euro)	zuschussfähige Wohnkosten (Euro)					
	30 – 35	50 – 60	90 – 100	150 – 160	240 – 250	290 – 300
300 – 310	0	27	60	111	187	229
400 – 410	0	16	47	95	166	206
500 – 510	0	0	34	78	145	182
600 – 610	0	0	20	61	123	157
700 – 710	0	0	0	44	101	132
800 – 810	0	0	0	25	78	107
900 – 910	0	0	0	0	54	80
1.000 – 1.010	0	0	0	0	29	92

Übrigens: Wohngeld gibt es maximal für ein Jahr, dann muss ein neuer Antrag gestellt werden (am besten schon zwei Monate vor Ablauf des Jahres). Gezahlt wird ein oder zwei Monate im Voraus. Generell können neben Mietern weitere Gruppen den Zuschuss erhalten:

Rechtzeitig vor Ablauf eines Jahres sollte das Wohngeld neu beantragt werden

- Inhaber einer Genossenschafts- oder Stiftswohnung,
- Bewohner eines Heims (hier gilt immer der höchste Wert an zuschussfähigen Wohnkosten),
- Inhaber eines mietähnlichen Dauerwohnrechts,
- Eigentümer eines Mehrfamilien- oder Geschäftshauses, in dem sie wohnen,
- Eigentümer eines Ein- oder Zwei-Familienhauses mit überwiegend Geschäftsräumen, in dem sie wohnen.

TIPP

Wer mehr zum Wohngeld wissen möchte, sollte sich beim Bundespresseamt die kostenlose Broschüre „Wohngeld – Ratschläge und Hinweise“ bestellen (Broschürenstelle, Postfach 205 001, 53170 Bonn).

Ab 1. Juli 2004 wird Wohngeld im Rahmen der Arbeitsmarkt- und Verwaltungsreformen („Hartz-IV-Gesetz“) für Empfänger von Sozialhilfe oder Arbeitslosenhilfe (Transferleistungen) nicht mehr getrennt beantragt, sondern nur noch über eine einzige Behörde. Wohngeld ist dann im so genannten Arbeitslosengeld II (bisherige Arbeitslosenhilfe) enthalten. An der Höhe ändert sich jedoch nichts.

Wohnungsneubauförderung

Der Staat fördert den Wohnungsbau unter den verschiedensten Aspekten. Er hilft beim Erwerb von Wohnungseigentum, unterstützt Energiespar- und Umweltschutzmaßnahmen, fördert die Sanierung denkmalgeschützter Gebäude. Die Programme ändern sich je nach Bedarf und Kassenlage.

TIPP

Tipp: Rund 4.900 Förderprogramme für die Bereiche Bau, Sanierung und Energie stehen in der Fördermittel-Datenbank von Baunetz, einem Onlinedienst für die Baubranche und Bauherren (*www.BauNetz.de/foerdermittel*). Die Bundesprogramme zur Wohneigentumsförderung gibt es bei der Kreditanstalt für Wiederaufbau (KfW) auf einen Blick (*www.kfw.de*). Ein Beispiel:

Bund, Länder und Gemeinden fördern den Wohnungsbau

- **KfW-Wohneigentumsprogramm:** Es handelt sich um ein zinsverbilligtes Darlehen (mit Zinsfestschreibung für fünf oder zehn Jahre). Damit lassen sich bis zu 30 Prozent der angemessenen Gesamtkosten finanzieren, maximal 100.000 Euro. Die Laufzeit beträgt höchstens 30 Jahre. Getilgt wird mindestens ein Prozent pro Jahr, wobei zu Beginn fünf tilgungsfreie Jahre möglich sind. Vorteil: Der Kredit wird zu 100 Prozent ausgezahlt, und die Zinsen sind sehr günstig. Nach Ablauf der zehn Jahre werden neue Konditionen vereinbart. Nachteil: Außerplanmäßige Tilgungen während der Zinsbindungsfrist sind nicht erlaubt.

In einigen Bundesländern fließen zusätzliche Fördermittel. Beispiel Brandenburg:

- **Wohneigentum:** Es gibt ein zinsloses Darlehen in Höhe von 20.448 Euro – aber nur innerhalb bestimmter Einkommensgrenzen: Im Prinzip darf ein Zweipersonenhaushalt nur 18.000 Euro pro Jahr verdienen (§ 9 Wohnungsförderungsgesetz). Gefördert werden auch Alleinerziehende mit mindestens einem Kind. In jedem Fall sind mindestens 15 Prozent Eigenleistung aufzubringen. Die Tilgung beträgt 12,5 Prozent pro Jahr jeweils zum Stichtag 30. März, also jährlich 2.556 Euro.
- **Bürgschaften für Wohnungsbaudarlehen:** Das Land vergibt Bürgschaften, falls die Gesamtkosten noch nicht gedeckt sind und ein weiteres Darlehen nötig ist. Sie gelten nur für nachrangige Darlehen, die aber durch Hypotheken oder Grundschulden am Baugrundstück dinglich gesichert sind (1 b-Darlehen). Ein typisches Beispiel dafür sind Bauspardarlehen. Der verbürgte Betrag muss mindestens bei 5.000 Euro liegen. Die Ausfallbürgschaft kostet den Bauherrn ein einmaliges Bearbeitungsentgelt in Höhe von zwei Prozent des verbürgten Darlehensbetrages.

Eigenheimzulage

Wer 2004 mit dem Bau beginnt bzw. den Kaufvertrag abschließt oder einer Genossenschaft beitritt, für den gilt:

- Neu- und Altbauten werden über acht Jahre einheitlich gefördert; für Ausbauten und Erweiterungen gibt es keine Förderung mehr.

- Der Zuschuss beträgt maximal 1.250 Euro pro Jahr sowie 800 Euro pro Kind im Jahr.
- Einkommensgrenze: Im Jahr der Anschaffung und im Jahr davor dürfen die positiven Einkünfte zusammen höchstens 140.000 Euro betragen (Ledige die Hälfte). Diese Grenze erhöht sich pro Kind um 30.000 Euro.
- Begünstigt sind neben Herstellungs- und Anschaffungskosten für Gebäude und Grundstück auch Kosten für Modernisierungsarbeiten, die innerhalb von zwei Jahren nach dem Kauf stattfinden.

Modernisierungen kurz nach dem Kauf von Wohneigentum werden durch die Eigenheimzulage gefördert

Die Förderung gilt auch für alle, die über den Kauf von Genossenschaftsanteilen eine Wohnung finanzieren. Voraussetzung: Die Genossenschaft ist frühestens am 1. Januar 1995 ins Genossenschaftsregister eingetragen worden. Außerdem muss der jeweilige Genossenschaftsanteil wenigstens 5.000 Euro betragen und die Satzung den Mitgliedern, die in der Genossenschaft wohnen, ein unkündbares Optionsrecht auf den Erwerb dieser Wohnung einräumen (falls die Mehrheit der Mitglieder im Haus der Umwandlung und Veräußerung schriftlich zustimmt). Spätestens im achten und damit letzten Jahr der Förderung muss der Genosse dann tatsächlich die Genossenschaftswohnung beziehen.

Förderung von Bausparern durch Wohnungsbauprämie und Arbeitnehmer-Sparzulage

Wer einen Bausparvertrag abschließt, kann auf zwei zusätzliche Zulagen vom Staat hoffen:

- **Wohnungsbauprämie:** Die bekommt jeder Bausparer ab 16 Jahren, unabhängig davon, ob er später mal bauen will oder nicht. Seit 2004 gibt es durchweg 8,8 Prozent (bis 2003: 10

Prozent) als Prämie auf den geförderten Höchstbetrag von 512 Euro Einzahlungen in den Bausparvertrag. Das sind rund 45 Euro Wohnungsbauprämie pro Jahr. Wer 43 Euro pro Monat auf ein Bausparkonto einzahlt – das entspricht ungefähr dem jährlich geförderten Höchstbetrag von 512 Euro (43 x 12 = 516) –, kann nach sieben Jahren auf rund 315 Euro Geschenk vom Finanzamt bauen. Verheiratete erhalten bei doppelter Einzahlung das Doppelte. Die Prämie bekommt, wer höchstens 25.600 Euro Jahreseinkommen zu versteuern hat (Ehepaare 51.200 Euro).

Wer einen Bausparvertrag abschließt, bekommt eine staatliche Prämie

Achtung: Innerhalb vorgeschriebener Bindungsfristen können Sie die Wohnungsbauprämie nur zu wohnwirtschaftlichen Zwecken verwenden – nach dieser Frist (meist sieben Jahre) können Sie damit machen, was Sie wollen. Den Antrag für Wohnungsbauprämie gibt es bei Bausparkassen und Finanzämtern.

Das Geschenk gibt es rund sieben Jahre lang, falls das Gehalt nicht über die Fördergrenzen hinaus steigt. Allerdings wird die Prämie erst ausgezahlt, wenn der Bausparvertrag „reif" ist und der Kredit zugeteilt werden kann.

- **Arbeitnehmer-Sparzulage:** Wer als Arbeitnehmer zusätzlich vermögenswirksame Leistungen seines Arbeitgebers in einen Bausparvertrag einzahlt (oder den entsprechenden Betrag von seinem Lohn abzweigt), erhält Arbeitnehmer-Sparzulage für Einzahlungen bis 470 Euro pro Jahr (bis 2003: 480 Euro). Die Zulage beträgt neun Prozent (bis 2003: zehn Prozent), also maximal 42,30 Euro pro Jahr. Voraussetzung: Das zu versteuernde Jahreseinkommen liegt bei höchstens 17.900 Euro (Ehepaare das Doppelte). Einzahlungen in Aktienfonds werden noch höher gefördert (siehe S. 73 ff.).

Hilfen für Modernisierer

Gemeint sind Förderquellen von Bund, Ländern und Gemeinden für Wohnungseigentümer, die ihren Besitz modernisieren wollen. Unter dem Stichwort „Wohnwertförderung" haben Bundesbauministerium und KfW-Förderbank mehrere Programme aufgelegt. Details sind bei der Deutschen Energie-Agentur (dena) zu erfahren (*www.zukunft-haus.info*). Unentgeltliche Beratung gibt es beim „Kompetenzzentrum" kostengünstig qualitätsbewusst bauen (*www.kompetenzzentrum-iemb.de*).

Wer umweltbewusst modernisiert, kann Nutzen aus Förderprogrammen des Bundes ziehen

- **KfW-CO_2-Gebäudesanierungsprogramm:** Das Programm dient der zinsgünstigen langfristigen Finanzierung von besonders umfangreichen Investitionen zur CO_2-Minderung und zur Energieeinsparung in Wohngebäuden des Altbaubestandes. Dazu gehört auch die Errichtung oder der Ersterwerb von KfW-Energiesparhäusern 40 einschließlich Passivhäusern. Gefördert werden Investitionsmaßnahmen mit zinsgünstigen Krediten, die mindestens 30 Kilogramm CO_2-Einsparung pro Quadratmeter Gebäudenutzfläche im Jahr einbringen, darunter auch der Austausch von Heizungen, die vor 1982 eingebaut worden waren.
- **KfW-Wohnraum-Modernisierungsprogramm:** Das Programm dient der zinsgünstigen Finanzierung von Investitionen zur Modernisierung und Instandsetzung von bestehendem Wohnraum (Gebrauchswert-Verbesserung) sowie zur Wohnumfeld-Verbesserung im gesamten Bundesgebiet. In den neuen Ländern und Berlin (Ost) werden im Rahmen des Stadtumbaus Maßnahmen zum Rückbau von leer stehenden, dauerhaft nicht mehr benötigten Wohngebäuden oder Wohngebäudeteilen, die zur Vermietung bestimmt sind oder waren (Mietwohngebäude), mitfinanziert.

- **Marktanreizprogramm zur Förderung erneuerbarer Energien**: Das Förderprogramm des Bundesamtes für Wirtschaft und Ausfuhrkontrolle (Bafa) fördert in drei Förderbereichen: Solar-, Biomasse- und Photovoltaik-Anlagen. Die Förderung erfolgt als Festbetragsfinanzierung durch nicht rückzahlbare Zuschüsse (Projektförderung).

- **Energiesparberatung – „Vor-Ort-Beratung":** Energiesparberatung vor Ort wird vom Bund gefördert, wenn Sie durch einen unabhängigen Energieberater Ihre Heizungsanlage checken lassen und bereits vor 1984 (Ostdeutschland: vor 1989) die Baugenehmigung für das Haus bekommen hatten und die Gebäudehülle später nicht zu mehr als 50 Prozent verändert worden ist.

Energiesparen – auch die notwendige Beratung – wird großzügig gefördert

Je nach Größe des Gebäudes sind die Zuschüsse, die der Bund Ihnen zahlt, unterschiedlich hoch.

Objekttyp	Zuwendungsfähige Kosten (€; ohne MWSt.)	Bundesanteil (in €)	Eigenanteil Bauherr (in €)
1- u. 2-Familienhaus	450	300	ab 150
bis 6 Wohneinheiten (WE)	600	320	ab 280
bis 15 WE	850	340	ab 510

Fallen höhere Ausgaben an, so erhöht sich der Eigenanteil des Bauherrn.

4 Berufstätigkeit

Im Arbeitsleben kommen Vergütungen in erster Linie vom Arbeitgeber. Je nach Situation gibt es aber auch Geld vom Staat, etwa um Arbeitnehmer zur Vermögensbildung mit Produktivkapital anzuregen (Arbeitnehmer-Sparzulage) oder zu helfen, wenn die Konjunktur ins Schlingern gerät (Ersatzleistungen). Zudem gibt es eine breite Palette an Hilfen bei Arbeitsunfällen (gesetzliche Unfallversicherung) sowie Förderungen für Existenzgründer und gestandene Selbstständige.

Geld für Arbeitnehmer in „normaler" Firmensituation

Bekommen Sie als Arbeitnehmer eigentlich vermögenswirksame Leistungen (VL)? Wenn nicht, fragen Sie Ihren Chef nach VL, die es zusätzlich zum Gehalt für viele Arbeitnehmer gibt (steht im Tarifvertrag). Profitieren können auch Auszubildende, Beamte, Richter, Soldaten und Zivildienstleistende. Wer VL erhält und nicht zu viel Gehalt hat, kann noch ein Geschenk vom Staat mitnehmen: die Arbeitnehmer-Sparzulage.

Wer vermögenswirksame Leistungen bekommt, kann ein zusätzliches Geldgeschenk vom Staat einplanen

Arbeitnehmer-Sparzulage

Die gibt es auf die eingezahlten VL, wenn Sie bestimmte Einkommensgrenzen nicht überschreiten. Diese betragen 17.900 Euro für Alleinstehende und 35.800 Euro für Verheiratete. Maßstab ist das zu versteuernde Jahreseinkommen, das nicht mit dem Bruttoeinkommen verwechselt werden darf. Das Bruttoeinkommen kann wesentlich höher liegen.

Bis zu diesem Gehalt gibt es Arbeitnehmer-Sparzulage

Familienstand	Bruttoeinkommen pro Jahr (Euro)
Single	
ohne Kind	20.959
mit 1 Kind	25.597
mit 2 Kindern	27.364
Ehepaar mit 1 Arbeitnehmer	
ohne Kind	40.923
mit 1 Kind	44.457
mit 2 Kindern	47.990
Ehepaar mit 2 Arbeitnehmern	
ohne Kind	41.946
mit 1 Kind	45.480
mit 2 Kindern	49.013

Vom Staat gefördert werden in der Regel nur Bausparverträge und Aktienfonds. Wer also die Zulage bekommen will, sollte eine dieser Anlageformen wählen. Und das gibt der Staat dazu (pro Arbeitnehmer):

- Bausparvertrag: 9 Prozent (bis 2003: 10 Prozent) auf Einzahlungen bis 470 Euro pro Jahr (bis 2003: 480 Euro), also maximal 42,30 Euro pro Jahr.
- Aktienfonds: 18 Prozent (bis 2003: 20 Prozent) auf Einzahlungen bis 400 Euro (bis 2003: 408 Euro), also maximal 72 Euro pro Jahr.

TIPP

Die Sparzulage muss beim zuständigen Finanzamt beantragt werden. Das Finanzamt zahlt die Zulage nicht jährlich aus, sondern sammelt sie und überweist sie nach einer Sperrfrist von sieben Jahren auf Ihr Konto.

Und so funktioniert es: Sie schließen einen Vertrag über die gewünschte Anlageform ab. Eine Kopie des Vertrages bzw. der Verträge bekommt Ihr Arbeitgeber, der dann seinen Anteil an die Bank, Fondsgesellschaft oder Bausparkasse überweist.

TIPP

Wenn der Arbeitgeber nicht die volle Förder-Summe mittels VL übernimmt, können Sie als Arbeitnehmer den Betrag vom eigenen Gehalt aufstocken, um die Sparsumme zu erhöhen. Wer keine VL erhält, kann auch den gesamten Sparbetrag vom Gehalt abzweigen, muss also nicht auf die Arbeitnehmer-Sparzulage verzichten.

Arbeitnehmer können vermögenswirksame Leistungen ganz oder zum Teil selbst einzahlen

Wer sich an die Spielregeln hält, kann ein solides Fundament für künftiges Vermögen schaffen. Beispiel Aktienfonds: Wer seit 1996 monatlich 34 Euro (= 408 Euro im Jahr) eingezahlt hatte, machte aus insgesamt 2.448 Euro Einzahlung nach Ablauf der sechs Jahre (plus ein Jahr Wartefrist) im Schnitt über 3.600 Euro. Das entspricht einer Rendite von mehr als 9 Prozent pro Jahr. Rechnet man die Arbeitnehmer-Sparzulage hinzu, so steigt die Rendite noch. Das Ergebnis kann allerdings wegen der Schwankungen am Kapitalmarkt nicht in gleicher Höhe für die Zukunft garantiert werden.

Förderung der beruflichen Weiterbildung

Wenn Sie einen beruflichen Abschluss nachholen oder drohende Arbeitslosigkeit abwenden wollen, kommen Sie unter Umständen in den Genuss der Förderung einer Fortbildung oder Umschulung durch das Arbeitsamt (gilt auch für Arbeitslose).

TIPP

Das Nachholen eines Berufsabschlusses wird gefördert, wenn Sie entweder gar nicht über den Abschluss einer mindestens zweijährigen Berufsausbildung verfügen oder sechs und mehr Jahre ungelernt tätig waren und Ihren Abschluss wahrscheinlich nicht mehr nutzen können.

Allerdings sind einige Bedingungen zu erfüllen:

Wann Ihre Weiterbildung gefördert wird

- Sie waren innerhalb der letzten drei Jahre mindestens 12 Monate versicherungspflichtig tätig oder bekommen Arbeitslosengeld bzw. Arbeitslosenhilfe.
- Sie haben sich von der Arbeitsagentur beraten lassen.
- Die Bildungsmaßnahme wird von der Arbeitsagentur anerkannt.

Arbeitnehmer, die die Voraussetzungen für eine Förderung der beruflichen Weiterbildung erfüllen, erhalten vom Arbeitsamt einen Bildungsgutschein. Die Arbeitsagentur kann den Gutschein auf bestimmte Bildungsziele sowie zeitlich und regional begrenzen. Der Gutschein kann bei einem zugelassenen Bildungsträger eigener Wahl eingelöst werden und umfasst die notwendigen Weiterbildungskosten. Notwendig ist Weiterbildung für Leute mit Job allerdings inzwischen nur noch, wenn:

Für Berufstätige ist die geförderte Weiterbildung stark eingeschränkt

- Sie bei Beginn der Teilnahme das 50. Lebensjahr vollendet haben und
- Sie während der Maßnahme Anspruch auf Arbeitsentgelt haben und
- Ihr Betrieb nicht mehr als 100 Arbeitnehmer beschäftigt und
- die Weiterbildung außerhalb Ihres Betriebes stattfindet und
- es sich um keine Anpassungsfortbildung handelt und
- Ihre Weiterbildung bis zum 31.12.2005 beginnt.

Arbeitslose, die vor Beginn einer Weiterbildung Arbeitslosenhilfe bezogen haben, erhalten künftig Unterhaltsgeld in gleicher Höhe. Änderungen, zum Beispiel infolge der Anrechnung von Einkommen oder Vermögen, wirken sich in diesen Fällen auf die Höhe aus. Seit 2003 erhalten Absolventen beruflicher Weiterbildungsmaßnahmen kein Anschlussunterhaltsgeld mehr, falls sie hinterher keinen Job finden. Zeiten, in denen Unterhaltsgeld während der Weiterbildung gezahlt wird, verkürzen den noch vorhandenen Anspruch auf Arbeitslosengeld. Zwei Tage Unterhaltsgeldbezug mindern den Arbeitslosengeldanspruch um einen Tag.

Die Arbeitsagentur zahlt je nach Haushaltslage folgende Zuschüsse

- **Unterhaltsgeld:** 60 Prozent, mit Kind 67 Prozent des pauschalierten Nettoentgelts
- **Teilunterhaltsgeld:** bei Weiterbildungen unter 25 Wochenstunden; wenn Ihnen eine Vollzeitmaßnahme nicht zumutbar ist oder Sie einen Teilzeitjob haben; Höhe wie Unterhaltsgeld, allerdings entsprechend der Unterrichtsstunden
- **Lehrgangskosten:** übernommen werden Lernmittel (wie Bücher), Arbeitskleidung, Prüfungsgebühren (Quittungen vorlegen)
- **Fahrkosten:** Pendeln zwischen Wohnung und Bildungseinrichtung, An- und Abreise bei auswärtiger Unterkunft, Familienheimfahrten; bei öffentlichen Verkehrsmitteln die Kosten für die niedrigste Tarifklasse, bei Fahrten mit dem Pkw entsprechend den Regelungen des Bundesreisekostengesetzes 0,22 Euro je Kilometer
- **Geld für Wohnung und Essen:** bei auswärtiger Unterbringung pro Tag 31 Euro, höchstens 340 Euro pro Monat für die Wohnung; für Verpflegung 18 Euro pro Tag, höchstens 136 Euro pro Monat
- **Kinderbetreuungskosten:** bis 130 Euro pro Monat und Kind

TIPP

Wenn sich abzeichnet, dass Sie nach der Weiterbildung keinen Job bekommen und keine Zahlungen von Arbeitslosengeld bzw. für weniger als 90 Tage zu erwarten sind, sollten Sie dies schnell der Arbeitsagentur melden, damit weiter Geld für Ihren Lebensunterhalt fließt.

Auch während der regulären Berufstätigkeit können Arbeitgeber nach dem Job-Aktiv-Gesetz Lohnkostenzuschüsse für ungelernte oder gering qualifizierte Arbeitnehmer bekommen, wenn sie ihre Leute für eine Nachqualifizierung vorübergehend freistellen.

Arbeitnehmer vor allem kleiner und mittlerer Unternehmen können durch die Festlegungen des Job-Aktiv-Gesetzes zur *Job-Rotation* bessere Chancen zur beruflichen Weiterbildung bekommen. Das Prinzip: Geht ein Mitarbeiter zur Weiterbildung, übernimmt das Arbeitsamt die Kosten. Und zwar zu 50 bis 100 Prozent, wenn ein Arbeitsloser befristet eingestellt wird, und bis zu 50 Prozent, wenn eine Zeitarbeitsfirma zur Stellenbesetzung genutzt wird.

Die Weiterbildung ungelernter Arbeitnehmer unterstützt der Staat durch Zahlung des Gehalts

Für *ungelernte und angelernte Mitarbeiter* gibt es ebenfalls einen interessanten Weg, mit Hilfe staatlicher Zuschüsse die Qualifikation aufzupeppen. Sie können für eine Weiterbildung freigestellt werden, ohne dass dem Unternehmen zusätzliche Kosten entstehen. Der Grund: Das Arbeitsamt zahlt Ihnen in dieser Zeit das Gehalt.

Altersteilzeit

Einen gleitenden Übergang von der Vollbeschäftigung in den Ruhestand können Arbeitnehmer nutzen, die das 55. Lebensjahr vollendet und in den letzten fünf Jahren mindestens drei Jahre versicherungspflichtig gearbeitet haben. Voraussetzung für die Altersteilzeit ist außerdem, dass der Arbeitgeber die wöchentliche Arbeitszeit halbiert.

TIPP

Dabei ist es unerheblich, ob jeden Tag nur noch die Hälfte gearbeitet wird oder täglich, wöchentlich und monatlich gewechselt wird. Auch Blockmodelle sind möglich, nach denen einem festgelegten Arbeitsblock ein ebenso langer Freizeitblock folgt. Zudem stockt der Arbeitgeber das Bruttogehalt für die Altersteilzeit-Beschäftigung um mindestens 20 Prozent bzw. auf 70 Prozent des bisherigen pauschalierten Nettoeinkommens auf. Außerdem zahlt er Rentenbeiträge in einer Höhe, die auf der Grundlage von mindestens 90 Prozent des bisherigen Entgelts berechnet wird.

Maßgebend für die Aufstockung ist das in Altersteilzeitarbeit erzielte beitragspflichtige Bruttoeinkommen. Es wird anhand einer Mindestnettobetragstabelle pauschaliert errechnet. Diese Beträge werden jährlich neu festgelegt.

Mindestnettobeträge 2004 (Auswahl)

Bisheriges Einkommen (Euro)	Mindestnettobetrag (Euro) in Steuerklasse ...			
	I/IV	II	III	V
505	279	279	279	228
650	359	359	359	289
1.015	549	561	561	403
1.250	645	662	691	464
1.780	821	845	977	604
1.900	862	845	977	604
2.030	904	929	1.088	661

Quelle: Tabelle 2004; www.arbeitsagentur.de

TIPP

Wer in Altersteilzeit gehen will, muss vorher versicherungpflichtig gearbeitet haben

Auch aus der Teilzeit heraus kann man in die Altersteilzeit wechseln. Allerdings muss noch eine versicherungspflichtige Tätigkeit gegeben sein, also mehr als 400 Euro monatliche Vergütung erfolgen.

Wer nach mindestens zweijähriger Altersteilzeit vorzeitig in Rente gehen will, kann das tun. Allerdings muss er mit monatlich 0,3 Prozentpunkten lebenslangen Abschlägen von der Rente rechnen.

Wo setzt hier nun die staatliche Förderung an? Nicht beim Arbeitnehmer direkt, sondern durch *Ausgleichszahlungen an den Arbeitgeber:* Die Arbeitsagentur zahlt die Aufstockungsbeträge und die erhöhten Rentenbeiträge an den Arbeitgeber zurück. Und zwar längstens sechs Jahre bzw. bis zu dem Zeitpunkt, an dem der Arbeitnehmer vorzeitig oder regulär in Rente geht.

Der Arbeitgeber wiederum muss den halben frei gewordenen Arbeitsplatz mit einem Arbeitssuchenden besetzen, um so schleichendem Personalabbau vorzubeugen. Ansonsten gehen ihm die Zuschüsse verloren.

Arbeitsagentur stockt im Krankheitsfall das Gehalt auf

Beziehen Sie während der Altersteilzeit Krankengeld, Versorgungskrankengeld, Verletztengeld, Übergangsgeld oder Krankentagegeld (private Krankenversicherung), übernimmt die Arbeitsagentur direkt die Kosten für die Aufstockung des Gehalts und die zusätzlichen Rentenbeiträge.

Ab 1. Juli 2004 gilt: Der Förderbeitrag der Arbeitsagentur wird zu Beginn festgesetzt und dann nicht mehr – wie bisher – dynamisiert. Steigende Beiträge in der Sozialversicherung zum Beispiel gehen dann zu Lasten des Arbeitgebers bzw. Altersteilzeit-Beschäftigten.

- **Hilfen bei Arbeits- oder Wegeunfall bzw. Berufskrankheit:** Wer auf dem Weg zur oder bei der Arbeit einen Unfall mit schweren gesundheitlichen Folgen erleidet (ab 20 Prozent Erwerbsminderung) oder durch die Arbeit dauerhaft krank wird, dem steht Geld aus der gesetzlichen Unfallversicherung zu (siehe S. 131 ff.).

Geld für Arbeitnehmer in „angespannter" Firmenlage

Gerät die Firma konjunkturell ins Schlingern, greift der Staat unter Umständen finanziell ein, um Schlimmeres (Insolvenz) zu verhindern. Doch auch im Insolvenzfall können Arbeitnehmer auf Hilfe bauen.

- **Kurzarbeitergeld:** Wenn in der Firma vorübergehend Auftragsflaute herrscht, kann kurzgearbeitet werden, um Entlassungen zu vermeiden. Den Ausfall bezahlt die Arbeitsagentur in Form von Kurzarbeitergeld, wenn für mindestens ein Drittel der Belegschaft vier Wochen lang über 10 Prozent der Arbeitsstunden ausfallen. Den Antrag stellt der Arbeitgeber oder der Betriebsrat.

Für tatsächlich geleistete Arbeit gibt es entsprechenden Lohn vom Chef; für den Ausfall eine Entschädigung in Höhe vom Arbeitslosengeld: 67 Prozent des ausgefallenen Nettoverdienstes bei Arbeitnehmern mit mindestens einem Kind, ansonsten 60 Prozent. Wer sich während der Kurzarbeit mit Genehmigung des Arbeitsamtes weiterbildet, bekommt in gleicher Höhe Unterhaltsgeld.

In der Regel gibt es Kurzarbeitergeld bis zu sechs Monate, bei außergewöhnlich schlechter Arbeitsmarktlage auf Anordnung des Bundeswirtschaftsministers höchstens zwölf Monate. Seit 1. Januar 2004 gilt aber: Konjunkturelles Kurzarbeitergeld wird bis zum 30. Juni 2005 für maximal 15 Monate gezahlt. Vom 1. Juli 2005 bis 30. Juni 2006 ist die Zahlung für maximal zwölf Monate möglich. Strukturelles Kurzarbeitergeld (Transferkurzarbeitergeld) ist seit 1. Januar 2004 auf maximal zwölf Monate begrenzt (Hartz-III-Gesetz).

Kurzarbeitergeld kann maximal ein Jahr lang bezogen werden

TIPP

Wenn zwischen zwei Perioden mit Kurzarbeit mindestens drei Monate liegen, zahlt die Arbeitsagentur auch mehrfach Kurzarbeitergeld.

- **Winterausfallgeld:** Wenn bei Bauarbeitern wegen schlechten Wetters die Arbeit zwischen 1. November und 31. März ausfallen muss, bezahlt die Arbeitsagentur Winterausfallgeld. Anspruch besteht, wenn der Ausfall mindestens eine Stunde täglich dauert und keine andere Lohnfortzahlung erfolgt. Winterausfallgeld gibt es nur, wenn laut Arbeitsvertrag witterungsbedingte Kündigungen ausgeschlossen sind. Trifft dies alles zu, zahlt die Arbeitsagentur auf Antrag des Arbeitgebers oder Betriebsrates für den Ausfall eine stundenweise Entschädigung, allerdings erst, wenn:

- durch Witterung bedingte Arbeitsausfälle für mindestens 30 Stunden durch Vor- und Nacharbeit in anderen Zeiten des Jahres (Arbeitszeitkonten) ausgeglichen worden sind – der Boss zahlt also nachträglich vollen Lohn für Überstunden, die während des ganzen Jahres aufgelaufen sind;
- ein Ausgleich durch Arbeitszeitguthaben über 30 Stunden hinaus nicht möglich ist.

Dann zahlt die Arbeitsagentur ab der 31. Ausfallstunde Winterausfallgeld, das aus einer Umlage der Bauarbeitgeber finanziert wird. Aus der Umlage wird auch ein Zuschuss für SV-Beiträge in Höhe von 50 Prozent bezahlt. Ab der 101. Ausfallstunde zahlt die Arbeitsagentur dann aus Beiträgen zur Arbeitslosenversicherung weiter.

Winterausfallgeld wird durch Umlage durch die Baufirmen finanziert

Beim Winterausfallgeld gilt: Statt 100 Prozent Stundenlohn gibt es in Höhe vom Arbeitslosengeld 67 Prozent des ausgefallenen Nettoverdienstes bei Bauarbeitern mit mindestens einem Kind, ansonsten 60 Prozent. Für tatsächlich geleistete Arbeit zahlt der Arbeitgeber natürlich den Lohn weiter.

Für einige Gewerke gelten schlechtere Regelungen. So gibt es Winterausfallgeld im Dachdeckerhandwerk erst ab der 121. Ausfallstunde und in Betrieben des Garten-, Landschafts- und Sportplatzbaus und des Gerüstbaugewerbes erst ab der 151. Ausfallstunde.

- **Wintergeld:** Wenn bei Bauarbeitern wegen schlechten Wetters die Arbeit zwischen 1. November und 31. März ausfallen muss, bezahlt die Arbeitsagentur Arbeitnehmern Winterausfallgeld. Damit trotzdem so lange wie möglich gearbeitet wird, gibt es als Anreiz für jede tatsächlich gearbeitete Stunde zusätzlich zum Lohn Wintergeld von der Arbeitsagentur – auf

Antrag des Arbeitgebers. Die Höhe richtet sich nach dem Datum:

- Zwischen 15. Dezember und 29. Februar gibt es für jede gearbeitete Stunde 1,03 Euro Mehraufwands-Wintergeld (für durch Witterung bedingte Erschwernisse).
- Zwischen 1. November und 31. März gibt es für mindestens 100 durch Witterung bedingte Ausfallstunden ein Zuschuss-Wintergeld von 1,03 Euro pro Ausfallstunde als Zuschuss zur Winterausfallgeld-Vorauszahlung des Arbeitgebers. Im Baugewerbe gilt dies ab der 31. Ausfallstunde, im Dachdecker-, Gerüstbau- und Gartenbaugewerbe ab der 1. Ausfallstunde.

Achtung: Generell kein Wintergeld gibt es für die Zeit vom 25. Dezember bis 1. Januar.

- **Insolvenzgeld:** Wird der Betrieb zahlungsunfähig, können Sie Arbeitslosengeld beantragen. Führt die Situation sogar zur Pleite der Firma, haben Sie ab Eröffnung des Insolvenzverfahrens zusätzlich Anspruch auf eine Entschädigung des Lohnausfalls während der Insolvenz. Dies gilt für Arbeitnehmer, Heimarbeiter und Lehrlinge. Jeder Betroffene muss sich persönlich bei der örtlichen Arbeitsagentur melden, und zwar spätestens zwei Monate nach der Insolvenz-Eröffnung. Dort gibt es drei Nettoeinkommen – praktisch für die letzten drei Monate vor Eröffnung des Verfahrens. Falls nötig, zahlt das Arbeitsamt auch offene Pflichtbeiträge für die Sozialversicherung nach.

Wohnausfall durch Pleite des Unternehmers gleicht das Insolvenzgeld aus

Existenzgründungszuschüsse und -darlehen

Wer eine eigene berufliche Existenz gründen und eventuell sogar neue Arbeitsplätze schaffen will, erhält vielfältige Unterstützung vom Staat. Mehr als 2.000 Geldtöpfe von Europäischer Union, Bund und Ländern sind vorhanden. Allerdings erweisen sich die Förderrichtlinien als wahrer Dschungel. Hier eine Auswahl:

- **Beratung:** Dies ist die wichtigste Vorbereitung jeder Selbstständigkeit und kostet viel Geld. Für Beratungen und Schulungen können Gründer Zuschüsse vom Bundesamt für Wirtschaft und Ausfuhrkontrolle erhalten. Der Grund: Existenzgründer, die ihre Konzepte von erfahrenen Beratern prüfen lassen, verfügen über ein solides Fundament für einen erfolgreichen Start und Verbleib im Markt.

Existenzgründer und Jung-Unternehmer erhalten Beratungszuschüsse

Das Förderprogramm des Bundes sieht drei verschiedene Möglichkeiten vor:
- Existenzgründungsberatung vor der Gründung: Der Zuschuss beträgt 50 Prozent der Beratungskosten, maximal 1.500 Euro.
- Existenzaufbauberatung nach der Gründung: Zusätzlich können innerhalb von zwei Jahren nach der Gründung Zuschüsse in Höhe von 50 Prozent der Beratungskosten, maximal 1.500 Euro gewährt werden.
- Nach diesen zwei Jahren hat das Unternehmen weiterhin die Möglichkeit, Zuschüsse für Beratungen zu beantragen. Der Zuschuss beträgt hier 40 Prozent der Kosten, maximal 1.500 Euro.

Dabei kommt es auf inhaltliche Mindestanforderungen an. So werden neben den fachlichen Fähigkeiten des Gründers auch betriebswirtschaftliche Kenntnisse und unternehmerisches Denken geprüft.

- **Fördermaßnahmen:** Bund, Länder sowie die EU bieten vielfältige Hilfen. Die Vergabe erfolgt über die Hausbank. Die Kriterien für die Bewilligung ändern sich häufig; die Fördertöpfe sind begrenzt.

Deshalb ist es sinnvoll, sich beraten zu lassen: beispielsweise bei der örtlichen IHK oder Handwerkskammer, von Unternehmensberatern, den lokalen Ämtern für Wirtschaftsförderung oder einer Bank. Gemeinsame Voraussetzungen:

TIPP

So bekommen Sie öffentliche Fördermittel

- Anträge auf Förderung müssen Sie vor der eigentlichen Gründung stellen.
- Ein Business-Plan ist dabei unentbehrlich.
- Für Ihre Existenzgründung müssen Sie entsprechend qualifiziert sein.
- Ihre Existenzgründung sollte Aussicht auf Erfolg haben und Ihnen den Lebensunterhalt ermöglichen – das zeigen Sie am besten mit einem Unternehmensplan.
- Nebenberufliche Existenzen werden nicht gefördert.
- Sie müssen auch eigenes Geld in die Gründung investieren.

Einen Anwalt brauchen Sie nicht zu bemühen: Fördermittel sind nämlich nicht einklagbar.

TIPP

Im Mittelpunkt der *Förderung von Bund und Ländern* stehen derzeit:

- die ERP-Eigenkapitalhilfe und -Existenzgründerkredite,
- das Mittelstandsprogramm der KfW-Mittelstandsbank,
- Mikrodarlehen (bis 25.000 Euro) und Startgeld (bis 50.000 Euro),
- Bürgschaften von Bund und Ländern zur Absicherung von Kreditrisiken.

Bund und Länder bürgen als Sicherheit für notwendige Kredite

Mit der *Förderdatenbank des Bundes* gibt die Bundesregierung einen vollständigen und aktuellen Überblick über die Förderprogramme (*www.bmwa.bund.de*). Das verschafft Ihnen schnell und unbürokratisch die Erst-Informationen zu in Betracht kommenden Förderprogrammen.

TIPP

Die Auskünfte schließen Angaben zu Verfahrenswegen, Anlaufstellen und Konditionen der Förderprogramme ein. Wichtigste Programme der KfW-Mittelstandsbank (2003 aus Fusion von Kreditanstalt für Wiederaufbau – KfW – und Deutscher Ausgleichsbank – DtA – hervorgegangen):

- **ERP-Existenzgründungsdarlehen:** für maximal 50 Prozent (Osten: 75 Prozent) des gesamten Kreditbedarfs eines Jungunternehmers in der gewerblichen Wirtschaft sowie für Freiberufler (außer Heilberufe). Höhe: bis 500.000 Euro (Osten bis eine Million Euro). Die Zinsen sind während der Laufzeit von meist zehn Jahren (Osten: bis 15 Jahre) stabil. Die ersten drei Jahre sind tilgungsfrei (Osten: fünf Jahre), eine vorzeitige Rückzahlung ist möglich.
- **ERP-Eigenkapitalhilfe:** Falls das ERP-Existenzgründungsdarlehen nicht ausreicht, können Gewerbetreibende (außer Landwirtschaft) und Freiberufler, die fachlich und kaufmännisch qualifiziert sind bzw. Berufserfahrung mitbringen, Eigenkapitalhilfe erhalten. Höhe: bis 500.000 Euro (Osten bis eine Million Euro bei Privatisierung). Das Darlehen wird gegenüber der Hausbank so behandelt, als wären es eigene Mittel des Gründers, der nur 15 Prozent wirkliches Eigenkapital mitbringen muss. Mit der ERP-Eigenkapitalhilfe können die Eigenmittel bis auf 40 Prozent der Investitionssumme aufgestockt werden. Die Zinsen sind während der Laufzeit von 20 Jahren stabil: die ersten bei-

Eigenkapitalhilfe stockt das Eigenkapital von Existenzgründern zu günstigen Konditionen auf den Jahr zinslos, dann steigend. Die ersten zehn Jahre sind tilgungsfrei.

- **Unternehmerkredit:** Er steht Existenzgründern der gewerblichen Wirtschaft, Freiberuflern und in- und ausländischen gewerblichen Unternehmen zur Verfügung und dient der langfristigen Finanzierung von Investitionen in Deutschland zu einem günstigen Zinssatz. Höhe: bis 100 Prozent der Finanzierung von Investitionen und Betriebsmitteln, maximal eine Million Euro Kreditbetrag. Die Zinsen sind während der Laufzeit von meist zehn Jahren stabil. Die ersten zwei Jahre sind tilgungsfrei, eine vorzeitige Rückzahlung ist möglich.

- **ERP-Innovationsprogramm:** Mit diesen Krediten können sowohl Forschungs- und Entwicklungs-Maßnahmen als auch die Markteinführung neuer Produkte oder Verfahren finanziert werden. Höhe: maximal eine Million Euro Kreditbetrag (Osten: 2,5 Millionen Euro). Die Zinsen sind während der Laufzeit von zehn Jahren stabil. Die ersten zwei Jahre sind tilgungsfrei. Da die Finanzierung von Forschung und Entwicklung risikoreich ist, beteiligt sich die KfW am Risiko der Finanzierung, indem sie dem durchleitenden Kreditinstitut eine Haftungsfreistellung gewährt: zum Beispiel 60 Prozent für Kredite an Unternehmen mit einem Umsatz bis fünf Millionen Euro.

An Forschung und Entwicklung neuer Produkte beteiligt sich die KfW mit günstigen Krediten

TIPP

Weitere Informationen gibt es bei der KfW-Mittelstandsbank (Adresse im Anhang; *www.kfw-mittelstandsbank.de*).

Gründungshilfen für Arbeitslose

Existenzgründung ist auch aus der Arbeitslosigkeit oder aus dem Angestelltendasein heraus möglich. Dann können Gründer mit Hilfen der Arbeitsagentur rechnen. Beispiele:

- **Überbrückungsgeld:** Das zahlt die Arbeitsagentur für sechs Monate ab Existenzgründung. Höhe: identisch mit dem bisherigen Arbeitslosengeld (auch für Angestellte, falls sie arbeitslos geworden wären). Hinzu kommt ein Zuschlag von 30 Prozent für Sozialversicherungsbeiträge. Seit In-Kraft-Treten des Job-Aktiv-Gesetzes entfällt für Gründer die frühere Voraussetzung, dass sie vor der Existenzgründung mindestens vier Wochen arbeitslos gemeldet sein müssen. Seit 2004 gibt es einen einklagbaren Rechtsanspruch auf Überbrückungsgeld.

TIPP Sie können auch direkt aus einer versicherungspflichtigen Tätigkeit in die Selbstständigkeit wechseln, ohne den Anspruch auf Überbrückungsgeld zu verlieren.

Um Überbrückungsgeld zu bekommen, muss Ihre Geschäftsidee von einem Fachmann (Industrie- und Handels- oder Handwerkskammer) geprüft und für aussichtsreich und Erfolg versprechend befunden worden sein.

- **Existenzgründungszuschuss:** Alternativ zum Überbrückungsgeld kann den Zuschuss bekommen, wer aus der Arbeitslosigkeit heraus eine selbstständige Tätigkeit beginnt („Ich-AG"). Höhe: 600 Euro pro Monat für ein Jahr. Auf Antrag kann die Zahlung verlängert werden. Dann gibt es pro Monat 360 Euro (im zweiten Jahr) bzw. 240 Euro (im dritten Jahr). Der Antrag muss vor Beginn der selbstständigen Tätigkeit bei der Arbeitsagentur gestellt werden. Voraussetzungen für die Bewilligung:
  - Zeitnaher Bezug von Arbeitslosengeld oder -hilfe vor der Existenzgründung bzw. Teilnahme an einer Arbeitsbeschaffungs- (ABM) oder Strukturanpassungs-Maßnahme (SAM),
  - Gewinn von höchstens 25.000 Euro im Jahr.

Wer eine Ich-AG gründet, erhält bis zu drei Jahre lang Zuschüsse von der Arbeitsagentur

TIPP Inzwischen können Sie auch Arbeitnehmer anstellen, ohne den Zuschuss zu verlieren.

Übrigens: Seit 2004 können Sie den Existenzgründungszuschuss oder Überbrückungsgeld auch mehrfach hintereinander bekommen. Voraussetzung: Das Ende der letzten Förderung liegt mindestens zwei Jahre zurück.

Ab 1. Januar 2005 wird die Fortführung einer selbstständigen Tätigkeit bei Arbeitslosigkeit allerdings erschwert. Dann gilt: Ohne Anrechnung auf das Arbeitslosengeld darf man nur noch eine selbstständige Tätigkeit weiterführen, die in den letzten 18 Monaten (bisher: zwölf Monaten) vor der Arbeitslosigkeit mindestens zwölf Monate (bisher: zehn Monate) nebenberuflich ausgeübt wurde. Sonst wird jeder Nebenverdienst auf das Arbeitslosengeld angerechnet, der 165 Euro pro Monat übersteigt.

- **Lohnkostenzuschuss:** Firmengründer sollten zudem die Möglichkeit nutzen, für die ersten zwei Jahre Lohnkostenzuschüsse von der Arbeitsagentur zu bekommen. Die werden für die unbefristete Beschäftigung eines zuvor Arbeitslosen auf einem neu geschaffenen Arbeitsplatz bezahlt (nur Behinderte und Schwervermittelbare). Der Arbeitslose muss unmittelbar vor der Einstellung
  - insgesamt mindestens drei Monate Arbeitslosengeld, -hilfe oder Kurzarbeitergeld bezogen haben oder
  - im Rahmen einer Arbeitsbeschaffungs- oder Strukturanpassungsmaßnahme beschäftigt worden sein oder
  - an einer geförderten Maßnahme der beruflichen Weiterbildung teilgenommen haben oder
  - die Voraussetzungen für Entgeltersatzleistungen bei beruflicher Weiterbildung bzw. beruflicher Eingliederung Behinderter erfüllt haben und ohne den Zuschuss nicht oder nicht dauerhaft in den Arbeitsmarkt eingegliedert werden können.

Kleinunternehmer bekommen Zuschüsse, wenn sie einen Arbeitslosen einstellen

Der Arbeitgeber darf jedoch nicht mehr als fünf Arbeitnehmer beschäftigen.

Den Einstellungszuschuss gibt es höchstens für zwei Arbeitnehmer gleichzeitig und für bis zu zwölf Monate. Höhe: für Behinderte pauschal nach Qualifikation sowie für Schwervermittelbare 50 Prozent des regelmäßig gezahlten tariflichen bzw. ortsüblichen Arbeitsentgelts sowie den Anteil des Arbeitgebers zu den Sozialabgaben. Bei älteren Schwervermittelbaren (über 50) kann die Förderung bis zu 36 Monaten dauern.

Warnung: Auf Lohnkostenzuschuss gibt es keinen Rechtsanspruch (Kann-Förderung der Arbeitsagentur).

Hilfen für gestandene Selbstständige

Laufen die Geschäfte erst einmal, sind Fördermittel die Ausnahme, so in strukturschwachen Gebieten, aber unter Umständen dann wieder auf mehreren Ebenen (von der Europäischen Union bis zur Kommune). In aller Regel kennt die Hausbank den aktuellen Stand der Förderprogramme. Da dies mitunter als billige Konkurrenz zu den eigenen Krediten verstanden wird, geben sich nicht alle Banken offenherzig bei diesbezüglichen Anfragen. Ausweg: Steuerberater haben aktuelle Übersichten zum Stand der Fördermittel parat und können so auch weiterhelfen.

Informieren Sie sich bei den Kammern, welche Vergünstigungen Selbstständigen und Unternehmern zustehen

Weniger bekannt sind zeitweilige Hilfen des Bundes und der Länder. Hier eine kleine Auswahl (die regionalen IHK und Handwerkskammern wissen mehr):

- **Wiedereingliederungszuschuss für Langzeitarbeitslose:** Hier können Sie 30 Prozent der Lohnkosten für maximal zwölf Monate bekommen, insbesondere für:

- Berufsrückkehrer und andere Arbeitslose mit besonderem Einarbeitungsbedarf,
- schwer Vermittelbare (Langzeitarbeitslose, Schwerbehinderte),
- ältere Arbeitslose (nach dem 50. Lebensjahr),
- besonders betroffene Schwerbehinderte.

- **Jugendsofortprogramm:** Ab 2004 gibt es Eingliederungszuschüsse für jüngere Arbeitnehmer ohne Berufsausbildung und ohne Chance, eine Erstausbildung nachzuholen bzw. für Absolventen einer außerbetrieblichen Ausbildung.

5 Arbeitslosigkeit

Arbeitslose sind Arbeitnehmer, Heimarbeiter und Auszubildende, die vorübergehend nicht in einem Beschäftigungsverhältnis stehen, aber auf der Suche nach einem neuen Job sind. Wenn Sie diese Voraussetzungen erfüllen, steht Ihnen unter bestimmten Voraussetzungen Geld vom Staat zu: aus Mitteln der Arbeitsförderung. Da sich die Leistungen ständig ändern, die Mittel zumeist knapper werden, sollten Sie bei Bedarf den aktuellen Stand erfragen.

TIPP

Eine Übersicht über die Leistungen der Bundesagentur für Arbeit bietet eine Broschüre

Alles kurz und knapp enthält die kostenlose Broschüre „Was? Wie viel? Wer?", jetzt in der Fassung von 2004 von der Bundesagentur für Arbeit herausgegeben (Öffentlichkeitsarbeit, Regensburger Str. 104, 90478 Nürnberg). Sie erscheint jedes Jahr neu und ist auch im Arbeitsamt erhältlich. Hier die wichtigsten Leistungen:

Arbeitslosengeld

Arbeitslosengeld ist eine Versicherungsleistung, die nur gezahlt wird, wenn vorher Beiträge in die gesetzliche Arbeitslosenversicherung eingezahlt worden sind. Sie müssen sich bei der Arbeitsagentur persönlich melden und dort Arbeitslosengeld beantragen. Voraussetzung für die Zahlung ist, dass

- Ihnen nicht ohne wichtigen Grund gekündigt wurde,
- Sie der Arbeitsvermittlung zur Verfügung stehen,
- in den letzten zwei Jahren mindestens 360 Tage gearbeitet haben und
- Sie eigenverantwortlich nach einer Beschäftigung suchen (auf Verlangen der Arbeitsagentur nachzuweisen), eine zumutbare

Beschäftigung aufnehmen oder an einer beruflichen Eingliederungsmaßnahme teilnehmen würden.

Die Arbeitsagentur überweist Ihnen 67 Prozent des letzten Nettoverdienstes mit mindestens einem Kind, ansonsten 60 Prozent, höchstens jedoch so viel wie die aktuelle Beitragsbemessungsgrenze für die Arbeitslosenversicherung (2004: 5.150 Euro pro Monat; im Osten: 4.350 Euro).

Praktisch sind die genannten Prozent-Werte nicht erreichbar, da Ihr Durchschnittseinkommen der letzten 12 Monate zugrunde gelegt wird, Urlaubs- und Weihnachtsgeld unberücksichtigt bleiben sowie pauschal SV-Beiträge und Kirchensteuer abgezogen werden. Am Ende steht ein pauschaliertes Nettoentgelt, von dem dann 67 bzw. 60 Prozent genommen werden. Die Arbeitsagentur berechnet die Zahlung pro Woche bzw. pro Kalendertag. Dabei werden noch bestimmte Leistungsgruppen gebildet, die sich nach der Steuerklasse richten (Gruppe A für Steuerklasse I/IV, B für II, C für III, D für V). Anhand einer umfangreichen Leistungstabelle kann dann jeder sein Arbeitslosengeld erkennen.

Urlaubs- und Weihnachtsgeld bleiben bei der Berechnung des Arbeitslosengeldes unberücksichtigt

Leistungstabelle 2004 für Arbeitslosengeld ohne Kind (Auszug)

Brutto-Entgelt pro Monat	Bemessungs-entgelt pro Woche	Arbeitslosengeld pro Woche in Gruppe			
		A	B	C	D
		(I/IV)	(II)	(III)	(V)
400,81	90	43	43	43	35
530,81	120	57	57	57	46
834,14	190	90	90	90	71
1.050,81	240	111	114	114	81
1.310,81	300	132	135	142	95
1.765,81	405	161	166	191	119
2.004,14	460	177	182	213	130

Brutto-Entgelt pro Monat	Bemessungs-entgelt pro Woche	Arbeitslosengeld pro Woche in Gruppe			
		A	B	C	D
		(I/IV)	(II)	(III)	(V)
2.372,47	545	200	206	243	145
2.545,81	585	211	216	256	151
3.000,81	690	237	243	285	169
3.260,81	750	251	257	302	179
5.102,47	1.175	349	357	436	268
ab 5.189,15	1.200	354	362	444	273

alle Angaben in Euro (gerundet); Quelle: www.bundesagentur.de

Arbeitslose mit Kind erhalten mehr als in der Tabelle aufgelistet.

Wie lange das Arbeitsamt zahlt, hängt von Ihrem Alter ab. Die Spanne reicht von mindestens sechs Monaten bis zu 32 Monaten (siehe folgende Tabelle).

TIPP

Wehr- und Zivildienst werden einheitlich wie zehn Monate Beschäftigung behandelt.

Ab 1. Februar 2006 erwerben Wehr- und Zivildienstleistende für diese Zeit keinen Anspruch auf Arbeitslosengeld mehr. Ansonsten sind sie während des Dienstes aber arbeitslosenversichert.

So lange gibt es Arbeitslosengeld

Lebensjahr	nach Job von mindestens[1]	Zahldauer (Monate)
vor 45	1 Jahr 2 Jahren	6 12[2]
ab 45	16 Monaten 2 Jahren 3 Jahren	8 12 18[2]
ab 47	20 Monaten 3 Jahren 44 Monaten	10 18 22[2]

Lebensjahr	nach Job von mindestens[1]	Zahldauer (Monate)
ab 52	20 Monaten 3 Jahren 4 Jahren 52 Monaten	10 18 24 26[2]
ab 57	20 Monaten 3 Jahren 4 Jahren 5 Jahren 64 Monaten	10 18 24 30 32[2]

1 in den letzten 7 Jahren bzw. zurückgerechnet zu vorheriger Arbeitslosigkeit
2 Höchstdauer für Arbeitslosengeld in dieser Altersgruppe

Die Dauer hängt von Ihrem Lebensalter ab und davon, wie lange Sie in den zurückliegenden sieben Jahren versicherungspflichtig tätig waren, also in die Arbeitslosenversicherung eingezahlt haben.

Beispiel: Sie sind 39 und haben in den letzten sieben Jahren vor der Arbeitslosmeldung mindestens zwei Jahre gearbeitet. Dann haben Sie Anspruch auf 12 Monate Arbeitslosengeld, das Maximum in dieser Altersklasse. Anspruch auf Arbeitslosengeld haben Sie generell, wenn Sie mindestens 360 Kalendertage innerhalb der letzten drei Jahre gearbeitet haben.

Wer seine Lehre abbricht, erhält Arbeitslosengeld auf Bemessungsgrundlage der Ausbildungsvergütung; wer nach erfolgreicher Ausbildung keinen Job findet, erhält Arbeitslosengeld in Höhe der Ausbildungsvergütung, höchstens jedoch die Hälfte des entsprechenden Facharbeiterlohns.

TIPP

Kein Job nach der Lehre? Bis Sie etwas finden, steht Ihnen Arbeitslosengeld in Höhe der Ausbildungsvergütung zu

Sie sollten sich so früh wie möglich bei der Arbeitsagentur melden. Dies garantiert Ihnen nicht nur eine schnelle Zahlung des Arbeitslosengeldes, sondern erhöht auch Ihre Chancen auf eine neue

Stelle. Zudem gibt es für Arbeitnehmer, die von Arbeitslosigkeit unmittelbar bedroht sind, unter gewissen Voraussetzungen Hilfen bei der Suche nach einem neuen Arbeitsplatz (siehe Abschnitt „Hilfen auf dem Weg zu einem neuen Job").

Ab 2006 soll Arbeitslosengeld höchstens noch zwölf Monate gezahlt werden. Verrichten Sie als Arbeitsloser einen Nebenjob, so dürfen Sie dann höchstens 165 Euro im Monat verdienen, ohne das Arbeitslosengeld zu gefährden (siehe S. 234 ff.).

Wer nach einem Jahr erneut arbeitslos wird, hat wieder Anspruch auf volles Arbeitslosengeld

Wenn zwischen zwei Arbeitslosigkeitsperioden mindestens ein Jahr beitragspflichtige Beschäftigung liegt, zahlt das Arbeitsamt erneut volles Arbeitslosengeld. Bleiben Sie auch danach ohne Arbeit, können Sie Arbeitslosenhilfe beantragen (siehe S. 112 ff.). Die gibt es aber nur bei Bedürftigkeit – nach Einkommensprüfung der Familie und Eltern/ Kinder.

Unter bestimmten Bedingungen kann Ihnen das Arbeitsamt Zahlungen kürzen oder sperren. Die Sperrzeit beträgt maximal ein Jahr. Häufigster Grund sind Abfindungen bei Ausscheiden aus der Firma. Jede Abfindung verringert Ihren Anspruch auf Arbeitslosengeld um die Hälfte. Zum Glück darf jeder mindestens 25 Prozent seiner Abfindung (brutto) als Freibetrag für sich behalten – abhängig vom Alter und der Betriebszugehörigkeit.

So viel Abfindung (Prozent) wird aufs Arbeitslosengeld angerechnet

Betriebszugehörigkeit (Jahre)	Alter beim Ausscheiden aus der Firma					
	unter 40	ab 40	ab 45	ab 50	ab 55	ab 60
unter 5	60	55	50	45	40	35
5 und mehr	55	50	45	40	35	30
10 und mehr	50	45	40	35	30	25
15 und mehr	45	40	35	30	25	25

Betriebszugehörigkeit (Jahre)	Alter beim Ausscheiden aus der Firma					
	unter 40	ab 40	ab 45	ab 50	ab 55	ab 60
20 und mehr	40	35	30	25	25	25
25 und mehr	35	30	25	25	25	25
30 und mehr	–	25	25	25	25	25
35 und mehr	–	–	25	25	25	25

Quelle: www.bundesagentur.de; Merkblatt 17

Je höher die Abfindung, desto wahrscheinlicher eine anfängliche Sperrung des Arbeitslosengeldes. Argumentation der Arbeitsagenturen: Der Betreffende verfügt ja vorerst über genügend finanzielle Mittel, um den Gehaltsausfall überbrücken zu können. Erst wenn die Abfindung verbraucht ist, tritt die Arbeitslosenversicherung mit Zahlungen ein.

Auch wenn Sie bereits Arbeitslosengeld erhalten haben, können die Leistungen für drei, sechs oder zwölf Wochen vorübergehend gesperrt werden. Beispiel: Sie lehnen eine vom Arbeitsamt vermittelte und zumutbare Arbeitsstelle ab. Ausnahme: Arbeitslose über 58 Jahre dürfen eine zumutbare Tätigkeit ablehnen, ohne dass es finanzielle Auswirkungen hätte.

Das Arbeitslosengeld wird auch gesperrt, wenn

Wenn Sie bestimmte Verhaltensregeln missachten, kann das zur Sperrung des Arbeitslosengeldes führen

- Ihnen wegen Pflichtverletzung gekündigt wurde,
- Sie selbst kündigen oder einem Aufhebungsvertrag zustimmen,
- Sie einer rechtswidrigen Kündigung zustimmen,
- eine zumutbare Arbeit ablehnen oder nicht antreten,
- sich weigern, an Umschulung, Weiterbildung oder Trainingsmaßnahmen teilzunehmen oder eine solche Maßnahme abbrechen bzw. durch eigenes Verschulden davon ausgeschlossen werden.

Die Sperrzeit vermindert die eigentliche Gesamtdauer des Anspruchs auf Arbeitslosengeld auch überproportional. So wird bei einer Zwölf-Wochen-Sperrzeit der Gesamtanspruch um mindestens ein Viertel gekürzt. Wer zum Beispiel eigentlich 32 Monate Anspruch hatte, hat dann acht Monate weniger, also nur noch 24 Monate Anspruch.

Bei einer Sperrzeit von 21 Wochen und mehr entfällt der restliche Anspruch auf Arbeitslosengeld völlig.

TIPP

Immerhin werden wichtige Gründe akzeptiert, eine angebotene Arbeit abzulehnen oder aufzugeben, und dennoch Arbeitslosengeld zu bekommen. Das gilt, wenn

In bestimmten genau definierten Fällen dürfen Sie einen Job ablehnen ohne Sanktionen zu befürchten

- bindende Bestimmungen über Arbeitsbedingungen nicht eingehalten werden,
- bindende Bestimmungen über Arbeitsschutzvorrichtungen nicht eingehalten werden,
- Ihnen die Arbeit nach Ihrem körperlichen oder geistigen Leistungsvermögen nicht zugemutet werden kann,
- die Arbeitsstelle durch Streik oder Aussperrung frei geworden ist und Ihnen nur für die Dauer des Streiks oder der Aussperrung angeboten wurde,
- die angebotene Unterkunft gesundheitlich oder sittlich bedenklich ist,
- die Arbeit gegen ein Gesetz oder gegen die guten Sitten verstößt.

Ein wichtiger Grund zur Ablehnung eines Jobs kann ebenfalls vorliegen, wenn Sie

- zur Begründung oder Wiederherstellung der ehelichen Gemeinschaft zu Ihrem Ehegatten oder Lebenspartner ziehen wollen oder

- mit Ihrem Partner zusammenziehen wollen, um gemeinsam Ihr Kind bzw. Ihre Kinder zu erziehen.

Übrigens: Der Anspruch auf Arbeitslosengeld ruht auch, wenn Sie andere Sozialleistungen bekommen, etwa Berufsausbildungsbeihilfe, Unterhaltsgeld, Krankengeld, Versorgungskrankengeld und Verletztengeld, Mutterschaftsgeld, Übergangsgeld, Rente wegen voller Erwerbsminderung oder Erwerbsunfähigkeit, Altersrente, Knappschaftsausgleichsleistung und ähnliche Leistungen öffentlich-rechtlicher Art. Keine Probleme mit dem Arbeitslosengeld gibt es dagegen für Empfänger von Erziehungsgeld (falls Sie mindestens 15 Wochenstunden arbeiten könnten), Kindergeld, Wohngeld und Sozialhilfe.

Um den Anspruch auf Arbeitslosengeld nicht zu gefährden, muss jede zumutbare Beschäftigung angenommen werden. Als zumutbar gilt die Tätigkeit auch (nach § 121 SGB III), wenn

- sie nicht unbedingt Ihrer Ausbildung oder Ihrer bisherigen beruflichen Tätigkeit entspricht,
- der neue Arbeitsplatz weiter als der bisherige von Ihrer Wohnung entfernt ist,
- ein Umzug erforderlich ist,
- die Arbeitsbedingungen ungünstiger sind als die bisherigen, etwa lediglich Tariflohn statt übertariflicher Zuschläge gezahlt wird,
- Dauer oder Verteilung der Arbeitszeit ungünstiger sind als bisher.

Aus personenbezogenen Gründen ist eine Beschäftigung nicht zumutbar, wenn der Lohn erheblich niedriger ist als das Bemessungsentgelt für das Arbeitslosengeld. Als noch zumutbar gilt eine Lohneinbuße

- bis 20 Prozent in den ersten drei Monaten der Arbeitslosigkeit,
- bis 30 Prozent und in den folgenden drei Monaten.

Vom siebten Monat an ist die Beschäftigung noch zumutbar, wenn das Nettoeinkommen unter Berücksichtigung der mit der Beschäftigung zusammenhängenden Aufwendungen nicht niedriger als das Arbeitslosengeld ausfällt.

Ab 2005 gilt: Jede legale Arbeit ist insbesondere für Langzeitarbeitslose zumutbar – auch wenn nicht mindestens der ortsübliche oder Tariflohn gezahlt wird (siehe S. 234 ff.). Bis dahin gilt alles als unzumutbar, was unter 767 Euro pro Monat lag (entspricht dem durchschnittlichen Arbeitslosengeld).

Wer arbeitslos ist, aber in der Zeit keinen Anspruch auf Arbeitslosengeld hat, baut für diese Zeit keine Rentenansprüche auf. Das heißt: Während der Arbeitslosigkeit steigt das Rentenkonto nicht.

Teil-Arbeitslosengeld

Wer zwei und mehr Teilzeitjobs ausübt, hat bei Verlust eines Jobs Anspruch auf Teil-Arbeitslosengeld (Kann-Bestimmung; abhängig vom Etat der örtlichen Arbeitsagentur). Höhe: 67 Prozent des letzten Nettoverdienstes mit mindestens einem Kind, ansonsten 60 Prozent. Praktisch sind die genannten Prozent-Werte nicht erreichbar, da Ihr Durchschnittseinkommen der letzten zwölf Monate zugrunde gelegt wird, Urlaubs- und Weihnachtsgeld unberücksichtigt bleiben sowie pauschal SV-Beiträge und Kirchensteuer abgezogen werden. Am Ende steht ein pauschaliertes Nettoentgelt, von dem dann 67 bzw. 60 Prozent genommen werden (siehe Abschnitt „Arbeitslosengeld").

Voraussetzung: Sie haben in den letzten zwei Jahren mindestens zwölf Monate lang in zwei für sich genommen versicherungspflichtigen Teilzeitjobs nebeneinander gearbeitet. Weitere Voraussetzung: Sie nutzen alle Möglichkeiten, um einen neuen Teilzeitjob zu bekommen. Dies bedeutet, eigenverantwortlich danach zu suchen, eine zumut-

Nur wer sich selbstständig um einen neuen Teilzeitjob bemüht, kann Arbeitslosengeld beziehen bare Beschäftigung aufzunehmen oder an einer beruflichen Eingliederungsmaßnahme teilzunehmen.

Auf Verlangen der Arbeitsagentur müssen die Eigenbemühungen nachgewiesen werden. Kommen Sie diesen Pflichten nicht nach, wird das Teil-Arbeitslosengeld gestrichen.

Die Zahlung endet spätestens nach sechs Monaten. Wer Mutterschaftsgeld oder Erziehungsgeld erhält oder an beruflicher Weiterbildung bzw. berufsfördernder Rehabilitation teilnimmt und dafür Unterhalts- oder Übergangsgeld erhält, ist in dieser Zeit nicht arbeitslosenversichert. Diese Zeiten werden für den Anspruch auf Arbeitslosengeld also nicht mitgerechnet. Wer hinterher nicht gleich einen Job bekommt, erhält also kein Arbeitslosengeld, bestenfalls Übergangsgeld.

Unverzügliche Meldung Ihrer Arbeitslosigkeit sichert die Ansprüche

Melden Sie sich unverzüglich persönlich bei der Arbeitsagentur, sobald Sie davon erfahren, dass Ihr Beschäftigungsverhältnis endet, sonst müssen Sie mit einer Kürzung der Leistungen rechnen. Zudem wird Teil-Arbeitslosengeld frühestens ab dem Tag der Arbeitslos-Meldung bezahlt. Eine zuvor erfolgte Arbeitsuchend-Meldung ersetzt die Teilarbeitslos-Meldung nicht. Das gilt übrigens auch bei vollem Arbeitslosengeld. Weitere allgemeingültige Tipps:

- Melden Sie der Arbeitsagentur vorab jeden Umzug.
- Während des Leistungsbezuges sind Sie auch durch das Arbeitsamt renten-, kranken-, pflege- und unfallversichert. Melden Sie eine eventuelle Arbeitsunfähigkeit sofort auch der Arbeitsagentur.
- Nach einer Unterbrechung des Leistungsbezuges sind in bestimmten Fällen eine erneute Arbeitsuchend- und/oder Teilarbeitslos-Meldung erforderlich.

Hilfen auf dem Weg zu einem neuen Job

Die Arbeitsagentur unterstützt viele Versuche, einen neuen Job zu bekommen. Dazu gehören unter anderem

- Unterstützung der Beratung und Vermittlung,
- Maßnahmen zur Verbesserung der beruflichen Eingliederungsaussichten,
- Mobilitätshilfen,
- Arbeitnehmerhilfe,
- Förderung der beruflichen Weiterbildung,
- berufliche Rehabilitation und
- Arbeitsbeschaffungs-Maßnahmen (ABM).

Unterstützung der Beratung und Vermittlung

Das sind Hilfen bei Vermittlung und Aufnahme eines Jobs – auch für von Arbeitslosigkeit Bedrohte und Lehrstellensuchende. Alle finanziellen Leistungen sind an bestimmte Voraussetzungen gebunden; insbesondere ist ein Antrag nötig. Beispiele:

Wer Kosten für Bewerbungen zurück haben will, muss vorher einen Antrag stellen

Bewerbungskosten: Sie umfassen Ausgaben für Ihre Bewerbungsunterlagen, also Mappen, Folien, Kopien, Bewerbungsfotos, Briefumschläge und Porto. Voraussetzung ist, dass weder Sie selbst für die Kosten aufkommen können, noch Ihr künftiger Arbeitgeber dafür eintritt. Dann fließen im Jahr bis zu 260 Euro.

Sie müssen unbedingt vorher beim Arbeitsamt nachfragen, ob Sie die Kosten erstattet bekommen. Hinterher ist es zu spät.

Reisekosten können Sie unter den gleichen Bedingungen bekommen, wenn Sie zur Berufsberatung, Vermittlung, Eignungsfeststellung und zu Vorstellungsgesprächen fahren. Sie müssen allerdings so preiswert wie möglich reisen. Wenn Sie das Auto benutzen, bekommen Sie ja nach Hubraum die maximal

0,22 Euro pro Kilometer Wegstrecke erstattet. Sind Übernachtungen notwendig, sind in der Regel zusätzlich für jeden vollen Tag 16 Euro drin, für den Anreise- und den Abreisetag die Hälfte. Haben Sie für diesen Betrag partout kein Zimmer bekommen, gibt das Arbeitsamt nach Absprache auch mehr Geld dazu.

Vermittlungsgutschein: Wer mindestens drei Monate arbeitslos ist, kann sich vom Arbeitsamt einen Vermittlungsgutschein ausstellen lassen. Der Schein hat einen Wert (einschließlich Umsatzsteuer) von

- 1.500 Euro (bei drei bis unter sechs Monaten Arbeitslosigkeit),
- 2.000 Euro (bei sechs bis neun Monaten Arbeitslosigkeit),
- 2.500 Euro (bei mehr als neun Monaten Arbeitslosigkeit).

Der Vermittlungsgutschein ist jeweils drei Monate gültig. Wird während dieser Zeit von einem privaten Vermittler, mit dem ein schriftlicher Vertrag geschlossen wurde, eine sozialversicherungspflichtige Beschäftigung im Inland mit mindestens 15 Wochenstunden Arbeitszeit vermittelt, gibt der Arbeitsuchende dem Vermittler den Gutschein (nur bei Erfolg!). Die Zahlung erfolgt in zwei Raten: 1.000 Euro bei Beschäftigungsbeginn und der Rest, wenn das Arbeitsverhältnis mindestens sechs Monate bestanden hat.

Den Vermittlungsgutschein bekommt der Vermittler nur bei Erfolg seiner Bemühungen

Im Vertrag muss die Vermittlungsvergütung stehen. Achten Sie darauf, denn bei höherer Vergütung zahlen Sie aus eigener Tasche drauf.

TIPP

Bei ABM-Maßnahmen gilt: Wer vorher nicht arbeitslos war, erhält einen Gutschein im Wert von 1.500 Euro, ansonsten je nach Dauer der Arbeitslosigkeit ebenfalls bis 2.500 Euro.

Mobilitätshilfen

Sie sollen verhindern, dass Sie am Beginn einer neuen, möglicherweise auswärtigen Tätigkeit in finanzielle Schwierigkeiten geraten. Auch hier hilft die Arbeitsagentur auf Antrag:

Übergangsbeihilfe: Wer einen neuen Job findet, muss womöglich eine Weile auf die erste Lohn- oder Gehaltszahlung warten. Erhält er keinen Abschlag, kann er in besonderen Härtefällen damit rechnen, dass die Zeit bis zum Zahltag vom Arbeitsamt mit einer Beihilfe überbrückt wird. Bis zu 80 Prozent vom zu erwartenden Lohn werden als zinsloses Darlehen gewährt, maximal 1.000 Euro. Das Darlehen muss spätestens nach zwei Monaten in zehn gleichbleibenden Raten zurückgezahlt werden.

Arbeitsausrüstungsbeihilfe: Wer einen neuen Job findet, muss womöglich seine Arbeitskleidung und das Arbeitsgerät selbst stellen. Wenn dies branchenüblich ist, zahlt die Arbeitsagentur auf Antrag einen Zuschuss zur Arbeitsausrüstung. Einmalig sind bis zu 260 Euro drin.

Reisekostenbeihilfe: Wer einen neuen Job in einem anderen Ort findet, kann in Härtefällen damit rechnen, dass diese Arbeitsaufnahme von der Arbeitsagentur gefördert wird. Es können Fahrkosten bis zu 300 Euro übernommen werden,

- die bei Benutzung der niedrigsten Klasse des zweckmäßigsten öffentlichen Verkehrsmittels anfallen,
- für Autofahrer gibt es maximal 0,22 Euro je Kilometer.

Fahrkostenbeihilfe: Auch für tägliche Fahrten zwischen Wohnung und Arbeitsstelle an einem Ort können die Kosten übernommen werden. Höhe: Tickets für die niedrigste Klasse des zweckmäßigsten öffentlichen Verkehrsmittels (für Autofahrer maximal 0,22 Euro je Kilometer). Der Zuschuss wird maximal sechs Monate gewährt.

Trennungskostenbeihilfe: Wer seinen Job verloren hatte und schließlich einen neuen findet, kann in Härtefällen mit Trennungskostenbeihilfe rechnen. Voraussetzung: Ihren neuen Job müssen Sie auswärts erledigen und deshalb zwei Haushalte führen. Diese Mehrbelastung wird durch Trennungskostenbeihilfe gemindert, die maximal sechs Monate lang gewährt wird. Höhe: bis 260 Euro pro Monat.

Müssen Sie durch Aufnahme eines neuen Jobs zwei Haushalte führen, werden die zusätzlichen Kosten erstattet

Umzugskostenbeihilfe: Wer nach Arbeitslosigkeit einen neuen Job in einem anderen Ort findet und deshalb dort hinzieht, kann damit rechnen, von der Arbeitsagentur ein zinsloses Darlehen für die Umzugskosten zu bekommen. Voraussetzung: Sie sind spätestens zwei Jahre nach dem Arbeitsbeginn umgezogen.

Arbeitnehmerhilfe: Das ist ein Zuschuss zum Arbeitsentgelt für Jobs, die auf längstens drei Monate befristet und versicherungspflichtig sind und vom Arbeitsamt angeboten worden waren. Höhe: 13 Euro für jeden Tag, an dem mindestens sechs Stunden gearbeitet wurde (oder durchschnittlich sechs Stunden pro Tag bei einer Arbeitszeit von mindestens 30 Wochenstunden). Einschränkung: Den Zuschuss bekommen nur Arbeitslose, die bis dahin Arbeitslosenhilfe bezogen hatten.

Förderung der beruflichen Weiterbildung

Auch zur beruflichen Weiterbildung gibt es auf Antrag Zuschüsse. Die Arbeitsagentur übernimmt meist die Weiterbildungskosten und zahlt zudem einen Zuschuss zum Lebensunterhalt (Unterhaltsgeld). Die Bewilligung hängt von den aktuellen Haushaltsmitteln ab (Kann-Leistung). Bezahlt werden unmittelbar mit der Weiterbildung im Zusammenhang stehende Lehrgangskosten, Fahrkosten, Kosten für auswärtige Unterbrin-

In berechtigten Fällen wird Weiterbildung finanziell gefördert gung und Verpflegung sowie Kosten für die Betreuung von Kindern. Voraussetzung:

- die Weiterbildung ist notwendig, um Sie bei Arbeitslosigkeit beruflich einzugliedern oder um eine drohende Arbeitslosigkeit zu vermeiden oder weil Sie keinen Berufsabschluss besitzen,
- Sie haben ausreichend lang Beiträge zur Arbeitslosenversicherung gezahlt (die Vorbeschäftigungszeit von mindestens zwölf Monaten muss erfüllt sein),
- Sie haben sich vor Beginn der Weiterbildung von der Arbeitsagentur beraten lassen und einen Bildungsgutschein bekommen (attestiert, dass die Fördervoraussetzungen vorliegen) und
- die Maßnahme und der Träger sind für die Förderung zugelassen.

Übrigens: Der Bildungsgutschein beinhaltet Bildungsziel, Schwerpunkte der Qualifizierung, maximale Weiterbildungsdauer und die Gültigkeitsdauer des Scheins (maximal drei Monate!).

TIPP Sie können den Bildungsgutschein innerhalb dieser Frist bei einem Träger Ihrer Wahl einlösen.

Erfüllen Sie die Vorbeschäftigungszeit nicht, können allenfalls die Weiterbildungskosten bezahlt werden.

Weiterbildung wird nur finanziert, wenn vorher ausreichend lange gearbeitet wurde

Die Vorbeschäftigungszeit ist erfüllt, wenn Sie innerhalb der letzten zwei Jahre vor Beginn der Weiterbildung

- mindestens zwölf Monate versicherungspflichtig beschäftigt waren oder
- Anspruch auf Arbeitslosengeld oder -hilfe besitzen und die Zahlung auch beantragt haben.

TIPP

Der Zeitraum von zwei Jahren gilt nicht für Berufsrückkehrer, die wegen Betreuung und Erziehung aufsichtsbedürftiger Kinder ihre Berufstätigkeit unterbrochen hatten und in angemessener Zeit wieder arbeiten wollen.

Unterhaltsgeld: Die Höhe entspricht bei einer Vollzeit-Weiterbildung weitgehend dem Arbeitslosengeld (siehe Abschnitt „Arbeitslosengeld") bzw. der Arbeitslosenhilfe (siehe S. 112 ff.). Es gibt also zumeist 67 Prozent des pauschalierten Nettoverdienstes mit mindestens einem Kind (ansonsten 60 Prozent) bzw. als Arbeitslosenhilfe 57 Prozent des pauschalierten Nettoverdienstes mit mindestens einem Kind (ansonsten 53 Prozent). Faustregeln:

- Wer zum Zeitpunkt des Teilnahmebeginns (erneut) die Anwartschaftszeit für einen Anspruch auf Arbeitslosengeld erfüllt hat, bekommt Unterhaltsgeld in Höhe des Arbeitslosengeldes.
- Wer innerhalb der letzten drei Jahre vor Beginn der Teilnahme Arbeitslosengeld bezogen und danach keine neue Anwartschaftszeit (ab 2004: einheitlich zwölf Monate versicherungspflichtige Beschäftigung) erfüllt hat, bekommt Unterhaltsgeld in Höhe des Bemessungsentgelts fürs Arbeitslosengeld (ca. sechs Prozent weniger als Arbeitslosengeld).
- Wer vor Beginn der Teilnahme zuletzt Arbeitslosenhilfe erhielt, bekommt Unterhaltsgeld in Höhe der Arbeitslosenhilfe.

TIPP

Teilzeitbeschäftigte erhalten entsprechend weniger Geld (Teil-Unterhaltsgeld).

Für zwei Tage Unterhalt verliert man einen Tag Anspruch auf Arbeitslosengeld

Wer bei Beginn der Weiterbildung Anspruch auf Arbeitslosengeld hat, für den sinkt der Anspruch: Pro zwei Tage Anspruch auf Unterhaltsgeld sinkt der Anspruch auf Arbeitslosengeld um einen Tag. Der Mindestanspruch von 30 Tagen wird jedoch nicht angetastet.

Weiterbildungskosten: Zum Unterhaltsgeld kommen Zuschüsse für die unmittelbaren Weiterbildungskosten hinzu:

Lehrgangskosten und Kosten für eine notwendige Eignungsfeststellung: Dazu gehören Lehrgangsgebühren einschließlich der erforderlichen Lernmittel, Arbeitskleidung, Prüfungsstücke und Gebühren für anerkannte Zwischen- und Abschlussprüfungen. Arbeitskleidung und Lernmittel werden grundsätzlich vom Bildungsträger gestellt. Höhe der Arbeitsagentur-Leistung: 100 Prozent Lehrgangsgebühren und rund 20 Euro pro Monat für Lernmittel.

Fahrkosten: Die Arbeitsagentur beteiligt sich an den Fahrkosten für Fahrten zwischen Wohnung und Bildungsstätte (Pendelfahrten) sowie bei erforderlicher auswärtiger Unterbringung für die An- und Abreise und für eine monatliche Familienheimfahrt (bzw. für eine monatliche Fahrt eines Angehörigen zum Bildungsort). Höhe: volle Übernahme bei Benutzung der niedrigsten Klasse öffentlicher Verkehrsmittel (bei Privat-Kfz bis zu 0,22 Euro je Kilometer), für Pendelfahrten maximal 476 Euro pro Monat.

Kosten für erforderliche auswärtige Unterbringung und Verpflegung: Wer auswärts ein Zimmer mieten muss, bekommt pro Tag 31 Euro für die Unterbringung, höchstens jedoch 340 Euro im Monat. Als Verpflegungsmehraufwand gibt es auswärts pro Tag 18 Euro, höchstens jedoch 136 Euro im Monat.

Kosten für Kinderbetreuung: Kosten für Kinderbetreuung gibt's für Arbeitslose, Kurzarbeiter, von Arbeitslosigkeit Bedrohte und Arbeitnehmer ohne beruflichen Abschluss, um die Betreuung aufsichtsbedürftiger Kinder (maximal 15 Jahre alt) während der Weiterbildung zu sichern. Höhe: 130 Euro monatlich.

Wer Kinder hat, kann für ihre Betreuung während der Weiterbildung Unterstützung erhalten

TIPP

Bei Arbeitnehmern, die noch einen Job haben, werden unter bestimmten Voraussetzungen ebenfalls die Weiterbildungskosten übernommen (kein Bildungsgutschein nötig). Bedingungen:

- bei Beginn der Bildungsmaßnahme sind Sie 50 Jahre oder älter,
- für die Zeit der Maßnahme zahlt Ihr Arbeitgeber weiter Lohn,
- Ihre Firma beschäftigt nicht mehr als 100 Arbeitnehmer,
- die Bildungsmaßnahme findet außerhalb Ihres Betriebes statt und vermittelt Kenntnisse und Fertigkeiten, die über ausschließlich arbeitsplatzbezogene, kurzfristige Anpassungsfortbildung hinausgeht,
- die Maßnahme hat bis zum 31. Dezember 2005 begonnen.

Arbeitsbeschaffungsmaßnahmen (ABM)

Damit wird Beschäftigung auf dem so genannten zweiten Arbeitsmarkt gefördert. Das bringt regelmäßig böses Blut, weil sich die Maßnahmen eigentlich nicht nachteilig auf den ersten Arbeitsmarkt auswirken dürfen. Das frühere Ziel, Arbeitnehmer zu qualifizieren oder ihre Eingliederungschancen in den ersten Arbeitsmarkt zu verbessern, wurde ab 2004 aufgegeben (Hartz-III-Gesetz).

TIPP

ABM-Stellen bieten gerade für Langzeitarbeitslose noch eine willkommene Möglichkeit, wieder einer sinnvollen Tätigkeit nachzugehen, berufliche Kontakte zu knüpfen und sich „learning by doing" zu qualifizieren.

ABM-Maßnahmen führen dazu, dass damit kein neuer Anspruch mehr auf Arbeitslosengeld begründet wird. Es bleibt also bei Ansprüchen, die bei ABM-Beginn bestanden.

Arbeitsbeschaffungsmaßnahmen schaffen keine Grundlagen für Arbeitslosengeld

Wer also bei ABM-Beginn keinen Anspruch mehr auf Arbeitslosengeld hat und hinterher keinen neuen Job auf dem ersten Arbeitsmarkt findet, kann allenfalls Arbeitslosenhilfe beantragen (künftig: Arbeitslosengeld II; siehe S. 234 ff.).

ABM werden von öffentlichen Trägern und Unternehmen organisiert; die Arbeiten müssen zusätzlich zum Angebot der freien Wirtschaft und im öffentlichen Interesse sein. Ausnahme: ABM dürfen auch Zeiten der Qualifizierung enthalten.

TIPP Wenn ein Träger ABM in Eigenregie organisiert, muss ein Fünftel der Zeit auf Qualifizierungen und Praktika entfallen, höchstens jedoch die Hälfte der ABM-Zeit ausmachen (ab 2005 gelockert und durch verstärkte Förderung der Arbeitsagentur erlaubt).

ABM sind zeitlich befristet und laufen in der Regel höchstens ein Jahr, in Ausnahmefällen höchstens drei Jahre. Zwischen den einzelnen Maßnahmen müssen mindestens drei Jahre liegen. Die Träger können Geld für konkrete Projekte beantragen. Die Förderung deckt in der Regel nicht die vollen Kosten des Arbeitgebers.

TIPP Fragen Sie Ihren Arbeitsvermittler nach der für Sie in Betracht kommenden Förderung, damit Sie potenzielle Arbeitgeber darauf hinweisen können.

Strukturanpassungsmaßnahmen (SAM)

SAM werden auch in Form von Lohnkostenzuschüssen gefördert. Wichtigstes Kriterium auch hier: Es werden zusätzliche Arbeitsplätze geschaffen. Dann können Träger oder Unternehmen Arbeitslose einstellen und Förderung kassieren. Die Arbeiten müssen einen Beitrag zur Verbesserung der örtlichen Strukturen leisten, also konkret

SAM zielen auf die Verbesserung des örtlichen Umfeldes

- die Umwelt verbessern,
- soziale Dienste und die Jugendhilfe unterstützen,
- Städtebau und Wohnumfeld beeinflussen,

- Angebote der freien Kulturarbeit oder des Breitensports erhöhen,
- Denkmalpflege unterstützen oder
- touristische Infrastruktur auf Vordermann bringen.

Gefördert wird der Träger in der Regel bis zu drei Jahren bis monatlich 1.075 Euro pro Arbeitnehmer.

TIPP

Wenn Sie mit über 55 Jahren eine solche Maßnahme beginnen und Ihr Arbeitgeber vorwiegend ältere Arbeitnehmer eingestellt hat, kann die Förderung bis zu 60 Monaten dauern. Unter Umständen gibt es für den Träger dann auch 200 Euro zusätzlich pro Monat.

Zuschüsse zu SAM gibt es maximal bis Ende 2008.

6 Arbeitslosenhilfe und Sozialhilfe

Ab 2005 werden die beiden bislang völlig getrennten Bereiche Arbeitslosenhilfe und kommunale Sozialhilfe zusammengefasst und perspektivisch von den Kommunen (kreisfreie Städte und Landkreise) bzw. weiterhin von den Arbeitsämtern geregelt (Hartz-IV-Gesetz) – Arbeitslosengeld II genannt (siehe S. 234 ff.). Zum Vergleich: Das traditionelle Arbeitslosengeld – ab 2005 Arbeitslosengeld I genannt – bleibt allein in der Verantwortung der Arbeitsagenturen.

Arbeitslosenhilfe und Arbeitslosengeld II

Arbeitslosenhilfe gibt es nur bei Bedürftigkeit

Arbeitslosengeld ist nicht vom eigenen Vermögen abhängig, weil man dafür Beiträge eingezahlt hat und bei Jobverlust die Gegenleistung bekommt. Anders bei Arbeitslosenhilfe, die aus Steuermitteln aufgebracht wird: Die gibt es nur, wenn man nachweisen kann, bedürftig zu sein. Arbeitslosenhilfe erhalten Sie entweder im Anschluss ans Arbeitslosengeld oder schon zu Beginn der Arbeitslosigkeit, falls die Voraussetzungen für Arbeitslosengeld fehlen. Sie müssen

- bedürftig sein,
- der Arbeitsvermittlung für mindestens 15 Wochenstunden zur Verfügung stehen und
- im Jahr vor dem Antrag auf die Hilfe entweder Arbeitslosengeld bezogen haben oder mindestens 150 Kalendertage beschäftigt gewesen sein.

Für diese 150 Tage müssen Sie Beiträge zur Arbeitslosenversicherung geleistet haben. Als „bedürftig" gelten Sie, wenn Sie keinerlei Unterhaltsansprüche an Eltern, Kinder oder den Ehegatten stellen können. Wie ein Ehegatte wird inzwischen auch Ihr Partner behandelt, mit dem Sie in eheähnlicher Gemeinschaft zusammenleben.

Der Arbeitsvermittlung zur Verfügung stehen bedeutet wie beim Arbeitslosengeld, dass Sie auch bereit sind, an Weiterbildungsmaßnahmen teilzunehmen, die geeignet sind, Ihre Chancen auf einen neuen Job zu verbessern.

Wenn Sie sich weigern, kann Ihnen auch die Arbeitslosenhilfe zeitweise gesperrt werden. Erst nach Vollendung des 58. Lebensjahres dürfen Sie zumutbare Beschäftigungen oder berufliche Bildung ablehnen, ohne finanzielle Einbußen fürchten zu müssen.

Zugleich müssen Betroffene eigenverantwortlich nach einer Beschäftigung suchen. Auf Verlangen des Arbeitsamtes müssen die Eigenbemühungen nachgewiesen werden (Bewerbungsschreiben, Aufgeben von Zeitungsannoncen, Einladung zum Vorstellungsgespräch u.Ä.).

Wer diesen Pflichten an eigenen Bemühungen nicht nachkommt, verliert seinen Anspruch auf Arbeitslosenhilfe. Das wird ab 2005 noch verschärft (siehe S. 234 ff.).

Anspruch auf Arbeitslosenhilfe hat nur, wer sich um Arbeit bemüht

Arbeitslosenhilfe wird nach den gleichen Grundsätzen wie das Arbeitslosengeld berechnet (siehe S. 92 ff.). Höhe: Auf Antrag gibt es 57 Prozent des pauschalierten Nettoentgelts (mit mindestens einem Kind), ansonsten 53 Prozent.

Der Anspruch auf Arbeitslosenhilfe ist zeitlich nicht befristet. Zunächst wird die Leistung jedoch nur für ein Jahr bewilligt. Dann prüft die Arbeitsagentur erneut, ob Sie weiterhin Anspruch auf Arbeitslosenhilfe haben. Jeweils nach Ablauf eines Jahres wird das Bemessungsentgelt allerdings um drei Prozent gemindert. Tendenziell erhält der Betroffene irgendwann nur noch den Sozialhilfe-Satz (siehe nächste Abschnitte).

Im Gegensatz zum Arbeitslosengeld wird bei Arbeitslosenhilfe eigenes Vermögen angerechnet. Das heißt: Alles, was Sie über den zugebilligten Freibetrag von 200 Euro pro Lebensjahr (maximal 13.000 Euro) besitzen, ist zum Leben mit zu verwenden (Ehepaare und Lebens-Partnerschaften das Doppelte). Die Arbeitslosenhilfe wird dann anteilig gekürzt (siehe nächster Abschnitt).

Maximal 13.000 Euro dürfen Arbeitslosenhilfe-Bezieher auf der hohen Kante haben

- **Frührente:** Viele Langzeitarbeitslose können vorzeitig Altersrente bekommen. Allerdings haben sich die Altersgrenzen mit jeder Rentenreform nach hinten verschoben. Inzwischen gilt: Altersrente wegen Arbeitslosigkeit (ab 60) gibt es, wenn
  - Sie vor 1952 geboren und mindestens 60 Jahre alt sind,
  - arbeitslos sind und ab 58,5 Jahren mindestens 52 Wochen arbeitslos waren,
  - es auf mindestens 15 Jahre rentenrechtliche Wartezeit bringen und
  - in den zehn Jahren vor Beginn der Rente mindestens acht Jahre rentenversicherungspflichtig beschäftigt waren.

Ab 2006 können Arbeitslose und Altersteilzeit-Nutzer jedoch erst ab 63 Altersrente bekommen. Ab 2006 sollen vorwiegend die Jahrgänge 1946 bis 1948 betroffen sein (siehe S. 234 ff.).

Die bisherigen Regelungen zu Abschlägen bei vorzeitiger Altersrente wegen Arbeitslosigkeit oder nach Altersteilzeit bleiben auch in Zukunft bestehen: Für jeden Monat Rentenbeginn vor 65 mindert sich die Rente lebenslang um 0,3 Prozent, maximal jedoch um 10,8 Prozent.

- **Altersteilzeit:** Wer ab 57 verkürzt arbeitet, bekommt von der Arbeitsagentur auf sein halbiertes Gehalt so viel Geld dazu, dass am Ende 70 Prozent des letzten vollen Nettogehalts übrig bleiben (siehe S. 73 ff.).

TIPP

Günstig wirkt sich aus, dass Arbeitgeber für Ansprüche aus so genannten Arbeitszeitkonten (Blockmodell) seit 2004 eine Insolvenzsicherung einrichten müssen. Das bedeutet: Wer Überstunden auf einem Konto als Zeit- oder Geld-Polster anspart, kann ohne Einbußen früher in Rente gehen, ohne bei Insolvenz der Firma fürchten zu müssen, sein Guthaben zu verlieren.

Welches Privatvermögen unangetastet bleibt

Alles, was Sie über den zugebilligten Freibetrag von 200 Euro pro Lebensjahr (maximal 13.000 Euro) an Vermögen besitzen, ist zum Leben mit zu verwenden (Ehepaare das Doppelte). Die Arbeitslosenhilfe wird dann anteilig gekürzt. Als Vermögen sind alle Wertgegenstände anzusehen, die nicht dafür vorgesehen sind, den aktuellen Finanzbedarf zu decken. Dazu zählen neben Einkommen (wie Kindergeld, Renten, Unterhaltsvorschuss und Wohngeld) und Bankguthaben insbesondere:

Diese Einnahmen und Besitztümer führen unter Umständen dazu, dass Arbeitslosenhilfe gekürzt wird

- Aktien,
- bebaute und unbebaute Grundstücke,
- Bilder,
- Entschädigungszahlungen,
- Erbbaurechte,
- Forderungen,
- Geld,
- Geldwerte (auch Zeitwert von Lebensversicherungen),
- geldwerte Sachen,
- Kraftfahrzeug,
- Kunstgegenstände,
- Lottogewinne,
- Erbgegenstände,
- Nachlassvermögen,
- Nießbrauchsrechte,
- Rechte, soweit sie nicht Einkommen sind,
- Sammlungen,

- Schmuck,
- Steuererstattungen,
- Urheberrechte und
- Wechsel.

TIPP

Die Verwertung muss jedoch wirtschaftlich und rechtlich möglich sein. Sie müssen also kein Vermögen verschleudern. So muss zum Beispiel das Erbe nicht verwertet werden, wenn Sie noch gar nicht darüber verfügen können. Die bloße Anwartschaft stellt noch kein verwertbares Vermögen dar.

Unter bestimmten Umständen bleibt das Vermögen unangetastet

Auch andere Umstände führen dazu, dass Vermögen unangetastet bleiben darf und trotzdem Arbeitslosenhilfe fließt. Zum so genannten Schonvermögen zählen auch:

- angemessener Hausrat,
- angemessenes Kfz (kein Zweitwagen; kein Luxuswagen),
- angemessenes selbst bewohntes Wohneigentum,
- Geldvermögen (bis zu den Freibeträgen),
- staatlich gefördertes Altersvorsorge-Vermögen (Riester-Rente),
- private Vorsorge für alle, die von der Rentenversicherungspflicht befreit sind (besonders Unternehmer) und deren nicht rentenversicherte Partner in angemessenem Umfang.

Beispiel Hausrat: Zur Sicherung der Lebensgrundlage gehören alle erforderlichen Gegenstände für den persönlichen Gebrauch, etwa Betten, Hausgeräte, Kleidung, Küchengeräte, Nahrungsmittel und Wäsche. Aber auch Möbel, Fernseher, Haushaltsgeräte und Bücher. Lediglich Luxus muss verwertet werden.

TIPP

Hauseigentümer kommen ungeschoren davon, wenn sie selber im eigenen Haus bzw. der eigenen Wohnung wohnen und die Wohnfläche auf 130 Quadratmeter begrenzt ist. Als angemessene Grundstücksgröße gelten bis 500 Quadratmeter (auf dem

Lande bis 800 Quadratmeter). Zudem darf Geld für angemessene Instandhaltung im Folgejahr behalten werden.

Dennoch führen zunehmend härtere Auflagen zu Frust und Streit, der regelmäßig auch die Gerichte beschäftigt. Anbei einige aktuelle Entscheidungen:

- Lebensversicherungen dürfen auf Arbeitslosenhilfe angerechnet werden, entschied das Landesozialgericht Berlin am 2. September 2003 (Az. L 6 AL 16/03 – nicht rechtskräftig, da Revision beim BGH eingelegt wurde). Damit gilt – vorerst – der vorzeitige Verkauf einer Lebensversicherung, der regelmäßig mit Verlust verbunden ist, vor Gericht nicht als unwirtschaftlich. Folge: In der gesetzlichen Rentenversicherung Pflichtversicherte müssen ihre privaten Lebensversicherungen zum Zeitwert veräußern und das Geld verbrauchen, ehe es Arbeitslosenhilfe gibt. Lediglich für Policen berufsständischer Versorgungswerke sowie für Riester-Renten würden Ausnahmen gelten.

Immer wieder müssen sich Gerichte mit Ärger rund um die Arbeitslosenhilfe beschäftigen

- Auch ein größeres Wertpapierdepot, als es per Freibetrag unangetastet bleiben darf, muss verkauft werden, ehe es Arbeitslosenhilfe gibt. Das entschied das Bundessozialgericht am 27. Mai 2003 (Az.: B 7 AL 104/02), obwohl die Kurse zum Zeitpunkt des Streits ungünstig standen und dem Betroffenen dadurch Verluste entstanden.
- Immerhin kann ein Langzeitarbeitsloser, der sich ursprünglich zur Alterssicherung ein eigenes Haus angeschafft hatte und später seinen Job für lange Zeit verlor, Arbeitslosenhilfe bekommen. Der Bundesgerichtshof setzt den Willen zur Alterssicherung voraus; die Immobilie könne sogar bis zum Beginn der Altersrente vermietet sein (Az B 7 AL 28/98).

Doch selbst wenn staatlich gefördertes Altersvorsorge-Vermögen nicht angetastet werden darf, bleibt ein Wermutstropfen: Denn der aktuelle Kontostand wird dann vom Freibetrag abgezogen. Beispiel: Wer schon Anspruch auf insgesamt 3.000 Euro aus einer betrieblichen Direktversicherung hat, verliert 3.000 Euro von seinem individuellen Freibetrag für Vermögen von 200 Euro pro Jahr. Mit 40 wären das 8.000 Euro. Also bleiben tatsächlich nur 5.000 Euro Freibetrag. Höhere Vermögenswerte müssten dann doch veräußert werden, ehe es Arbeitslosenhilfe gibt.

TIPP

Der Freibetrag darf höchstens auf 4.100 Euro pro Person sinken. Mehr Abzüge sind nicht erlaubt.

Übrigens: Die Regeln für Schonvermögen bei Sozialhilfe sind ähnlich und werden bis 2005 entsprechend angepasst.

Arbeiten neben der Arbeitslosenhilfe führt dazu, dass die Unterstützung entsprechend gekürzt wird

Wer als Arbeitslosenhilfe-Empfänger eigenes Einkommen hinzuverdient, hat kaum etwas davon: Das Einkommen wird heftig auf die Arbeitslosenhilfe angerechnet. Nach Abzug von Steuern, Sozialabgaben, berufsbedingten Aufwendungen und einer Pauschale für Privatversicherungen (3 Prozent) gibt es lediglich einen Freibetrag von 20 Prozent der monatlichen Arbeitslosenhilfe, mindestens 165 Euro. Der wird ab 2005 geändert (siehe S. 234 ff.).

Sozialhilfe in vielfältigen Formen

Anspruch auf Sozialhilfe hat jeder, der in Not gerät und sich nicht von allein oder mit Hilfe seiner Kinder und Eltern daraus befreien kann. Derzeit nehmen fast vier Millionen Deutsche Sozialhilfe in Anspruch. Sie wird als persönliche Hilfe, Geldleistung oder Sachleistung gewährt und ist immer als Hilfe zur Selbsthilfe gedacht, um sozial nicht unter das Existenzminimum zu fallen. Über 30 verschiedene Hilfen kommen in Betracht, die entweder laufend, einmalig oder nur in besonderen Lebenslagen in Anspruch genommen werden können.

Je nach individueller Situation und Kassenlage der Gemeinde wird unterschieden nach so genannten Ist-Hilfen mit Rechtsanspruch (zum Beispiel laufende Hilfe zum Lebensunterhalt), Soll-Hilfen mit Beinahe-Rechtsanspruch (zum Beispiel einmalige Hilfen zum Lebensunterhalt) und Kann-Hilfen ohne Rechtsanspruch.

Die Höhe ist vom Einzelfall abhängig, zumal Sozialhilfe nur gewährt wird, wenn alle anderen Möglichkeiten wie Rente, Ersparnisse über 1.300 Euro, Vermögen an Grund und Boden oder Unterhaltszahlungen zwischen Kindern und Eltern ausgeschöpft sind. Wer bislang ohne Sozialhilfe ausgekommen ist, doch mit einer weiter verschlechterten persönlichen Situation leben muss, sollte sich nicht vor einem Antrag scheuen. Insbesondere Menschen mit gesundheitlicher Beeinträchtigung erfahren weitgehende Unterstützung.

Laufende Hilfe zum Lebensunterhalt

Sie ist die häufigste Form der Sozialhilfe. Damit wird alles finanziert, was zum täglichen Leben notwendig erscheint: Ernährung, Unterkunft, Kleidung, Körperpflege, Hausrat, Heizung, persönliche Bedürfnisse. Dafür wird vom Land eine bestimmte Geldsumme (Regelsatz) festgesetzt und regelmäßig gezahlt. Der Regelsatz wird von Zeit zu Zeit dynamisiert und schwankt leicht von Bundesland zu Bundesland; er beträgt für Erwachsene rund 290 Euro (Haushaltsvorstand) und für den Ehepartner rund 230 Euro im Monat. Besonderheit für Alleinerziehende: Für jedes Kind bis sieben Jahre gibt es einen erhöhten Regelsatz gegenüber gleichaltrigen Kindern von Ehepaaren von bis zu 163 Euro pro Monat (siehe Tabelle).

290 Euro Sozialhilfe bekommen Erwachsene für den Lebensunterhalt

Aktuelle Regelsätze für Sozialhilfe

Bundesland	**Haushaltsvorstand**[1]	**Haushaltsangehörige bis vollendetem ... Lebensjahr**			
		7.	14.	18.	ältere
Prozent vom Regelsatz	100	50[2]	65	90	80
Baden-Wtbg	297	149	193	267	238
Bayern[3]	287	144	187	258	230
Berlin	296	148	192	266	237
Brandenburg	283	142	184	255	226
Bremen	296	148	192	266	237
Hamburg	296	148	192	266	237
Hessen	297	149	193	267	238
Mecklenb.-Vor.	282	141	183	254	226
Niedersachsen	296	148	192	266	237
Nordrhein-Wf.	296	148	192	266	237
Rheinland-Pfalz	296	148	192	266	237
Saarland	296	148	192	266	237
Sachsen	282	141	183	254	226
Sachsen-Anhalt	285	143	185	257	228
Schleswig-Hol.	296	148	192	266	237
Thüringen	282	141	183	254	226

1 gilt auch für Alleinerziehende
2 bei Alleinerziehenden rund 163 Euro
3 Mindestregelsatz

Stand: 1. Juli 2003

Für bestimmte Leute gibt es einen Zuschlag auf den Regelsatz, häufig 20 bis 60 Prozent. So steht der Mehrbedarf Behinderten ab 15 zu, gilt aber auch für Diät- und Schonkost, für Gehbehinderte und werdende Mütter. Da dieser Mehrbedarf für viele Leute in Betracht kommt, hier noch einige Tipps:

Mehrbedarf für Alleinerziehende: Wer Sozialhilfe als Laufende Hilfe zum Lebensunterhalt empfängt, für den ist mit einer monatlichen Geldsumme (Regelsatz) das Existenzminimum abgedeckt. Für bestimmte Leute gibt es einen Zuschlag (Mehrbedarf), darunter auch für Alleinerziehende. Damit werden die erheblichen Erschwernisse berücksichtigt, die Alleinerziehende im Gegensatz zu einer intakten Familie in Kauf nehmen müssen. In den Genuss kommen Alleinerziehende mit einem Kind unter sieben Jahren bzw. mit zwei oder drei Kindern unter 16 Jahren (jeweils 40 Prozent Mehrbedarfszuschlag) bzw. mit vier oder mehr Kindern, solange diese noch nicht über ausreichend eigenes Einkommen verfügen (60 Prozent Mehrbedarfszuschlag).

Soviel Regelsatz steht Ihnen zu[1]

Regelsatz der Mutter	zumeist 296 Euro
+ 40 Prozent Mehrbedarf pro Kind	zumeist 118 Euro
+ Regelsatz pro Kind unter 7 Jahren	zumeist 163 Euro
= Gesamt-Regelsatz	zumeist 577 Euro
+ Wohn- und Heizkosten	pauschal 6 Prozent der Sozialhilfe
- eigenes Einkommen	individuell
- Kindergeld	154 Euro
- Unterhaltsvorschuss, falls Vater nicht zahlt	122 Euro

1 in den alten Bundesländern; Stand: Juli 2003

Das Geld fließt, solange Sie allein erziehend sind, die Kinder in der jeweiligen Altersgrenze bleiben und die Kinder über kein eigenes Einkommen verfügen (spätestens bis zum Ende der Ausbildung). Übrigens: Man kann auch andere Zuschläge an Mehrbedarf nebeneinander erhalten, muss sich aber die Anrechnung des Kindergeldes und des Unterhalts/Unterhaltsvorschusses gefallen lassen.

Kindergeld und Unterhalt mindern den Mehrbedarf

Mehrbedarf für Behinderte ab 15: Behinderte, die mindestens 15 Jahre alt sind und denen Eingliederungshilfe gewährt wird (siehe S. 150 ff.), denen stehen 40 Prozent Mehrbedarf zu. Der eigentliche Regelsatz von rund 290 Euro wird für Erwachsene mit Behinderung also um rund 118 Euro im Monat aufgestockt.

Mehrbedarf für werdende Mütter: Sozialhilfeempfängerinnen, die ein Baby erwarten, können ab der 13. Schwangerschaftswoche 20 Prozent Mehrbedarf erhalten. Der eigentliche Regelsatz von rund 290 Euro wird also um rund 58 Euro im Monat aufgestockt. Falls das nicht reicht, können Sie zusätzlich für die Babyausstattung sonstige einmalige Hilfen beantragen (siehe nächster Abschnitt) oder in extremer Notlage auch Hilfe für werdende Mütter und Wöchnerinnen (siehe übernächster Abschnitt).

Mehrbedarf für kostenaufwendige Ernährung: Kranke, Genesende, Behinderte oder von Krankheit bzw. Behinderung Bedrohte, die auf Diät- und Schonkost angewiesen sind und Laufende Hilfe zum Leben vom Sozialamt erhalten, denen steht ein Mehrbedarf in angemessener Höhe zu. Häufig sind es zwischen 30 und 80 Euro. Dies gilt vorwiegend für Diabetiker, Nierenkranke und alle anderen, die aus gesundheitlichen Gründen auf eine teure Ernährung angewiesen sind, um einigermaßen beschwerdefrei zu leben. Der konkrete Mehrbedarf wird vom Arzt festgestellt; außerdem muss der Patient die zusätzlichen Ausgaben für Schonkost dem Sozialamt nachweisen. Bei einigen Krankheiten gibt es feste Ernährungszulagen: für Magen, Darm, Leber, Galle, Bauchspeicheldrüse und Nieren monatlich rund 25 Euro, für Zuckerkranke rund 70 Euro, bei multipler Sklerose, Krebs, HIV-Infektion und Aids 50 Euro.

Wer aus gesundheitlichen Gründen Diät essen muss, bekommt Ernährungszulagen

Mehrbedarf für Gehbehinderte: Sozialhilfeempfängern, die gehbehindert sind (Schwerbehindertenausweis mit Merkzeichen G), stehen 20 Prozent Mehrbedarf zu, falls eine der folgenden Voraussetzungen erfüllt ist: Sie sind mindestens 65 Jahre alt oder Sie sind jünger, aber erwerbsunfähig, können also aufgrund der Behinderung höchstens noch eine geringfügige Beschäftigung ausüben. Der eigentliche Regelsatz von rund 290 Euro wird also um rund 58 Euro im Monat aufgestockt.

TIPP

Besteht Anspruch auf verschiedene Mehrbedarfszuschläge, so können sie addiert werden. Der Höchstbetrag für Mehrbedarf ist 100 Prozent des maßgeblichen Regelsatzes, für Erwachsene also rund 290 Euro pro Monat.

Übrigens: Persönlich bedingter Mehrbedarf kann auch durch eine einmalige Situation eintreten, beispielsweise durch nochmalige Heirat. Dann können Sozialhilfeempfänger weitere Hilfen beantragen. Dazu gehören Zuschüsse für den Kauf von Eheringen, für Festkleidung oder die Ausrichtung der Feier.

Einmalige Leistungen für nicht regelmäßige Anschaffungen und besondere Anlässe

Unerwartete und höhere Ausgaben können mit einmaligen Hilfen bestritten werden

Wem die laufende monatliche Geldleistung unter Umständen vorübergehend nicht reicht, kann zusätzlich eine einmalige Zuwendung beantragen. Damit wird manches finanziert, was über das tägliche Leben hinaus notwendig ist, mitunter auch plötzliche und unerwartete Ausgaben. Beispiele: Bekleidungshilfe, Hausratshilfe, Heizungshilfe, Hilfe für persönliche Bedürfnisse, Notlagenhilfe. Mitunter wird die einmalige Hilfe auch gewährt, wenn man keine Laufende Hilfe zum Lebensunterhalt erhält. „Einmalig" bedeutet nicht, dass die Leistung jedem nur einmal gewährt wird, sondern von Fall zu Fall immer dann gewährt wird, wenn größere Anschaffungen notwendig sind.

Beispiele:

Bekleidungshilfe: Sie umfasst alles, was über geringfügige Anschaffungen (zum Beispiel Taschentücher, Damenstrümpfe) und Reparaturkosten hinausgeht. Jährlich gibt es bis zu 275 Euro für Erwachsene, für Kinder je nach Alter etwas weniger. Bekleidungshilfe erhalten Sie einmalig für jedes Jahr, zahlbar in der Regel halbjährlich bzw. immer nur auf Antrag.

Geld für notwendige Gegenstände des Haushaltes hält die Hausratshilfe bereit

Hausratshilfe: Sie umfasst eine einmalige Hilfe für alle Hausratgegenstände, die für ein menschenwürdiges Dasein nötig sind, wie: Möbel, Betten, Matratzen, Bettwäsche, Tische, Schränke, Lampen, Gardinen, Handtücher, Kochgeräte, Geschirr, Radio, Fernseher, Staubsauger, Nähmaschine, Bügeleisen. Dagegen gelten Tiefkühltruhe und Kaffeemaschine in der Regel als Luxus. Wenn die Möbel unbrauchbar sind, können wieder neue beantragt werden. Das Sozialamt gibt Listenpreise von Hausratgegenständen vor und führt auch eine Hausratsliste mit dem begünstigten Inventar. Beides ist kein Dogma; man kann auch mehr Geld bekommen. Kleinere Gerätschaften bis 20 Euro sind allerdings vom monatlichen Regelbedarf an Sozialhilfe (Laufende Hilfe) zu bestreiten.

TIPP Fernsehgeräte sind unpfändbar, weil sie inzwischen zum täglichen Bedarf gehören, hat der Hessische Verwaltungsgerichtshof entschieden (Az.: 9 TG 1488/92).

Heizungshilfe: Sie umfasst folgende Aufwendungen: Brennstoff für Einzelheizung (zum Beispiel Kohle), Anschaffung eines neuen Heizkörpers (wenn es der Vermieter vom Mieter verlangen kann), Nachzahlungen für Heizkosten (bei jährlicher Abrechnung). Heizungshilfe gibt es einmalig nach den Umständen des Einzelfalles für eine „Heizsaison“. Übrigens: Wer sehr sparsam heizt und deshalb die Heizungshilfe nicht vollständig verbraucht, muss das ersparte Geld nicht ans Sozialamt zurückzahlen, urteilte das Verwaltungsgericht Braunschweig (Az.: 4 A 4032/92).

Hilfe für besondere Anlässe: Sie umfasst folgende Aufwendungen: Kosten für besondere Familienfeste (Hochzeit, Taufe, Einschulung, Konfirmation/Kommunion/Jugendweihe, Silberne und Goldene Hochzeit), Schulsachen, Spielzeug, Klassenfahrten, zudem eine Weihnachtsbeihilfe im Dezember.

Bei der Ausrichtung von Familienjubiläen gibt es bei Bedürftigkeit Hilfe

Notlagenhilfe: Sie umfasst Kosten für Mietschulden, eine Mietkaution, plötzliche hohe Mietvorauszahlungen (siehe unter Wohnungshilfe im nächsten Abschnitt), einen notwendigen Umzug. Auch Energieschulden und Kreditschulden (sofern der Verlust des Eigenheims droht) fallen darunter.

Sonstige einmalige Hilfen: Sie umfasst alle Aufwendungen, die zuvor unter einmaligen Hilfen noch nicht genannt wurden, aber auch eintreffen können.

Hilfe in besonderen Lebenslagen

In besonderen Lebenslagen hilft das Sozialamt, wenn Sie keine Laufende Hilfe zum Lebensunterhalt bekommen, aber plötzlich eine Notsituation meistern müssen, also zum Beispiel die Miete nicht mehr aufbringen können und Ihnen deshalb die Wohnung gekündigt wurde. Dazu zählen solche Grundsituationen wie Hilfe bei Krankheit, Eingliederungshilfe für Behinderte, Hilfe zur Pflege, Hilfe zur Weiterführung des Haushalts, Hilfe zur Überwindung besonderer sozialer Schwierigkeiten und Altenhilfe. Anspruch hat jeder Bedürftige, vom Neugeborenen bis zum Greis. Häufig sind es werdende Mütter, allein lebende oder Alleinerziehende Frauen, kinderreiche Familien, junge Arbeitslose aus einkommensschwachen Familien, Behinderte, Pflegebedürftige, Langzeitarbeitslose und Kleinrentner. Seltener: Obdachlose, Suchtkranke, ehemalige Strafgefangene.

Beispiele:

Hilfe bei Krankheit: Sie umfasst Leistungen für Menschen, die keiner Krankenkasse angehören. Das Sozialamt trägt die notwendigen Kosten für die gesetzliche Krankenversicherung. Dazu gehört auch vorbeugende Gesundheitshilfe, falls die Gesundheit bedroht ist (Vorsorgeuntersuchungen, Früherkennungsmaßnahmen, Erholungskuren). Das Sozialamt zahlt dann Kosten für Unterkunft, Verpflegung, ärztliche Untersuchung und Betreuung, Fahrtkosten, Massage, und sonstige Nebenkosten in Kureinrichtungen. Voraussetzung bei Kuren: Der Amts- oder ein Vertrauensarzt bescheinigt, dass die Kur notwendig ist.

Zudem leistet das Sozialamt Hilfe zur Familienplanung: Es zahlt die Kosten zur Empfängnisverhütung, ärztliche Beratung, Untersuchung und Behandlung, Kosten für Verhütungsmittel (außer Kondome). Voraussetzung: Sie werden ärztlich verordnet. Hinzu kommt Hilfe bei Schwangerschaft oder bei Sterilisation: In Notlagen zahlt das Sozialamt die notwendigen Kosten für ärztliche Beratung, Untersuchung und Behandlung, Arzneien, Heilmittel, Krankenhauspflege bis zum Ende der Behandlung.

Die Empfängnisverhütung gehört zu den Hilfen in besonderen Lebenslagen

Auch eine Hilfe für werdende Mütter und Wöchnerinnen ist möglich: Das Sozialamt zahlt alle Kosten für ärztliche Betreuung, Hebammenhilfe, einen Geldbetrag für die Entbindungskosten. Die Hilfe erstreckt sich bis acht Wochen nach der Geburt, bei Zwillingen oder Drillingen bis zwölf Wochen danach.

Eingliederungshilfe für Behinderte: Sie umfasst Übergangsgeld während der Fortbildung oder Umschulung sowie alle Maßnahmen der gesundheitlichen und sozialen Rehabilitation – von der ärztlichen Behandlung über Hilfsmittel (Rollstuhl) bis zur Unterstützung behindertengerechten Wohnens, Arbeitens, Autofahrens. Anspruch hat jeder, der wesentlich körperlich, geistig oder seelisch behindert ist und von der Sozialversicherung keine oder zu wenig Leistungen zu erwarten hat. Das Sozialamt

Damit Behinderte (wieder) einer angemessenen Tätigkeit nachgehen können, zahlt das Sozialamt die nötigen Reha-Kosten

zahlt alle Kosten für gesundheitliche Rehabilitation und für berufliche Wiedereingliederung (Hilfe zur Beschäftigung in einer Werkstatt für Behinderte), solange die Umstände es erfordern (siehe S. 150 ff.).

TIPP

Soweit es um heilpädagogische Maßnahmen für Kinder, Hilfe zur Schul- oder Berufsausbildung oder um besondere Hilfen (Schulbildung nicht möglich) geht, werden diese Hilfen weitgehend ohne Rücksicht auf Einkommen und Vermögen gewährt, insbesondere dann, wenn die Hilfe in besonderen Einrichtungen erfolgt.

Hilfe zur Pflege: Sie umfasst Hilfe für alle Pflegebedürftigen, bei denen Leistungen aus der gesetzlichen Pflegeversicherung nicht ausreichen und die zugleich finanziell bedürftig sind. Vorrangig geht es darum, die häusliche Pflege fachgerecht sicherzustellen. Anspruch hat jeder, der durch Krankheit oder Behinderung so hilflos ist, dass er nicht ohne Pflege auskommt, also Folgendes nicht mehr allein bewältigen kann: Gehen, Körperpflege, Essen, An- und Ausziehen, Aufstehen und Hinlegen, Notdurft verrichten. Die Höhe der Hilfe zur Pflege ist vom Einzelfall abhängig, zumal Sozialhilfe nur gewährt wird, wenn alle anderen Möglichkeiten wie vorrangige Hilfeleistungen des Staates, gesetzliche Pflegeversicherung, Ersparnisse oder Unterhaltszahlungen zwischen Kindern und Eltern ausgeschöpft sind. Dann gilt: Heimkosten werden voll bezahlt, außerdem gibt es dort ein Taschengeld. Wer als Pflegefall zu Hause wohnt, bekommt quasi als Entschädigung für seine Aufwendungen für eine häusliche Pflegekraft den Differenzbetrag erstattet, falls die Leistungen der Pflegeversicherung nicht ausreichen.

Hilfe zur Weiterführung des Haushalts: Sie umfasst Leistungen des Sozialamts, wenn Sie plötzlich ins Krankenhaus oder zur Erholungskur müssen, der Haushalt in der Zwischenzeit aber nicht vernachlässigt werden kann. Begünstigt sind Ehepartner von Pflegebedürftigen, die selbst dringend Erholung brauchen, aber nicht gesetzlich krankenversichert sind und auch keinen anderen Familienangehörigen vorübergehend die Aufsicht/Pflege übertragen können. Außerdem Menschen, die ihren Haushalt nicht mehr allein bewältigen. Je nach eigenem Einkommen und Vermögen werden bis zu sechs Monate die Kosten für Hauspflege erstattet.

Muss ein Pflegender selbst ins Krankenhaus oder zur Kur, zahlt das Sozialamt Geld für eine Haushaltshilfe

TIPP Wer in einer Krankenkasse abgesichert ist, kann dieselbe Hilfe dort erhalten, und zwar als Haushaltshilfe.

Hilfe zur Überwindung besonderer sozialer Schwierigkeiten: Sie umfasst Leistungen des Sozialamts, die vor allem für Suchtkranke, Obdachlose, entlassene Straftäter und verhaltensgestörte junge Erwachsene in Betracht kommt. Nach den Umständen des Einzelfalles gewährt das Sozialamt Zuschüsse, Darlehen oder Sachleistungen (kein Rechtsanspruch), bis die größte Not vorüber ist.

Altenhilfe: Sie umfasst vordergründig persönliche Hilfe – weniger finanzielle Zuwendung. Beispiel: persönliche Unterstützung, um eine altersgerechte Wohnung zu bekommen. Weitere Hilfen, falls es gewünscht wird: einen geeigneten Heimplatz besorgen, über altersgerechte Dienste informieren, die Teilnahme an geselligen, kulturellen Veranstaltungen ermöglichen, Kontakt zu nahe stehenden Personen halten, Hobbys organisieren. Begünstigt sind Sozialhilfeempfänger ab 65 Jahre (Frührentner auch eher).

Einige Details zur Sozialhilfe für Alleinerziehende: Es sind besondere Zuschüsse oder Leistungen möglich, damit Ihr Kind gegenüber Gleichaltrigen nicht besonders benachteiligt wird. Einige Beispiele:

- Aufwendungen für Spielzeug werden vom Sozialamt übernommen, wenn dies für die persönliche Entwicklung des

Kindes notwendig und sinnvoll ist. Dazu zählen Stofftiere und Bilderbücher (selbstverständlich nur in angemessener Anzahl) oder ein Dreirad.

- Hat Ihr Kind Schwierigkeiten in der Schule, muss das Sozialamt die Kosten für Nachhilfe in der Höhe übernehmen, in der verantwortungsbewusste Eltern sie bezahlen würden, falls das Geld dazu reichen würde. Die Nachhilfestunden müssen allerdings für das Erreichen des Klassenziels notwendig sein. Hilfreich ist es, wenn Sie dem Antrag gleich eine Bestätigung des jeweiligen Lehrers beifügen.
- Die Teilnahme an Schulausflügen, Klassenfahrten und -reisen muss auch Ihrem Kind ermöglicht werden, selbst wenn Ihnen das Geld dazu fehlt. An manchen Schulen gibt es die Möglichkeit, dass betroffene Schüler zu vergünstigten Preisen an entsprechenden Veranstaltungen teilnehmen können. Vom Sozialamt können Sie bei teureren Fahrten bis zu 75 Prozent der Gesamtkosten als Zuschuss erhalten.
- Erstattet werden die Kosten für die Mitgliedschaft Ihres Kindes in einem Verein. Dabei muss es sich aber um einen gemeinnützigen Verein (also zum Beispiel nicht eine private Ballettschule) und eine alterstypische Betätigung handeln. Spielt Ihr Junge zum Beispiel Fußball im Verein, muss das Sozialamt neben den Mitgliedsbeiträgen auch Kosten für (notfalls gebrauchte) Fußballschuhe ersetzen.

TIPP

Sozialhilfe muss grundsätzlich nicht zurückgezahlt werden – auch nicht bei späterem Wohlstand. Allerdings muss vorhandenes Vermögen bis auf bestimmte Freibeträge eingesetzt werden (siehe vorheriger Abschnitt). Unter Umständen müssen jedoch Eltern oder Kinder im Rahmen ihrer Möglichkeiten Unterhalt beisteuern, so lange die Sozialhilfe fließt.

Sozialhilfe brauchen Sie nicht zurückzahlen, auch wenn Sie später nicht mehr bedüftig sind

Die Sozialhilfe für erwerbsfähige Hilfebedürftige wird ab 2005 mit der Arbeitslosenhilfe zusammengelegt (Hartz-IV-Gesetz).

Dabei soll vieles vereinfacht werden. So soll der Regelsatz auf 345 Euro pro Monat festgesetzt werden (Osten: 331 Euro). Das hört sich gut an, beinhaltet aber auch die bisherigen einmaligen Zusatzleistungen, zum Beispiel für Kleidung und Hausrat. Es ist zweifelhaft, dass sich die finanzielle Lage der Betroffenen verbessert (siehe S. 234 ff.).

7 Gesundheit und Risikovorsorge

Hier geht es vor allem um das soziale Netz der Sozialversicherung bei Krankheit und Unfällen. Pflege (siehe S. 150 ff.) und Rente (siehe S. 181 ff.) werden gesondert behandelt.

Gesetzliche Krankenversicherung

Neun von zehn Deutschen sind in einer der zahlreichen Kassen der gesetzlichen Krankenversicherung Mitglied. Der Rest ist privat krankenversichert. Umgangssprachlich sind die Leistungen der gesetzlichen Krankenversicherer so etwas wie Geld vom Staat, zumal die gesetzlichen Kassen staatsähnlich verwaltet werden. Direkt gibt der Staat aber nur Geld dazu, wenn die eingezahlten Beiträge nicht ausreichen. Der Alltag ist eine Sache zwischen Patienten, Versicherern und Arbeitgebern, die für ihre Arbeitnehmer jeweils die Hälfte der nötigen Beiträge bezahlen. Apropos Arbeitgeber: Sie leisten ohnehin eine unschätzbare Hilfe bei Krankheit, die Lohnfortzahlung.

Die gesetzliche Krankenversicherung gewährleistet die medizinische Grundversorgung. Dazu gehören Gesundheitsförderung und Krankheitsverhütung, Früherkennung von Krankheiten (Vorsorge), Krankenbehandlung, Medikamente, Heil- und Hilfsmittel, Krankengeld, Krankenhausbehandlung, Teile der häuslichen Krankenpflege, Bezahlung einer Haushaltshilfe, Kuren und Rehabilitationsmaßnahmen, Empfängnisregelung, Schwangerschaftsbetreuung und Geburt, Reise- und Transportkosten.

Der Beitrag hängt ausschließlich vom Einkommen ab – egal, ob Sie ledig sind oder verheiratet, egal ob Sie Kinder haben oder nicht. Das Bundesarbeitsministerium legt Jahr für Jahr die Gehaltsobergrenze fest, bis zu der Beitrag zu zahlen ist (2004: 3.487,50 Euro brutto im Monat). Verdienen Sie jedoch sehr wenig, so sind Sie von der Sozialversicherungspflicht befreit (2004: bis 400 Euro im Monat).

Sind beide Eltern gesetzlich krankenversichert, können sie wählen, wo Kinder familienversichert sind

Ausnahme: Kinder und Ehepartner ohne Einkommen bzw. mit weniger als 401 Euro Verdienst sind bei Kassenmitgliedern beitragsfrei mitversichert (Familienversicherung). Arbeiten beide Eltern und sind in zwei Krankenkassen Mitglied, dann können Sie wählen, in welcher Kasse Kinder beitragsfrei versichert sein sollen. Ist ein Elternteil privat versichert (PKV) und verdient mehr als der GKV-versicherte Partner sowie mehr als die Versicherungspflichtgrenze (2004: 3.862,50 Euro), muss auch das Kind privat versichert werden und kostet extra Beitrag.

Die gesetzliche Versicherung kennt fast nur Einheitsleistungen – es gibt im Prinzip nur einen Tarif und einen Beitrag. Sie arbeitet meist nach dem so genannten Sachleistungsprinzip: Die Kasse zahlt direkt an den Arzt, das Krankenhaus oder den Apotheker. Als Maßstab gilt das medizinisch Notwendige, das durch die Gesundheitsreformen der letzten Jahre immer mehr zusammengestrichen wurde. So werden Arzneimittel, die nicht verschreibungspflichtig sind, seit 2004 von den Kassen nicht mehr bezahlt. Zugleich stiegen die Eigenbeteiligungen der Patienten (siehe Kasten).

Das steht jedem gesetzlich Krankenversicherten zu

- medizinische Grundbetreuung samt Zahnbehandlung und Impfungen,
- Vorsorgeuntersuchungen nach Altersgruppen,
- kostenlose Versicherung ab siebter Krankheitswoche,
- Krankengeld ab siebter Woche für Mitglieder (bis 31. Dezember 2005; danach wird Zusatzbeitrag in Höhe von 0,5 Prozent des Bruttoeinkommens fällig),
- nahezu volle Kosten für medizinische Behandlungen (außer Krankenhaus).

Darüber hinaus Zuzahlungen nach Verdienst erforderlich:
- Krankenhaus: zehn Euro pro Tag, maximal 280 Euro pro Jahr (Kinder kostenlos),
- Kur: zehn Euro pro Tag, maximal 280 Euro pro Jahr (Kinder kostenlos),
- Praxisgebühr: zehn Euro „Eintrittsgebühr" pro Arzt und Quartal (Ausnahmen: Überweisung durch Hausarzt; Vorsorgeuntersuchungen beim Frauen- und Zahnarzt),
- Medikamente: zehn Prozent (mindestens fünf, höchstens zehn Euro) pro verschriebene Arznei,
- Fahrt zur stationären Behandlung: 13 Euro, Fahrt zu ambulanter Behandlung: 100 Prozent,
- Heilmittel: zehn Prozent sowie zehn Euro pro Verordnung,
- Hilfsmittel: zehn Prozent des Abgabepreises (mindestens fünf, höchstens zehn Euro),
- Zahnersatz: 50 Prozent (bei nachgewiesener regelmäßig Vorsorge – über Bonusheft – 40 oder 35 Prozent); ab 2005 deutlich weniger

- Mutterschaftsgeld bis 13 Euro pro Tag (inzwischen aus Steuermitteln),
- kostenlose Versicherung im Erziehungsurlaub,
- Freistellung Berufstätiger zur Betreuung kranker Kinder bis zwölf Jahre: jedes Elternteil zehn Tage im Jahr; Alleinerziehende 20 Tage,
- verschriebene Arzneimittel und Klinikaufenthalte von Kindern,
- Behandlung auf Krankenschein im Ausland (nur in EU-Ländern und Staaten, mit denen Sozialabkommen besteht).

Auch Kassenpatienten können zum Arzt ihrer Wahl gehen. Seit 2004 kostet das jedoch 10 Euro pro Quartal bei jedem Arzt, Zahnarzt und Psychotherapeuten (außer Schwangerenvorsorge und regelmäßige Zahnkontrolle).

Überweisungen vom Hausarzt sparen Praxisgebühren

Sparen lässt sich die Gebühr für jeden weiteren Arzt, wenn der Hausarzt eine Überweisung ausstellt. Hüten Sie sich jedoch vor einer Behandlung als Privatpatient. Das ist in aller Regel deutlich teurer, als von den Kassen erstattet wird. Die Differenz muss der Patient dann aus eigener Tasche bezahlen.

Wer relativ wenig verdient, aber häufiger krank ist, kann sich teilweise von der Zuzahlung zu den medizinischen Leistungen befreien lassen. Das betrifft vor allem Kassenpatienten, die chronisch krank sind. Sie müssen bis zu ein Prozent der Bruttoeinnahmen selber zahlen. Alle anderen müssen die Kosten bis zu zwei Prozent ihres Brutto-Haushaltseinkommens selber zahlen.

TIPP Als chronisch krank gelten Sie, wenn Sie sich ständig in Behandlung befinden (mindestens einmal pro Quartal wegen derselben Krankheit zum Arzt müssen) und zudem schwer pflegebedürftig sind (Pflegestufe II oder III) oder zu mehr als 60 Prozent erwerbsgemindert sind.

Antrag auf Zuzahlungsbefreiung sollten Berechtigte möglichst am Jahresanfang stellen

Wer unter die Ein-Prozent-Regel fällt, sollte bei seiner Kasse schon zu Jahresbeginn einen Antrag auf Befreiung von weiteren Zuzahlungen stellen. Spätestens bis zum Jahresende muss der Antrag gestellt sein, um die zusätzlichen Kosten (außer Krankenhaus und kieferorthopädische Behandlung) zurückzubekommen. Faustregel:

- Bis zu ein Prozent des Einkommens sind Gesundheitskosten selbst zu bezahlen (jährlicher Freibetrag für Brutto-Einnahmen: 4.347 Euro für den ersten Angehörigen im Haushalt sowie jeweils 2.898 Euro für jeden weiteren Angehörigen).
- Für jedes Kind sind die Brutto-Einnahmen um 1.824 Euro zu kürzen (Kinderfreibetrag) und für jedes betreute bzw. in Ausbildung befindliche Kind um weitere 1.080 Euro. Damit sinkt die maximale Zuzahlung entsprechend.

Bei Fragen hilft die Aufsichtsbehörde der meisten Krankenkassen, das Bundesversicherungsamt (Adresse im Anhang), aber auch unabhängige Patientenbeauftragte der Bundesregierung.

TIPP Zwischen den Krankenkassen gibt es Beitragsdifferenzen von bis zu drei Prozentpunkten. Vergleichen Sie! Manchmal kann es lohnenswert sein, von einer gesetzlichen Kasse in eine andere zu wechseln. Kündigungsregel: Jeder kann mit einer Frist von zwei Monaten wechseln und ist an diese Wahl mindestens 18 Monate gebunden. Bei Beitragserhöhung ist auch ein schnellerer Wechsel möglich: Nach In-Kraft-Treten der Erhöhung können Sie Ihre Mitgliedschaft kündigen und sind nach Ablauf von zwei Monaten bei Ihrer neuen Krankenkasse versichert.

Ruheständler sind in der Krankenversicherung der Rentner weiter gesetzlich krankenversichert

Übrigens: Wer im Berufsleben gesetzlich krankenversichert war, kommt automatisch in die Krankenversicherung der Rentner (KVdR). Waren Sie mindestens 90 Prozent der zweiten Hälfte Ihres individuellen Erwerbslebens (das vom erstmaligen Arbeitstag im Leben bis zum Rentenbeginn zählt) Pflichtmitglied in einer Krankenkasse, so werden Sie auch in der KVdR Pflichtmitglied. Dasselbe gilt für kostenlos Mitversicherte, wenn das Kassenmitglied die Voraussetzungen erfüllt. Dann wird die Familienversicherung von der KVdR abgelöst; Beitrag muss der Mitversicherte weiterhin nicht zahlen.

KVdR-Mitglieder zahlen in etwa gleicher Weise wie als Arbeitnehmer Beitrag – die andere Hälfte steuert allerdings der Rentenversicherungsträger bei. Der führt auch den gesamten Beitrag automatisch an Ihre Krankenkasse ab.

TIPP

Grundsätzlich entscheidet Ihre letzte Krankenkasse über die Mitgliedschaft in der KVdR. Ratsuchende sollten sich dorthin wenden.

Familienversicherung: Innerhalb der Familie können auch geringfügig Beschäftigte, Kinder und Erwerbslose (Hausfrau) kostenlos mitversichert werden (Familienversicherung), solange der Verdiener Mitglied der gesetzlichen Krankenkasse ist. Einer zahlt also für alle; auch die Kinder kommen zum Nulltarif unter, vom Neugeborenen bis mindestens zum 18. Geburtstag. Später nur noch bis 23 (falls sie immer noch nicht erwerbstätig sind), bis

25 (falls sie noch in der Ausbildung sind), ohne Altersbegrenzung (falls sie behindert und außerstande sind, selbst für sich zu sorgen). Verliert der Beitragszahler der Familienversicherung seine Arbeit, ist er automatisch über die Arbeitsagentur krankenversichert. Seine Familie bleibt weiterhin kostenlos mitversichert.

Krankengeld: Die Krankenkassen zahlen ihren Mitgliedern (aber nicht den Familienversicherten) Krankengeld in Höhe von 70 Prozent des Bruttolohns oder -gehalts, höchstens aber 90 Prozent des Nettogehalts. Das sind 2004 pro Kalendertag maximal netto 65 Euro. Der Krankenversicherungsschutz läuft in dieser Zeit beitragsfrei weiter, im Gegensatz zur privaten Krankenversicherung. Das Geld von der Krankenkasse fließt ab 7. Krankheitswoche (bei längerer Lohnfortzahlung entsprechend später) und endet spätestens nach 78 Wochen Krankheit. Wer dann immer noch krank ist, sollte Erwerbsminderungsrente beantragen (siehe S. 181 ff.).

Das Krankengeld als Versicherungsleistung in bisheriger Form gibt es nur noch bis 31. Dezember 2005. Danach muss es vom Kassenmitglied extra versichert werden – entweder über die Kasse (kostet 0,5 Prozent Beitrag extra) oder privat (siehe S. 234 ff.).

Ab 2006 müssen Krankenversicherte das Krankengeld selbst finanzieren

Kinderpflege-Krankengeld: Wenn Sie berufstätig sind und Ihr Kind wird krank, dann haben Sie Anspruch auf bezahlte Freistellung von der Arbeit, um den kleinen Patienten selbst pflegen zu können. Zu den Einzelheiten siehe unter Kinderpflege-Krankengeld, S. 28 f.

Haushaltshilfe: Mütter und Väter können bei schwerer Krankheit, Kur oder Krankenhausaufenthalt Anspruch auf eine Haushaltshilfe haben. Zu den Einzelheiten siehe S. 29.

Kuren und Rehabilitation: Bei einer bewilligten stationären Vorsorge- oder Rehabilitationskur trägt die Krankenkasse die Kosten für alle medizinischen Maßnahmen, Unterkunft und Verpflegung. Als Versicherter müssen Sie lediglich eine Eigenleistung von zehn Euro pro Tag (pro Kalenderjahr höchstens für 28 Tage) erbringen (Kinder bis 18 kostenlos). Pro Kurwoche müssen Patienten sich zwei Urlaubstage anrechnen lassen.

Sterbegeld: Sterbegeld gibt es für Angehörige von GKV-Mitgliedern seit 2004 nicht mehr (weitere Streichungen siehe Tabelle). Nach tödlichem Arbeitsunfall oder Berufskrankheit zahlt immerhin die gesetzliche Unfallversicherung ein Sterbegeld (siehe Abschnitt „Gesetzliche Unfallversicherung").

Hier zahlt die GKV 2004 gar nicht mehr

- Brillen und Sehhilfen (außer bei Kindern und Brillengläsern für sehr Sehschwache, die ansonsten weder lesen noch Auto fahren können)
- Kontaktlinsen (außer in medizinisch zwingend erforderlichen Ausnahmefällen – § 33 Absatz 3 SGB V)
- Sterilisation (außer durch Krankheit erforderlich)
- Arzneimittel zur Erhöhung der Lebensqualität, darunter:
  - gegen Erektionsstörungen,
  - zur Steigerung der Potenz,
  - zur Raucher-Entwöhnung,
  - zur Abmagerung oder Zügelung des Appetits,
  - zur Regulierung des Körpergewichts,
  - zur Verbesserung des Haarwuchses.
- Entbindungsgeld (für Hausfrauen und Studentinnen)
- Sterbegeld

TIPP

Der Ratgeber „Patiententipps für den Arztbesuch" informiert Sie drüber, wie Sie einen guten Arzt finden, welche Kosten auf Sie zukommen und welche Rechte Sie als Patient haben. Den Ratgeber gibt es für 7,80 Euro bei allen Verbraucherzentralen. Zur aktuellen Rechtslage informiert auch der Ratgeber „ABC der

Die Verbraucherzentralen informieren neutral über neue Regelungen

gesetzlichen Krankenversicherung". Den gibt es für 9,80 Euro bei den Verbraucherzentralen.

Zuschüsse von der Krankenkasse

Mitunter zahlt die Krankenkasse auch einen Zuschuss zu den Behandlungskosten, um die Eigenverantwortung der Mitglieder zu belohnen. Bekanntestes Beispiel: Die jährliche Vorsorgeuntersuchung beim Zahnarzt wird durch einen Stempel im Bonusheft nachgewiesen. Folge: Wer später doch Zahnersatz braucht, muss dafür 10 Prozent weniger als alle anderen aus eigener Tasche bezahlen.

Ähnlich ist es mit anderen Vorsorgeuntersuchungen. Vorbeugen ist schließlich besser als heilen. Daher leisten die Krankenkassen Zuschüsse zur Früherkennung von Krankheiten. Allerdings wird nicht jede Untersuchung in jedem Alter bezahlt, sondern nur noch Vorsorge- und Früherkennungsuntersuchungen bei

- Schwangerschaft,
- Kindern,
- Krebs, jährlich für Frauen ab 20 und Männer ab 45,
- dazu alle zwei Jahre der Gesundheits-Check-up ab 35,
- zahnmedizinische Prophylaxe und
- Schutzimpfungen, wenn sie gesetzlich vorgeschrieben oder empfohlen sind, z. B. gegen Diphtherie, Tetanus, Tuberkulose, Wundstarrkrampf, Kinderlähmung, Tollwut, Virus-Hepatitis und Zecken.

Zusätzliche Maßnahmen kann jede Kasse per Satzung beschließen, wird dafür aber Extrabeitrag verlangen.

Auch wenn die Satzungsregelungen der Krankenkassen auf die empfohlenen Schutzimpfungen Bezug nehmen, können Sie nicht generell von einer automatischen Übernahme der Kosten für alle darin empfohlenen Schutzimpfungen ausgehen.

Bonustarife: Seit 2004 dürfen Krankenkassen ihren Versicherten einen Bonus anbieten, wenn sie sich für ihre Gesundheit engagieren und die Leistungen des Gesundheitssystems nutzen. Dies ist möglich für regelmäßige Teilnahme an

- Vorsorge- und Früherkennungsuntersuchungen,
- einem Programm für chronisch Kranke,
- am neuen Hausarztsystem oder
- an einer integrierten Versorgung.

Jede Krankenkasse kann über die Ausgestaltung der Bonustarife individuell entscheiden. Ein Bonus kann zum Beispiel darin bestehen, dass Ermäßigungen bei Zuzahlungen und Praxisgebühren gewährt oder Sachprämien vergeben werden. Möglich ist auch eine Beitragssatz-Ermäßigung. Belohnt wird auch gesunde Lebensweise – nachzuweisen durch Mitgliedschaft in Sportvereinen oder regelmäßige Saunabesuche.

Bei stationärer Rehabilitation werden die Kosten voll übernommen; der Patient zahlt pro Tag 10 Euro – unbegrenzt – hinzu.

TIPP

Einige Krankenkassen bieten Zusatzleistungen an

Im Grunde ist die Leistung durch gesetzliche Krankenkassen immer noch zu 96 Prozent gleich (gesetzlich so verordnet). Darüber hinaus bieten einige Kassen Zusatzleistungen an, die in der jeweiligen Satzung festgeschrieben sind. Dazu gehören:

- Bei Mütterkuren und Mutter-Kind-Kuren werden bessere Leistungen geboten.
- Wird ein Krankenhausaufenthalt vermieden, zahlen einige Kassen häusliche Krankenpflege und hauswirtschaftliche Versorgung.
- Einige Kassen bieten erweiterte Leistungen zur Rehabilitation, etwa Förderung von Rehabilitationssport.

Hinzu kommen Leistungs-Extras außerhalb der Schulmedizin. Alternative Behandlungsmethoden müssen zwar grundsätzlich nicht erstattet werden. Allerdings zahlen einige Kassen freiwillig unter Beachtung des Gebotes der Wirtschaftlichkeit spezielle Therapien (siehe Tabelle).

Zusatz-Leistungen ausgewählter Krankenkassen

Kasse	Chiro-therapie	Phyto-therapie	Homöo-therapie	Krebs-therapie[1]	Aku-punktur
AOK Baden-Württemberg	+	+	+	+	+
AOK Bayern	+	+	+	+	+
AOK Niedersachsen	+	+	+	–	+
Barmer	+	+	+	+	+
BKK Bauknecht	+	–	*	*	+
BKK Verkehrsbau	+	+	+	+	+
DAK	+	+	+	+	+
Gmünder	+	*	–	–	+
Kaufmännische	+	+	+	–	+
Techniker	+	+	+	+	+

1 alternative Krebstherapie (z. B. Misteltherapie)
+ generelle Übernahme; – keine Übernahme; * Übernahme im Einzelfall
Chirotherapie: Behandlung der Wirbelsäule und Gelenke durch Handgriffe
Phytotherapie: Anwendung von Arzneipflanzen und -inhaltsstoffen
Homöopathie: Behandlung mit schwachen Dosierungen von Naturstoffen

Quelle: www.billigekrankenkassen.de; Stand: Januar 2004

Private Krankenversicherung

Die private Krankenversicherung (PKV) gibt es als Vollversicherung mit derzeit rund acht Millionen Kunden. Der Zugang ist streng begrenzt: Lediglich Selbstständige, Beamte, Studenten und Freiberufler können sich immer privat voll versichern. Arbeitnehmer haben die Wahl nur, wenn ihr Verdienst 2004

Der Zugang zur privaten Vollversicherung ist streng begrenzt über 3.862,50 Euro brutto klettert. Da es sich um rein private Unternehmen handelt, gibt es auch an keiner Stelle Geld vom Staat.

Bei den meisten Tarifen kann durch Selbstbeteiligung kräftig Beitrag gespart werden. Am besten kommt, wer die Selbstbeteiligung in der ambulanten Behandlung prozentual beschränkt (etwa auf 20 Prozent) und dabei eine Obergrenze vereinbart (etwa 350 Euro). Nach Berechnung der Stiftung Warentest liegt die optimale Selbstbeteiligung (SB) für Arbeitnehmer etwa bei monatlich 25 Euro, für Selbstständige bei 50 Euro.

Arbeitnehmer müssen bei der Selbstbeteiligung doppelt aufpassen. Denn bei einem Tarif ohne SB beteiligt sich der Arbeitgeber immer zur Hälfte, während er sich bei einem SB-Tarif bis zu 500 Euro im Jahr beteiligen kann, es aber nicht ausdrücklich muss. Deshalb vor Vertragsabschluss in der Firma nachfragen.

Zu privaten Krankenversicherungen ohne Selbstbeteiligung schießt der Arbeitgeber die Hälfte dazu

Zunehmend nutzen auch Kassenpatienten die Möglichkeit, private Zusatzversicherungen abzuschließen. Gute Tipps bietet das Buch „Die private Krankenversicherung" (kostet 9,20 Euro). Es ist bei den Verbraucherzentralen zu bekommen.

Als privat Versicherter müssen Sie nicht den gesamten Standard wie in der gesetzlichen Krankenkasse einkaufen, sondern können sich Ihre Absicherung ganz individuell zusammenstellen. Achten Sie darauf, dass unverzichtbare Leistungen per Kleingedrucktes nicht in den ersten Jahren auf Höchstbeträge beschränkt sind.

Gesetzliche Unfallversicherung

Die gesetzliche Unfallversicherung als Zweig der Sozialversicherung federt das Risiko von Unfällen während der Arbeit und auf den Wegen zur und von der Arbeitsstelle sowie die Folgen von

Berufskrankheiten finanziell ab. Geschützt ist jeder Beschäftigte in einem Ausbildungs- und Arbeitsverhältnis.

TIPP

Den Beitrag muss der Arbeitgeber ganz allein bezahlen. Der Schutz hängt nicht davon ab, ob es sich um eine ständige oder vorübergehende Arbeit handelt. Auch die Dauer spielt keine Rolle: Die gesetzliche Unfallversicherung kennt keine Wartezeiten.

Gezahlt wird für die medizinische Versorgung, wenn nötig für eine berufliche Wiedereingliederung und Lohnersatzleistungen während der Rehabilitation. Wenn ein Verletzter oder Erkrankter dauerhaft gesundheitlich beeinträchtigt ist, erhält er eine – geringe – Unfallrente. Deren Höhe entspricht dem Grad, um den die Erwerbsfähigkeit gemindert ist. Gezahlt wird aber erst ab 20 Prozent Erwerbsminderung aufwärts.

Träger sind gewerbliche und landwirtschaftliche Berufsgenossenschaften sowie die Unfallversicherungsträger der öffentlichen Hand. Versichert sind jedoch nicht nur Arbeitnehmer (siehe Kasten).

Wer ist gesetzlich unfallversichert?

- Arbeitnehmer und Auszubildende,
- Landwirte,
- Kinder, die Kindertagesstätten besuchen,
- Schüler und Studenten,
- Helfer bei Unglücksfällen,
- Zivil- und Katastrophenschutzhelfer,
- Blut- und Organspender,
- Menschen beim Ausüben eines Ehrenamtes,
- Menschen bei regelmäßiger Nachbarschaftshilfe,
- Haushaltshilfen,
- Betriebsfeiern, die der Arbeitgeber organisiert oder billigt
- Bauhelfer bei öffentlich gefördertem Wohnungsbau.

TIPP

Unternehmer, Selbstständige und Freiberufler können sich und ihre mitarbeitenden Ehefrauen freiwillig gesetzlich gegen Arbeitsunfälle versichern, sofern sie nicht schon pflichtversichert sind. Nicht gesetzlich unfallversichert sind Hausfrauen, Kinder, die keine Tagesstätte besuchen, und Rentner.

Unternehmer können sich freiwillig gesetzlich gegen Arbeitsunfälle und Berufskrankheiten absichern

Übrigens: Arbeitgeber, Kindertagesstätten und Bildungsstätten sind verpflichtet, Arbeitsunfälle an den zuständigen Unfallversicherungsträger zu melden. Die Leistungen im Einzelnen:

Behandlungskosten: Die gesetzliche Unfallversicherung trägt alle Kosten für die Heilbehandlung. Der Patient muss keinen einzigen Cent Zuzahlung leisten.

Geldleistungen

Arbeitnehmer, die wegen eines Arbeits- oder Wegeunfalls nach den sechs Wochen Lohnfortzahlung immer noch nicht wieder arbeiten können, erhalten ab der siebten Woche kein Krankengeld von der Krankenkasse, sondern in gleicher Höhe ein so genanntes Verletztengeld von ihrer Berufsgenossenschaft. Je nachdem, wie sich der Zustand danach verändert, verändern sich die Summen:

Verletztengeld zahlt die Berufsgenossenschaft höchstens bis zum Ende der 78. Krankheitswoche. Ist vorher eine berufliche Rehabilitation möglich (Teilhabe am Arbeitsleben), endet die Zahlung von Verletztengeld mit Beginn der Rehabilitation (§ 45 SGB VII). Höhe: 80 Prozent des letzten monatlichen Bruttogehalts. Es soll während der medizinischen Rehabilitation den finanziellen Ausfall ausgleichen. Übrigens: Verletztengeld ist steuerfrei. Es wird aber bei der Ermittlung des individuellen Steuersatzes

Verletztengeld muss jeder Steuererklärung angegeben werden

berücksichtigt und muss in der Einkommensteuererklärung angegeben werden.

Übergangsgeld: Nimmt der Verletzte an einer Maßnahme zur beruflichen Rehabilitation teil, etwa eine Umschulung, erhält er in dieser Zeit Übergangsgeld. Höhe: 68 Prozent vom Verletztengeld, mit Kind oder erwerbsunfähigem Ehepartner 75 Prozent (§ 46 SGB IX).

Übrigens: Bei Arbeitslosigkeit im Anschluss an die Berufsförderung ist das Übergangsgeld so hoch wie Ihr Arbeitslosengeld oder Ihre Arbeitslosenhilfe. Übergangsgeld soll in der Regel nicht länger als zwei Jahre gezahlt werden. Wird neben Übergangsgeld noch anderes Einkommen erzielt, so muss man sich das zumeist anrechnen lassen. Folge: Sie erhalten weniger Übergangsgeld. Beispiele: Mutterschafts-, Arbeitslosen- oder Kurzarbeitergeld.

Verletztenrente (Unfallrente) wird dann gezahlt, wenn nach Abschluss aller Rehabilitationsversuche trotzdem ein Schaden bleibt, der die Erwerbsfähigkeit um mindestens 20 Prozent vermindert. Frühestens wird ab der 27. Krankheitswoche gezahlt – statt Verletztengeld oder Übergangsgeld. Gerechnet wird so: Ist der Betreffende zu 100 Prozent erwerbsunfähig, erhält er zwei Drittel seines letzten Jahresbruttoverdienstes als Verletztenrente (§ 56 SGB VII).

Beispiel: Wer wie der Durchschnitt rund 27.000 Euro Brutto-Jahreseinkommen bezieht, würde bei 100 Prozent Erwerbsunfähigkeit 17.982 Euro Rente im Jahr erhalten (= 1.498,50 Euro pro Monat). Bei 20 Prozent Erwerbsminderung gäbe es nur 20 Prozent der 17.982 Euro, also 3.596,40 Euro im Jahr (= 299,70 Euro pro Monat). Unter 20 Prozent gibt es gar nichts. Schwerbehinderte kommen jeweils auf zehn Prozent höhere Verletztenrente (§ 57 SGB VII).

Die Berufsgenossenschaften zahlen die Rente auch ins Ausland. Außerdem wird sie jährlich zum 1. Juli entsprechend der Regelungen in der gesetzlichen Rentenversicherung angepasst.

Verletztenrente wird auch an Berechtigte ins Ausland gezahlt

Unter bestimmten Voraussetzungen können Renten als einmalige Abfindung gezahlt werden. Möglich ist das, wenn die Schädigung unter 40 Prozent liegt und die Rentenzahlung voraussichtlich nur eine bestimmte Zeit dauern wird (§ 76 SGB VII). Bei Unfallopfern, die 40 Prozent und mehr in ihrer Erwerbstätigkeit beeinträchtigt und die mindestens 18 Jahre alt sind, kann auf Antrag die halbe Rente für einen Zeitraum von zehn Jahren ausgezahlt werden. Höhe der Abfindung: das Neunfache der Jahresrente.

Pflegegeld: Neben der Verletztenrente gibt es auch Pflegeleistungen bzw. Pflegegeld (siehe S. 150 ff.).

Sterbegeld: Bei Todesfällen durch Arbeitsunfälle oder Berufskrankheiten erhalten die Hinterbliebenen Sterbegeld. Höhe: ein Siebtel der Bezugsgröße (Durchschnittsentgelt aller Berufstätigen) in der Sozialversicherung für das jeweilige Jahr. Das bedeutet für 2004 ein Sterbegeld in Höhe von 4.140 Euro im Westen der Republik bzw. 3.480 Euro im Osten.

Entstehen Überführungskosten, zum Beispiel bei Wegeunfällen außerhalb des Wohnortes, werden auch die übernommen.

TIPP

Mitunter zahlen Gewerkschaften Sterbegeld für Mitglieder, darunter die IG Bau, Steine, Erden sowie die Christliche Gewerkschaft Bergbau, Chemie + Energie.

Witwenrente: In den ersten drei Monaten nach dem Unfalltod gibt es 66,6 Prozent des letzten Bruttoverdienstes des Verstorbenen (§ 65 SGB VII). Danach zahlt die zuständige Berufsgenossenschaft monatliche Witwenrente in Höhe von 30 Prozent des letzten Bruttoverdienstes. Die Witwenrente steigt auf 40 Prozent, wenn Sie als Hinterbliebener

- mindestes 45 Jahre alt sind oder
- selbst berufs- bzw. erwerbsunfähig sind oder
- mindestens ein Kind unter 18 Jahren erziehen (bei behinderten Kindern auch über dieses Alter hinaus).

Falls Sie jünger als 45 sind und zum Zeitpunkt des Todes kein Kind hatten, gilt: Die Witwenrente ist auf zwei Jahre begrenzt.

Die Rente gibt es zusätzlich zu etwaiger Witwenrente aus der gesetzlichen Rentenversicherung. Erst wenn beide Renten zusammen 80 Prozent des Jahresarbeitsverdienstes des Verstorbenen übersteigen, werden sie gekürzt.

TIPP

Auch ein Ex-Ehepartner kann Anspruch auf Witwenrente anmelden, falls er bis zum Tod vom Verstorbenen Unterhalt bezogen hat (§ 66 SGB VII). Gibt es mehrere Anspruchsberechtigte, wird geteilt. Jeder erhält entsprechend der Dauer seiner Ehe mit dem Verstorbenen Witwenrente.

Waisen, die eigenes Einkommen haben, erhalten oft gekürzte Rente

Waisenrente: Jedes Kind erhält 20 Prozent vom letzten Bruttoeinkommen des Verstorbenen von der Berufsgenossenschaft (Halbwaisenrente) bzw. 30 Prozent (Vollwaisenrente). Dauer: bis zum 18. Geburtstag, bei andauernder Ausbildung, Wehr- oder Zivildienst, freiwilligem sozialem Jahr oder Behinderung bis 27 (§ 67 SGB VII). Bis 18 fließt die Summe in voller Höhe, danach wird eigenes Einkommen der Waise angerechnet (§ 68 Absatz SGB VII). Bis zum Nettoeinkommen von rund 445 Euro bleibt die Waisenrente voll erhalten. Jeder Betrag darüber hinaus wird zu 40 Prozent auf die Waisenrente angerechnet.

Beispiel: Falls eine Waise bislang 170 Euro Waisenrente erhielt, nun mit 18 Jahren aber 500 Euro Ausbildungsvergütung netto bekommt, so wird das Lehrlingsentgelt auf die Waisenrente angerechnet: volle Waisenrente (= 170) minus 40 Prozent des zu hohen Einkommens (500 – 445) von 55 Euro (= 22 Euro) ergibt die neue Waisenrente (= 148 Euro).

TIPP

Waisenrente aus der gesetzlichen Unfallversicherung gibt es zusätzlich zu etwaiger Waisenrente aus der gesetzlichen Rentenversicherung. Erst wenn beide Renten 80 Prozent des Jahresarbeitsverdienstes des Verstorbenen übersteigen, werden sie gekürzt (§ 70 SGB VII).

Beihilfe: Zusätzlich zur Rente können Witwen eine einmalige Beihilfe beantragen. Voraussetzungen (nach § 71 SGB VII):

- der Verstorbene war durch Arbeitsunfall oder Berufskrankheit zumindestens 50 Prozent in seiner Erwerbsfähigkeit gemindert, oder
- er starb nicht an den Folgen des Unfalls, sondern erst später, so dass kein Anspruch auf Witwenrente besteht.

In diesen Fällen lohnt der Antrag auf einmalige Hinterbliebenenbeihilfe bei der Berufsgenossenschaft. Sie macht 40 Prozent des Jahresarbeitsverdienstes des Verstorbenen aus. Unter Umständen können auch Vollwaisen mit dieser Beihilfe rechnen. Voraussetzung: wie bei Witwen. Darüber hinaus muss die Waise noch im Haushalt des Verstorbenen gelebt und überwiegend von ihm Unterhalt bekommen haben.

Neben Behandlungskosten und Geldleistungen bietet die gesetzliche Unfallversicherung noch mehr:

Leistungen zur Teilhabe am Leben in der Gemeinschaft: Dann gibt es insbesondere Kraftfahrzeug- und Wohnungshilfe, Haushaltshilfe, psychosoziale Betreuung und Förderung durch Rehabilitationssport. Diese Hilfen werden gleichwertig neben der Heilbehandlung und Leistungen zur Teilhabe am Arbeitsleben erbracht. Voraussetzung: Sie haben schwere Verletzungsfolgen zu tragen und benötigen daher diese zusätzlichen Hilfen.

Rehabilitation: Nach dem Grundsatz „Rehabilitation vor Rente" investiert die Berufsgenossenschaft außer in die beschriebenen Geldleistungen auch in Maßnahmen, die der gesundheitlichen Wiederherstellung dienen (medizinische Rehabilitation), berufliche Wiedereingliederung fördern (berufliche Rehabilitation) und Hilfe bei der Bewältigung des Alltags fördern (soziale Rehabilitation oder neuerdings auch „Teilhabe am Leben in der Gemeinschaft" genannt).

Die Details bei den Leistungen (§§ 39 – 43 SGB VII) sind identisch mit denen der Krankenkasse, Rentenversicherung, Pflegeversicherung, des Arbeitsamtes oder des Sozialamtes. Seit 1. Juli 2001 sind die Regelungen zur Rehabilitation in einem eigenen Sozialgesetzbuch zusammengefasst (SGB IX). Einige Leistungen sind sogar hinzugekommen, vor allem bei der medizinischen Rehabilitation sowie der beruflichen Rehabilitation (Teilhabe am Arbeitsleben genannt). Eine ausführliche Übersicht finden Sie im S. 150 ff. (Abschnitt „Medizinische, berufliche und soziale Rehabilitation").

Übrigens: Es spielt keine Rolle, wie lange Sie medizinische Leistungen in Anspruch nehmen müssen: Die Unfallversicherung ist verpflichtet, die Kosten bis zum Abschluss der Behandlung zu übernehmen. Als Unfallopfer haben Sie den Vorteil, dass Sie sich nicht an den Kosten Ihrer medizinischen Behandlung beteiligen müssen. Wer an einem Arbeitsunfall schuld ist, spielt keine Rolle. Die gesetzliche Unfallversicherung erbringt ihre Leistungen in jedem Fall.

TIPP

Die gleichen Leistungen wie bei Arbeits- und Wegeunfällen gibt es auch bei Berufskrankheiten. Voraussetzung: Die Krankheit muss als **Berufskrankheit** anerkannt sein. Bisher gilt das nur für knapp 70 Krankheiten. Am häufigsten sind Hautkrankheiten (33

Prozent), Lärmschwerhörigkeit (26 Prozent) sowie Erkrankungen durch Asbest (13 Prozent). Wird Ihre Krankheit als berufsbedingt anerkannt – das klappt bei etwa einem Drittel der Fälle –, können Sie alle genannten Leistungen der gesetzlichen Unfallversicherung in Anspruch nehmen.

Knapp 70 Krankheiten sind als Berufskrankheit anerkannt

8 Pflege, Rehabilitation und Behinderung

Je nachdem, bei welcher Gelegenheit und in welchem Alter man Pflege braucht oder zum Invaliden wird, gibt es Geld vom Staat. Passiert das Malheur während der Berufstätigkeit, auf dem Arbeitsweg oder in Folge einer anerkannten Berufskrankheit, zahlt die Berufsgenossenschaft (siehe S. 112 ff.). Sie können aber auch Invalidenrente bei Ihrem Rentenversicherungsträger beantragen, falls Sie vor dem Unfall mindestens fünf Jahre in die Rentenversicherung Beitrag eingezahlt hatten. Dann ist es egal, wann und wo das Missgeschick passiert ist. Allerdings sind die Leistungen auf Erwerbsminderungsrente 2002 zusammengestrichen worden (siehe S. 181 ff.).

Gesetzliche Pflegeversicherung

Einzahler in die Pflegeversicherung sind werktätige, Nutznießer alle

Seit 1995 gibt es die Pflegeversicherung als fünften Bereich der Sozialversicherung. Jeder, der eigenes Einkommen hat, muss einzahlen; jeder Pflegebedürftige ist Nutznießer. Wer gesetzlich krankenversichert ist, ist in der Regel auch automatisch pflegeversichert. Jede Krankenkasse hat dazu eine eigene Pflegekasse gegründet (privat Krankenversicherte werden zu gleichen Konditionen privat abgesichert in der so genannten Pflege-Pflichtversicherung).

Die Pflege-Einzahlung kostet jeden Monat für Frauen und Männer einheitlich 1,7 Prozent des Bruttoeinkommens. Rentner zahlen den vollen Satz (ab 1. April 2004), Arbeitnehmer die Hälfte, Leute ohne Einkommen bzw. mit maximal 340 Euro Monatseinkommen nichts. Als monatlicher Höchstbeitrag gilt die aktuelle Beitragsbemessungsgrenze für die Krankenversicherung (2004: 3.487,50 Euro brutto im Monat). Für diesen derzeit noch niedrigen Beitrag haben die Versicherten einen Rechtsanspruch auf zahlreiche Leistungen, falls sie zum Pflegefall werden. Hier die wichtigsten finanziellen Leistungen und andere Hilfen:

Häusliche Pflege: Von den rund zwei Millionen Pflegebedürftigen werden 1,37 Millionen zu Hause versorgt. Sie erhalten Hilfe durch eine ambulante Pflegeeinrichtung, mit der ihre Kasse einen Versorgungsvertrag abgeschlossen hat (Sachleistung). Je nach Bedürftigkeit zahlt die Pflegekasse dafür bis zu 384, 921 oder 1.432 Euro im Monat (siehe Tabelle). Falls Angehörige oder Nachbarn selbst die Pflege ausüben, gibt es alternativ je nach Bedürftigkeit nur 205, 410 oder 665 Euro im Monat (Pflegegeld).

TIPP

Pflegegeld muss im Voraus ausgezahlt werden, also zu Monatsbeginn, entschied das Bundessozialgericht (Az.: 3/1 RK 56/93). Falls damit der Bedarf nicht gedeckt ist, springt zusätzlich das Sozialamt ein (abhängig von Einkommen und Vermögen).

Auf Pflegegeld haben Sie im Voraus Anspruch

Leistungen der gesetzlichen Pflegeversicherung

Leistungen		Pflegestufe		
		I (1,5 h/Tag)	II (3 h/Tag)	III (5 h/Tag)
häusliche Pflege	Sachleistung[1] Pflegegeld[2]	384 205	921 410	1.432[3] 665
Pflege-Vertretung	Aufwendungen			
■ durch Angehörige	bis zu 4 Wochen	205[4]	410[4]	665[4]
■ durch Sonstige	pro Jahr	1.432	1.432	1.432
Kurzzeit-Pflege	Aufwendung p. a.	1.432	1.432	1.432
Teilstationäre Tages- und Nachtpflege	Aufwendung pro Monat	384	921	1.432
Zusatz für Alters-Verwirrte	pro Jahr	bis 460	bis 460	bis 460

Leistungen		Pflegestufe		
		I (1,5 h/Tag)	II (3 h/Tag)	III (5 h/Tag)
vollstationäre Pflege	pauschal monatl.	1.023	1.279	1.432
vollstationäre Einrichtung der Behindertenhilfe	Aufwendung pro Monat	10 Prozent des Heimentgelts, maximal 256		

1 für Pflege-Fachkraft, 2 für Angehörige, 3 im Härtefall bis 1.918 Euro,
4 auf Nachweis bis zu 1.432 Euro für notwendige Aufwendungen
alle Angaben in Euro pro Monat

Warnung: Letztlich entscheidet immer der Medizinische Dienst der Krankenversicherung (MDK) darüber, wie sehr jemand pflegebedürftig ist.

Tipp: Bei Ablehnung können Sie widersprechen: schriftlich innerhalb eines Monats mit Begründung an die Pflegekasse. Wichtig: Die Richtlinien der Krankenkassen zur Beurteilung von Pflegebedürftigkeit sind zu pauschal und ungenau, sagt das Bundessozialgericht und gibt den Sozialgerichten auf, im Streitfall jeden Einzelfall selbst zu prüfen (Az.: 3 RK 7/94).

Wird die gewünschte Pflegestufe abgelehnt, können Sie widersprechen

Auch eine Kombination aus Sach- und Geldleistung ist bei der häuslichen Pflege möglich. Dann wird nicht nur ein erheblicher Teil der Pflegearbeit von Fachpersonal geleistet, sondern für den anderen Teil gibt es noch Bargeld für die Angehörigen und weitere Vergünstigungen für die Pflegebedürftigen (siehe Kasten).

Vergünstigungen für Pflegebedürftige

- Zuschuss zum Umbau der Wohnung bis 2.557 Euro je Maßnahme (etwa Rampe für Rollstuhl, Türverbreiterung oder Umbau der Badewanne),

- technische Hilfsmittel wie Pflegebett, Rollstuhl (vorrangig zur Ausleihe; ansonsten zehn Prozent Eigenleistung bei Erwachsenen, höchstens jedoch 31 Euro pro Monat),
- zusätzliche Bezahlung von bis zu vier Wochen Aufenthalt in einer Kurzzeitpflegeeinrichtung (nur, wenn zwischenzeitlich weder häusliche noch teilstationäre Pflege möglich ist, etwa nach einer Operation oder während des Umbaus der Wohnung),
- Bezahlung von höchstens 1.432 Euro im Jahr für Vier-Wochen-Urlaubsvertretung des ehrenamtlichen Pflegers (erstmals nach zwölf Monaten Betreuung möglich).

TIPP

Als ehrenamtlicher Pflege bauen Sie Ansprüche für Ihre Rente auf

Jeder, der als Laie die Pflege für einen Angehörigen übernimmt, hat Vorteile. So darf man an kostenlosen Pflegekursen teilnehmen und ist kostenlos gesetzlich unfallversichert (ab 14 Wochenstunden Pflege). Ehrenamtliche Pfleger bauen zudem während der Pflegetätigkeit kostenlos geringe Ansprüche für die eigene Rente auf (siehe S. 181 ff.).

Seit 2002 gibt es für Pflegebedürftige, die allgemeiner Beaufsichtigung und Betreuung bedürfen, einen zusätzlichen Betreuungsbetrag von bis zu 460 Euro pro Jahr. Er kann für Tages- oder Nachtpflege, Kurzzeitpflege und andere Betreuungsdienste ausgegeben werden. Begünstigt sind insbesondere Altersverwirrte (Demenz-Kranke) sowie psychisch Erkrankte und geistig Behinderte.

Stationäre Pflege: Im Heim übernimmt die Pflegeversicherung die pflegebedingten Aufwendungen bis zu 1.432 Euro im Monat. Lebenshaltungskosten für Unterbringung und Verpflegung, die ja auch zu Hause anfallen würden, sind selbst zu tragen. Um Härtefälle zu vermeiden, stehen ausnahmsweise bis zu 1.918 Euro monatlich zur Verfügung. Allerdings gibt es auch Begrenzungen.

- Die Pflegekassen dürfen im Durchschnitt (ohne Härtefälle) höchstens 1.279 Euro bewilligen,
- der Pflegebedürftige muss mindestens 25 Prozent der Kosten für das Pflegeheim selbst tragen.

Sämtliche Leistungen der stationären Pflege kommen nur in Betracht, wenn häusliche oder teilstationäre Pflege nicht möglich ist. Wäre sie möglich und der Betroffene entscheidet sich dennoch für ein Pflegeheim, erhält er nur die finanziellen Leistungen, die er zu Hause bekäme.

Bei vielen reicht das schon heute nur für eine Grundabsicherung. Die Betroffenen sind weiter auf Sozialhilfe bzw. eigenes Vermögen angewiesen. Das Sozialamt trägt die volle Übernahme der Heimkosten, falls Angehörige nicht beteiligt werden können und eigenes Vermögen des Heimbewohners rund 1.300 Euro nicht übersteigt. Außerdem zahlt das Amt ein monatliches Taschengeld. Höhe: 30 Prozent des aktuellen Satzes für den Haushaltsvorstand bei der Sozialhilfe (rund 87 Euro).

Freiwillig gesetzlich und privat Krankenversicherte können sich privat Pflegeversichern

Nicht jeder muss in die gesetzliche Pflegeversicherung – auch soziale Pflege-Pflichtversicherung genannt – einzahlen. Wer freiwillig Mitglied in der gesetzlichen Krankenkasse oder privat krankenversichert ist, kann auf die private Pflege-Pflichtversicherung ausweichen und damit auf lange Sicht etwas preisgünstiger kommen: Sie erhalten etwa die gleichen Leistungen wie in der sozialen Pflegeversicherung, müssen aber Beitrag nicht nach Einkommen zahlen, sondern nach Alter und Gesundheitszustand. Männer und Frauen zahlen, anders als sonst in der privaten Krankenversicherung, den gleichen Beitrag.

Die Pflegeversicherung ist nur eine Grundabsicherung. Das Geld reicht keineswegs für Rundum-Pflege. Selbst in Pflegestufe III entspricht das Geld nur einem Stundensatz von knapp zehn Euro. Tatsächlich betrug der Stundensatz für eine Fachkraft schon zum

Start der Pflegeversicherung 1995 rund 25 Euro. Die gesetzlich bereitgestellte Summe reichte damit nur einen halben Monat – quasi eine Teilkasko-Absicherung, Tendenz fallend.

Die finanziellen Folgen kann sich jeder leicht ausmalen, denn im Pflegefall muss ein Betrag von ungefähr 3.000 Euro monatlich zur Verfügung stehen. Übersteigen diese Kosten die Leistungen der Pflichtversicherung, geht es ans Ersparte. Die vorhandenen Vermögenswerte wie Bankkonto, Haus und Auto werden herangezogen. Sind sie bei langer Pflegezeit aufgebraucht, wird der fehlende Unterhalt zunächst vom Sozialamt übernommen. Das Amt darf aber auf Kinder oder Eltern zurückgreifen.

Ausweg: Sie schließen eine private Pflege-Zusatzversicherung ab, um die Restkosten ungefähr abzudecken. Das Finanzamt spendiert in diesem Zusammenhang für alle ab Jahrgang 1958 und jünger einen jährlichen Sonderausgaben-Freibetrag von bis zu 184 Euro pro Jahr.

Die gesetzliche Pflegeversicherung stößt zehn Jahre nach ihrer Einführung bereits an finanzielle Grenzen. Die Einnahmen reichen nicht mehr aus. Daher sollen ab 2005 einige Regeln geändert werden (siehe S. 234 ff.). Ein Gesetzentwurf existierte bei Redaktionsschluss noch nicht. Verfolgen Sie die Tagespresse.

Informationen rund um das Thema Pflege finden Sie in dem Ratgeber „Pflegefall – was tun?". Sie erhalten ihn bei allen Verbraucherzentralen für 9,80 Euro. TIPP

Medizinische, berufliche und soziale Rehabilitation

Wer durch Unfall oder Krankheit körperliche und seelische Schäden davonträgt, kann auf vielfältige Hilfe bauen. Denn vielfach ist es möglich, die zwischenzeitliche Behinderung wieder abzubauen – durch Rehabilitation. Hier folgt der Sozialstaat der Formel: Rehabilitation geht vor Rente. Leider gibt es viele mögliche

Vielfältige Formen der Rehabilitation mindern Folgen von Unfall oder Krankheit

Ansprechpartner – Krankenkasse, Rentenversicherungsträger, Berufsgenossenschaft, Sozialamt und Versorgungsamt. Immerhin ist das Chaos in den letzten Jahren abgebaut worden: Seit Mitte 2001 sind alle Hilfen für Behinderte im Sozialgesetzbuch IX zusammengefasst. Sie finden sich unter dem etwas sperrigen Untertitel „Rehabilitation und Teilhabe behinderter Menschen".

Nicht immer steht zu Beginn einer Behinderung fest, wer die Zahlungen übernehmen muss. Dann besteht zumindest schon die Pflicht des Staates zur Vorleistung, bis alle offenen Fragen geklärt sind. Bei beruflichen Förderungsmaßnahmen springt die Arbeitsagentur ein. Für medizinische Rehabilitationsmaßnahmen liegt die Vorleistungspflicht bei der Rentenversicherung. In besonderen Ausnahmefällen leistet die Sozialhilfe vor.

TIPP

Egal, an wen Sie sich zunächst wenden: Der angesprochene Träger muss sich innerhalb von 14 Tagen nach Eingang Ihres Antrages erklären, ob er zuständig ist oder nicht. Ist er zuständig, muss unverzüglich der Rehabilitationsbedarf ermittelt werden. Am besten stellen Sie den Antrag immer an Ihre Krankenkasse. Die muss innerhalb von drei Wochen über den Antrag auf Rehabilitation entscheiden.

Medizinische Rehabilitation

Wenn Sie erkranken und in einer gesetzlichen Krankenkasse versichert sind, haben Sie selbstverständlich auch als Behinderter Anspruch auf die üblichen Leistungen. Darüber hinaus zahlt die Kasse auch die Kosten für alle medizinischen Maßnahmen, die geeignet sind, Ihnen eine Teilnahme am täglichen Leben zu ermöglichen. Beispiele: Krankengymnastik, Bewegungs-, Sprach- und Beschäftigungstherapie, aber auch Körperersatzstücke, Rollstühle, Fortbewegungs- und Gehhilfen (siehe auch Kasten).

Leistungen zur medizinischen Rehabilitation

- Behandlung durch Ärzte, Zahnärzte und Angehörige anderer Heilberufe, soweit deren Leistungen unter ärztlicher Aufsicht oder auf ärztliche Anordnung ausgeführt werden, einschließlich der Anleitung, eigene Heilungskräfte zu entwickeln,
- Früherkennung und Frühförderung behinderter und von Behinderung bedrohter Kinder,
- Arznei- und Verbandsmittel,
- Heilmittel einschließlich physikalischer, Sprach- und Beschäftigungstherapie,
- Psychotherapie als ärztliche und psychotherapeutische Behandlung,
- Hilfsmittel,
- Belastungserprobung und Arbeitstherapie.

Manches davon fällt inzwischen in den Zuständigkeitsbereich der Pflegeversicherung, das meiste kommt weiter von der Krankenkasse (nach § 26 Absatz 2 SGB IX). Fragen Sie zunächst immer Ihre Krankenkasse.

Bei Fragen der medizinischen Rehabilitation ist die Krankenkasse der erste Ansprechpartner

Bei der medizinischen sowie beruflichen Rehabilitation (jetzt „Teilhabe am Arbeitsleben") ergeben sich durch das neue Recht seit 1. Juli 2001 auch einige Änderungen bzw. Ergänzungen bei den konkreten Leistungen, die im obigen Kasten genannt wurden (siehe Kasten).

Ergänzende Leistungen für medizinische und berufliche Rehabilitation

- Krankengeld, Versorgungskrankengeld, Verletztengeld, Übergangsgeld, Ausbildungsgeld oder Unterhaltsbeihilfe,

- Beiträge und Beitragszuschüsse,
  - zur Krankenversicherung (SGB V),
  - zur Unfallversicherung (SGB VII),
  - zur Rentenversicherung (SGB VI),
  - zur Bundesagentur für Arbeit (SGB III),
  - zur Pflegeversicherung (SGB XI),
- ärztlich verordneter Rehabilitationssport in Gruppen unter ärztlicher Betreuung und Überwachung, einschließlich Übungen für behinderte oder von Behinderung bedrohte Frauen und Mädchen, die der Stärkung des Selbstbewusstseins dienen,
- ärztlich verordnetes Funktionstraining in Gruppen unter fachkundiger Anleitung und Überwachung,
- Reisekosten,
- Betriebs- oder Haushaltshilfe und
- Kinderbetreuungskosten.

An dieser Stelle einige Details zu den ergänzenden Leistungen:

Rehabilitationssport/Funktionstraining: Verordnet der Arzt solche Leistungen, so besteht ein Rechtsanspruch darauf (§ 44 Absatz 1 SGB IX). Die Teilnahme wird gefördert; die Kosten trägt die Krankenkasse.

Entgeltanpassung: Während der Rehabilitation gibt es vom Träger Geld. Die dem Krankengeld, Versorgungskrankengeld, Verletztengeld und Übergangsgeld zugrunde liegende Berechnungsgrundlage wird jeweils nach Ablauf eines Jahres angepasst. Maßstab ist dabei die aktuelle Bruttolohn- und -gehaltssumme je durchschnittlich beschäftigter Arbeitnehmer im Vergleich zum Vorjahr. Das Bundesministerium für Gesundheit und Soziale Sicherung ermittelt den Prozentsatz jedes Jahr zum 1. Juli neu (§ 50 SGB IX).

Reisekosten: Als Reisekosten gelten im Zusammenhang mit der medizinischen oder beruflichen Rehabilitation erforderliche Fahr-, Verpflegungs- und Übernachtungskosten. Die muss der Träger bezahlen (§ 53 SGB IX); eine Eigenbeteiligung des Behinderten ist nicht vorgesehen. Dazu gehören auch

Wer zur Rehabilitation auswärts untergebracht ist, bekommt Reisekosten erstattet

- Kosten für besondere Beförderungsmittel,
- eine wegen der Behinderung erforderliche Begleitperson einschließlich des für die Zeit der Begleitung entstehenden Verdienstausfalls,
- Kosten für Kinder, deren Mitnahme wegen fehlender Betreuung erforderlich ist,
- Kosten für den erforderlichen Gepäcktransport.

Während der beruflichen Rehabilitation werden Reisekosten auch für zwei Familienheimfahrten je Monat übernommen. Alternativ können auch die Reisekosten für Angehörige zum Behinderten übernommen werden. Dies gilt auch für medizinische Rehabilitation, sofern sie länger als acht Wochen dauert.

Haushaltshilfe und Kinderbetreuung: Haushaltshilfe muss von der Krankenkasse während medizinischer Rehabilitation bezahlt werden (§ 54 SGB IX), falls wegen der Rehabilitation die Weiterführung des Haushalts sonst nicht möglich ist, eine andere im Haushalt lebende Person den Haushalt nicht weiterführen kann und im Haushalt ein Kind lebt, das bei Beginn der Haushaltshilfe jünger als zwölf Jahre alt (oder älter und behindert) ist. Maximal gibt es 1.800 Euro monatlich.

Alternativ können Sie das Kind auf Antrag auch zur Rehabilitation mitnehmen und erhalten dann entsprechend Reise- und Unterbringungskosten fürs Kind erstattet – maximal bis zur Höhe der Haushaltshilfe. Gezahlt werden für die eigentliche Kinderbetreuung zwischen 70 und 110 Euro pro Monat für jedes Kind. Eine Bezahlung der Haushaltshilfe und gesondert der Kinderbetreuung ist ausgeschlossen. Übrigens: Die Beträge erhöhen sich jedes Jahr geringfügig.

Wer Kinder mit zur Reha nimmt, bekommt für ihre Betreuung Kosten erstattet

Berufliche Rehabilitation

Hier geht es um die Eingliederung ins Erwerbsleben. Wenn Sie erwerbstätig sind, können Sie durch Ihr damit verbundenes Einkommen zumindest teilweise finanziell unabhängig werden. Dabei ist es völlig egal, wie lange die Behinderung schon besteht oder wie sie entstanden ist. In besonderem Maße gefördert werden Sie in Ausbildung, Berufsvorbereitung, Beschäftigung, Fortbildung und Umschulung sowie bei Ihrer Mobilität.

Leistungen der Teilhabe am Arbeitsleben

- Hilfen zur Erhaltung oder Erlangung eines Arbeitsplatzes einschließlich Leistungen zur Beratung und Vermittlung, Trainingsmaßnahmen und Mobilitätshilfen,
- Berufsvorbereitung einschließlich einer wegen der Behinderung erforderlichen Grundausbildung,
- berufliche Anpassung und Weiterbildung, auch soweit die Leistungen einen zur Teilnahme erforderlichen schulischen Abschluss einschließen,
- berufliche Ausbildung, auch soweit die Leistungen in einem zeitlich nicht überwiegenden Abschnitt schulisch durchgeführt werden,
- Überbrückungsgeld durch die Rehabilitationsträger (nach § 57 SGB III),
- sonstige Hilfen zur Förderung der Teilhabe am Arbeitsleben, um behinderten Menschen eine angemessene und geeignete Beschäftigung oder eine selbstständige Tätigkeit zu ermöglichen und zu erhalten.

Berufliche Eignung und Neigung spielen bei der beruflichen Rehabilitation eine Rolle

Bei der Auswahl der Leistungen werden Eignung, Neigung, bisherige Tätigkeit sowie Lage und Entwicklung auf dem Arbeitsmarkt angemessen berücksichtigt. Soweit erforderlich, wird dabei die berufliche Eignung abgeklärt oder eine Arbeitserprobung durchgeführt. In diesem Fall werden die Kosten, Reisekosten sowie Haushaltshilfe und Kinderbetreuungskosten übernommen. Übrigens: Die Leistungen werden auch für Zeiten notwendiger Praktika erbracht. Hier ein Überblick über die wichtigsten Leistungen der beruflichen Rehabilitation.

Während der beruflichen Rehabilitation gibt es:

Übergangsgeld: Das ist die wichtigste Hilfe, falls wegen der Teilnahme kein anderes oder nur ein geringeres Arbeitsentgelt oder Arbeitseinkommen während der Rehabilitation erzielt wird, Sie also nicht voll arbeiten können. Übergangsgeld gibt es aber auch schon vorher – für den Zeitraum, in dem die berufliche Eignung abgeklärt oder eine Arbeitserprobung durchgeführt wird (§ 33 SGB IX). Höhe: 80 Prozent vom regelmäßigen Arbeitseinkommen, höchstens jedoch das volle Nettoarbeitsentgelt bis zur jeweiligen Beitragsbemessungsgrenze. Das Übergangsgeld beträgt 68 Prozent Ihres Netto-Einkommens vor Beginn der Berufsförderung (mit Kind oder erwerbsunfähigem Ehepartner 75 Prozent). Übrigens: Bei Arbeitslosigkeit im Anschluss an die Berufsförderung ist das Übergangsgeld so hoch wie Ihr Arbeitslosengeld oder Ihre Arbeitslosenhilfe (vergleiche S. 92 ff.).

TIPP

Für die Zahlung von Übergangsgeld gelten bestimmte Voraussetzungen. Sie müssen in den drei Jahren vor Beginn der Berufsförderung entweder mindestens zwölf Monate lang eine versicherungspflichtige Beschäftigung ausgeübt haben oder die Voraussetzungen für Arbeitslosengeld oder -hilfe erfüllen. Wichtig: Der Zeitraum von drei Jahren gilt nicht für behinderte Berufsrückkehrer. Er verlängert sich um die Dauer einer Beschäftigung als Arbeitnehmer im Ausland, die für die weitere Ausübung des Berufes oder für den beruflichen Aufstieg nützlich und üblich ist, längstens jedoch um zwei Jahre. Übrigens: Übergangsgeld soll in der Regel nicht länger als zwei Jahre gezahlt werden.

Zwei Jahre maximal wird Übergangsgeld gezahlt

Ausbildungsgeld: Wer die Voraussetzungen für den Bezug von Übergangsgeld nicht erfüllt, hat Anspruch auf Ausbildungsgeld. Dies gilt vor allem bei

- erstmaliger Berufsausbildung behinderter Menschen (ab Alter von 15 Jahren),
- berufsvorbereitender Bildung,
- während der Prüfung des Anspruchs auf Rehabilitation sowie
- bei der Berufsbildung in Werkstätten für Behinderte.

In all diesen Fällen zahlt das Arbeitsamt ein Ausbildungsgeld (nach §§ 104 bis 108 SGB III).

TIPP

Die Bezeichnung „Ausbildungsgeld" ist in diesem Falle irreführend, da es ja auch für die Dauer von Fortbildungs-, Umschulungs- und anderen Maßnahmen der Berufsförderung gezahlt wird. Die Höhe ist je nach Alter, Familienstand und Wohnung (selbstständig, bei den Eltern oder spezielle Unterbringung zum Beispiel in einem Berufsbildungswerk) gestaffelt und an den BAföG-Sätzen orientiert (siehe S. 40 ff.).

Auskünfte über die aktuellen Sätze gibt die Arbeitsagentur. Faustregel: Bei Berufsausbildung sind es monatlich zwischen 282 und 353 Euro (§ 105 SGB III), bei berufsvorbereitenden Bildungsmaßnahmen zwischen 192 und 348 Euro (§ 106 SGB III). Außerdem werden Fahrtkosten, Lernmittel und Lehrgangskosten bezahlt. Bei anerkannten Werkstätten für behinderte Menschen liegt der Bedarf bei 57 Euro monatlich im ersten Jahr, danach bei 67 Euro pro Monat. Achtung: Bedarf bedeutet nicht unbedingt Auszahlung in voller Höhe. Denn eigenes Einkommen wird angerechnet – außer in Werkstätten für Behinderte (nach § 108 SGB III), – und zwar in folgender Reihenfolge:

- eigenes Einkommen des Rehabilitanden,
- Einkommen des Ehepartners (sofern vorhanden),
- Einkommen der Eltern des Rehabilitanden.

TIPP

Manche Einnahmen bleiben aber anrechnungsfrei; dann wird das Ausbildungsgeld also nicht gekürzt. Dazu zählen Waisenrente, Waisengeld und Unterhalt des Behinderten bis 218 Euro monatlich. Außerdem Einkommen der verheirateten Eltern bis 2.615 Euro. Bei getrennt lebenden Eltern bleiben 1.630 Euro für den Elternteil frei, bei dem der Rehabilitand zuletzt lebte (gilt auch für Witwen). Zudem hat der Ehegatte oder Lebenspartner des Behinderten bis 1.630 Euro Einkommen monatlich frei.

Wer noch nicht für die Berufsförderung in Frage kommt, kann an bestimmten Bildungsmaßnahmen teilnehmen und erhält in dieser Zeit ebenfalls Übergangs- oder Ausbildungsgeld.

Bezahlte Bildung für Behinderte

- Arbeitserprobung und Berufsfindung: dauert rund vier Wochen und soll Klarheit über ihre individuelle Eignung geben.
- Grundausbildungslehrgänge: zur Vorbereitung auf bestimmte Berufsfelder.
- Spezielle Grundausbildungen: für Personen mit gleichartiger Behinderung.
- Förderungslehrgänge: für noch nicht berufsreife Jugendliche, wenn zu erwarten ist, dass sie nach dem Lehrgang eine Ausbildung beginnen können.
- Weitere Kurse, Lehrgänge und Schulungen: wenn sie geeignet sind, die berufliche Eingliederungsfähigkeit zu verbessern.

In Werkstätten für Behinderte gibt es über das Ausbildungsgeld hinaus vom zuständigen Rehabilitationsträger noch Arbeitsförderungsgeld. Höhe: monatlich 26 Euro für jeden, dessen Arbeitsentgelt zusammen mit dem Arbeitsförderungsgeld den Betrag von 325 Euro nicht übersteigt.

Unter bestimmten Umständen wird die Arbeit in Behinderten-Werkstätten extra gefördert

Soziale Rehabilitation

Hier geht es um die allgemeine „Teilhabe am Leben in der Gemeinschaft" (§§ 55 bis 59 SGB IX). Gemeint sind vor allem solche Leistungen:

- Versorgung mit Hilfsmitteln und Hilfen,
- heilpädagogische Leistungen für Kinder, die noch nicht eingeschult sind,
- Hilfen zum Erwerb praktischer Kenntnisse und Fähigkeiten zur Teilnahme am Leben in der Gemeinschaft,
- Hilfen zur Förderung der Verständigung mit der Umwelt,
- Hilfen bei Beschaffung, Ausstattung und Erhaltung einer Wohnung, die den besonderen Bedürfnissen der behinderten Menschen entspricht,
- Hilfen zu selbst bestimmtem Leben in betreuten Wohnmöglichkeiten,
- Hilfen zur Teilhabe am gemeinschaftlichen und kulturellen Leben.

Sonderregelungen für Schwerbehinderte

Wer mindestens zu 50 Prozent behindert und damit schwerbehindert ist, hat Anspruch auf besondere Hilfe, insbesondere auf dem Arbeitsmarkt. Mitunter werden Sie auch schon mit einem Behinderungsgrad ab 30 Prozent gefördert. Ansprechpartner sind zunächst die Arbeitsagentur oder das Versorgungsamt. Es hilft Ihnen, einen geeigneten Arbeitsplatz zu finden. Denn alle Firmen mit mindestens 20 Arbeitsplätzen müssen wenigstens fünf Prozent der Arbeitsplätze für schwerbehinderte Menschen freihalten (§ 71 SGB IX). Dabei sind Frauen besonders zu berücksichtigen. Allerdings sind die Sanktionen bei Verstößen nur gering: Maximal 260 Euro pro Monat und Arbeitsplatz sind als Ausgleichsabgabe zu zahlen, wenn die Schwerbehindertenquote nicht erreicht wird.

Eine andere berufliche Förder-Chance sind „Werkstätten für behinderte Menschen". Dort gibt es arbeitnehmerähnliche Rechtsverhältnisse (Werkstatt- statt Arbeitsvertrag). Eine solche geschützte Werkstatt soll denjenigen behinderten Menschen, die wegen Art oder Schwere der Behinderung nicht auf dem allgemeinen Arbeitsmarkt beschäftigt werden können, berufliche Bildung und Beschäftigung zu einem ihrer Leistung angemessenen Arbeitsentgelt anbieten. Zudem soll die Leistungs- oder Erwerbsfähigkeit sowie die Persönlichkeit weiterentwickelt werden. Die Werkstätten sollen über ein möglichst breites Angebot an Berufsbildungs- und Arbeitsplätzen sowie über qualifiziertes Personal und einen begleitenden Dienst verfügen (§ 136 SGB IX).

Damit schwerbehinderten Menschen auf Dauer ein angemessener Platz im Arbeitsleben gesichert werden kann, können im Einzelfall besondere Hilfen notwendig werden, die die Leistungen zur Teilhabe am Arbeitsleben ergänzen. Dafür stehen besondere Geldleistungen der Arbeitsagentur und des relativ neuen Integrationsamtes (häufig auch Versorgungsamt) bereit.

Beispiel: Ihr potenzieller Arbeitgeber müsste extra eine Maschine umrüsten lassen, damit Sie dort mit Ihrer Behinderung arbeiten können. Dann bezahlt das Amt diese Kosten auf Antrag.

Darüber hinaus können Schwerbehinderte so genannten Nachteilsausgleich in Anspruch nehmen, der in der Regel davon abhängt, ob weitere gesundheitliche Handicaps vorliegen. Zu diesen Ausgleichsleistungen gehören beispielsweise:

Mit Schwerbehindertenausweis erhält man einige Ausgleichsleistungen

- Steuererleichterungen (insbesondere Behinderten-Pauschbetrag),
- unentgeltliche Beförderung im öffentlichen Personenverkehr,
- Vergünstigungen bei der Kraftfahrzeugsteuer,
- Parkerleichterungen,
- Befreiung von der Rundfunkgebührenpflicht.

Dazu brauchen Sie in aller Regel einen Schwerbehindertenausweis.

Schwerbehindertenausweis samt Vergünstigungen

Zusätzlich zur sonstigen Förderung haben Schwerbehinderte Anspruch auf einen Schwerbehindertenausweis (§ 69 SGB IX). Der verpflichtet öffentliche Träger zu Preisermäßigung für Behinderte in Einrichtungen (wie Museen, Tierparks, Bäder) und bei Veranstaltungen (wie Kurse, Theater, Konzerte). Viele private Veranstalter gewähren freiwillig Ermäßigung. Im Einzelnen: Nahverkehrsermäßigung, Steuererleichterungen, Rundfunkgebührenbefreiung, Parkerleichterungen (siehe folgende Abschnitte).

Jeder Schwerbehinderte sollte sich an das zuständige Versorgungsamt wenden. Der Ausweis selbst ist kostenlos. Er gilt zumeist 5 bis 15 Jahre. Achtung: Auch mit 30 bis 50 Prozent Behinderung können Sie bereits auf Antrag hin einem Schwerbehinderten gleichgestellt werden, wenn Sie durch diese Gleichstellung einen Arbeitsplatz erlangen oder ein Arbeitsverhältnis bestehen bleibt.

Der Schwerbehindertenausweis bescheinigt den Grad Ihrer Behinderung und enthält Vermerke (Stempel), auf welche Vergünstigungen und Sonderkonditionen Sie Anspruch haben.

Der Aufdruck auf der Vorderseite des Ausweises bedeutet:

VB

Das bedeutet: Der Ausweisinhaber hat Anspruch auf Versorgung nach den Vorschriften des Bundesversorgungsgesetzes.

EB

Das bedeutet: Die Erwerbsfähigkeit ist um wenigstens 50 Prozent gemindert. Der Inhaber erhält Entschädigung nach § 28 Bundesentschädigungsgesetz.

B

Das bedeutet: Die Notwendigkeit ständiger Begleitung ist nachgewiesen.

aG

Das bedeutet: außergewöhnlich gehbehindert. Berechtigt zu Parkerleichterungen.

H

Das bedeutet: hilflos

Bl

Das bedeutet: blind.

RF

Das bedeutet: Befreit von der Rundfunkgebührenpflicht.

1.KL.

Das bedeutet: Der Inhaber darf mit Fahrausweis der 2. Klasse die 1. Klasse in Eisenbahnen benutzen.

G

Das bedeutet: gehbehindert. Berechtigt zu nahverkehrs- oder Kfz-Steuer-Rabatt.

Gl

Das bedeutet: gehörlos.

Im Folgenden werden die Vergünstigungen im Alltag beschrieben, die mit dem Schwerbehindertenausweis verbunden sind.

Rabatt für Nahverkehrsmittel: Wer sehr wenig Geld verdient oder behindert ist, kann den öffentlichen Nahverkehr gegen eine einmalige Gebühr kostenlos benutzen: Bus, Straßenbahn, U- und S-Bahn, Eisenbahn zweiter Klasse im Umkreis von 50 Kilometern sowie Schiffe im Linienverkehr. Als Alternative zur Nahverkehrsermäßigung kommt auch eine Ermäßigung von der Kfz-Steuer in Betracht. Jeder Inhaber eines Schwerbehindertenausweises profitiert davon.

Zuständig ist das Versorgungsamt. Dort sind die kostenlosen Fahrten gegen eine einmalige Jahresgebühr (Wertmarke) zu haben, die 60 Euro kostet. Auch die Wertmarke ist kostenlos, wenn der Schwerbehinderte hilflos (Stempel H im Ausweis) oder blind (Stempel Bl im Ausweis) ist. Sind Sie außerdem auf eine ständige Begleitperson angewiesen (zusätzlicher Stempel B im Ausweis), kann die kostenlos mitfahren. Außerdem dürfen Sie Handgepäck, einen Rollstuhl, orthopädische Hilfsmittel und Ihren Blindenführhund umsonst in öffentlichen Nahverkehrsmitteln mitnehmen.

TIPP

Nutzen Sie kostenlose Fahrdienste Ihrer Gemeinde

Viele Kommunen bieten gemeinsam mit karitativen Einrichtungen einen Fahrdienst mit Fahrzeugen und Personal an, das für den Transport Behinderter speziell eingerichtet ist. Diese Fahrdienste sind in der Regel kostenlos. Ansprechpartner: Behindertenstelle des Sozialamtes oder Wohlfahrtsverbände.

Im Fernverkehr gilt: Bei Notwendigkeit ständiger Begleitung (Zeichen B) kann die Begleitperson kostenlos mitreisen und zudem können Sitzplätze kostenlos reserviert werden (Letzteres gilt auch für Zeichen Bl). Viele Fluggesellschaften bieten Rabatt auf innerdeutschen Flügen für Begleitpersonen (Zeichen B).

Ermäßigung oder Befreiung von der Kfz-Steuer: Alternativ zum Rabatt für Nahverkehrsmittel können Sie 50 Prozent Rabatt auf die Kfz-Steuer bekommen. Darauf haben Inhaber des Schwerbehindertenausweises G oder Gl Anspruch. Voraussetzung: Das Fahrzeug muss auf ihren Namen angemeldet sein und ausschließlich (mit wenigen Ausnahmen) ihrer Beförderung dienen. Gar keine Kfz-Steuer brauchen Schwerbehinderte zu entrichten, die hilflos (Stempel H im Ausweis) oder blind (Stempel Bl im Ausweis) oder außergewöhnlich gehbehindert (Stempel aG im Ausweis) sind. Zuständig ist wieder das Versorgungsamt, die Steuererleichterung organisiert dann das Finanzamt.

Steuerbefreiung für Hundehalter: Hilflose oder gehörlose Hundebesitzer (Zeichen H bzw. Gl im Ausweis) brauchen keine Hundesteuer zu zahlen. Zuständig ist zunächst wieder das Versorgungsamt; die Steuererleichterung organisiert dann das

Finanzamt. Die Befreiung gilt für ein Jahr. Dann ist ein erneuter Antrag nötig.

TIPP

Das Sozialamt leistet für Bedürftige auf Antrag auch Zuschüsse zur Tiernahrung, wenn Sie auf den Hund angewiesen sind. Außerdem zahlt sie eine Blindenführzulage.

Behinderte genießen steuerliche Erleichterungen

Behinderten-Pauschbetrag bei der Einkommensteuer: Jeder Schwerbehinderte kann einen Pauschbetrag von seinem zu versteuernden Einkommen abziehen. Dieser Freibetrag kann auch auf der Steuerkarte eingetragen werden. Die Höhe hängt vom Grad der Behinderung ab (nach § 33b Einkommensteuergesetz). Ab 55 Prozent Behinderung sind es 720 Euro pro Jahr, maximal 1.420 Euro. Bei Blinden und bei Hilflosen sind es 3.700 Euro pro Jahr. Mit einem Behinderungsgrad zwischen 25 und 50 Prozent ist ebenfalls ein Pauschbetrag drin (zwischen 310 und 570 Euro), aber nur unter diesen Voraussetzungen:

- Die körperliche Beweglichkeit ist dauernd beeinträchtigt oder
- die Behinderung ist durch eine Berufskrankheit hervorgerufen oder
- die Behinderung berechtigt zum Bezug einer Rente.

TIPP

Außergewöhnliche Belastungen können von der Einkommensteuer abgesetzt werden. Beispiele: Krankheits- und Kurkosten, Kosten für Haushaltshilfen, für häusliche Pflege, für Umbauten an Mietwohnungen.

Finanzierungshilfe fürs Auto: Berufstätige Schwerbehinderte können außerdem Zuschüsse für den Erwerb des Führerscheins, eines Fahrzeugs und dessen behindertengerechte Ausstattung beim Versorgungsamt beantragen. Voraussetzung ist, dass ihnen der Weg zur Arbeitsstelle mit öffentlichen Verkehrsmitteln aufgrund ihrer Behinderung nicht möglich oder nicht zumutbar ist.

Höhe: bis zum Kaufpreis für das Auto, maximal jedoch 9.500 Euro (abhängig vom Einkommen).

Rundfunkgebührenbefreiung: Wer stark behindert ist (Stempel RF im Schwerbehindertenausweis) oder sehr wenig verdient, braucht keine Rundfunkgebühren zu zahlen (gilt übrigens auch für Studenten). Das betrifft vor allem Blinde, Sehbehinderte mit wenigstens 60 Prozent geminderter Erwerbsfähigkeit, andere Behinderte mit wenigstens 80 Prozent geminderter Erwerbsfähigkeit, Gehörlose, Sozialhilfeempfänger mit Anspruch auf Hilfe zur Pflege oder auf laufende Hilfe zum Lebensunterhalt. Zuständig ist das Sozialamt. Sie sparen komplett die Rundfunkgebühren, die ungefähr 17 Euro im Monat für Fernsehen und Rundfunk kosten. Die Befreiung gilt, solange die Behinderung anhält bzw. das Einkommen sehr niedrig bleibt.

Parkerleichterungen: Schwerbehinderte mit außergewöhnlicher Gehbehinderung (Zeichen aG) können bei der Straßenverkehrsbehörde eine Ausnahmegenehmigung und einen Parkausweis beantragen.

TIPP

Wer mehr zu Hilfen für Behinderte wissen möchte, kann sich vom Bundesministerium für Gesundheit und Sozialordnung kostenlos mehrere Broschüren schicken lassen (*www.bmgs.bund.de*). Interessant ist auch das Sozialgesetzbuch IX, das aus dem Internet heruntergeladen werden kann (http://bundesrecht.juris.de/bundesrecht/GESAMT_index.html).

Viele Ratschläge für kranke, pflegebedürftige und behinderte Menschen bietet das Buch „Hilfsmittel" (kostet 7,80 Euro), das bei den Verbraucherzentralen zu bekommen ist.

9 Private Vorsorge

Zuschüsse für private Altersvorsorge

Der Staat fördert private Altersvorsorge

Die Rentenreform 2001/2002 kürzt die Altersrenten von rund 70 Prozent des durchschnittlichen Nettolohns, den jeder im Laufe seiner Erwerbsbiografie erreicht, auf rund 64 Prozent (siehe S. 181 ff.). Dies soll sich etwa ab 2012 auswirken. Als Ausgleich bietet der Staat seit 2002 erstmals Zulagen, falls gesetzlich Rentenpflichtversicherte freiwillig die neue Versorgungslücke durch eigene private Vorsorge auffüllen. Die Initiative geht auf den seinerzeit amtierenden Bundesarbeitsminister Walter Riester zurück – daher die Bezeichnung „Riester-Rente". Dabei sind breite Schichten der Bevölkerung begünstigt (siehe Kasten).

Wer Anspruch auf Riester-Rente hat

- Pflichtmitglieder in der gesetzlichen Rentenversicherung, darunter:
  - Auszubildende und Arbeitnehmer,
  - Empfänger von Arbeitslosengeld und -hilfe,
  - Bezieher von Kranken-, Verletzten-, Übergangs- und Unterhaltsgeld,
  - nicht erwerbstätige Mütter oder Väter in den ersten drei Lebensjahren des Kindes,
  - Wehr- und Zivildienstleistende,
  - Pflichtversicherte Selbstständige (z.B. Handwerker, Hebammen, Künstler),
  - 400-Euro-Jobber, wenn sie ihre Pauschalbeiträge zur Rentenkasse erhöhen,
  - nicht gewerbsmäßig tätige Pflegepersonen,
- Beamte,
- Richter,
- Berufssoldaten,
- Ehepartner, falls der Gatte die Förderung erhält (abgeleitete Förderung).

Botschaft: Wer kapitalgedeckt vorsorgt, hat weniger Kürzung der gesetzlichen Altersrente zu befürchten. Gefördert werden jedoch nicht beliebige Geldanlagen, sondern nur staatlich zertifizierte Sparpläne mit monatlichen Einzahlungen in private Rentenversicherungen, Investmentfonds oder Banksparpläne (siehe Kasten).

Anlageformen für zusätzliche private Riester-Rente

staatlich gefördert

- zertifizierte private Rentenversicherungen
- zertifizierte spezielle Investmentfonds
- zertifizierte spezielle Banksparpläne
- betriebliche Altersversorgung (Direktversicherung; Pensionskasse)

nicht gefördert

- Bausparverträge und Hypothekentilgungen (außer Zwischenentnahme fürs Eigenheim aus gefördertem Riester-Vertrag)
- normale Investmentfonds
- Kapital-Lebensversicherungen

Spargeld muss zu Beginn des Rentenalters zur Verfügung stehen

Gegenüber klassischen Sparplänen gibt es jedoch einige besondere Anforderungen. So muss der Anbieter garantieren, dass der gesamte eingezahlte Beitrag zu Beginn der Auszahlungen im Rentenalter auch wirklich zur Verfügung steht. Das Geld darf also nicht verspekuliert worden sein. Zudem darf man sich das Kapital – frühestens ab 60 – in der Regel nicht komplett auszahlen lassen (maximal: 20 Prozent), sondern zumeist als etwa gleich bleibende monatliche Zusatzrente bis an sein Lebensende.

Wer sich für die staatlich geförderte private Zusatzvorsorge entscheidet (Riester-Rente), kann dort einen Teil seines Bruttoeinkommens investieren (bis zu bestimmten Förderhöchstgrenzen). Wer unter Anrechnung der Zulagen geförderte Gehalts-Teile abzweigt (2002/03 je ein Prozent, 2004/05: je zwei Prozent,

2006/07: je drei Prozent und ab 2008 vier Prozent), erhält die jeweils maximale Zulage (nach § 10a Einkommensteuergesetz). Wer den vollen geförderten Sparbeitrag aufbringt, kann mit folgenden Höchstzulagen vom Staat rechnen.

Förderung kapitalgedeckter Vorsorge

Jahr	Grundzulage pro Ehepartner	Zulage pro Kind (Euro)	Mindest-Eigenbeitrag* (Euro)
2004	76	92	38
2005	76	92	75
2006	114	138	75
2007	114	138	75
ab 2008	154	185	75

* mit einem Kind (für Kinderlose mehr, für alle anderen weniger)

Tipp: Die Privatvorsorge fördert der Staat durch zwei unterschiedliche Töpfe: eine Zulage und/oder einen Sonderausgabenabzug. Arbeiter und Angestellte mit niedrigem oder mittlerem Jahreseinkommen erhalten eine Zulage, die nach Antrag vom Finanzamt dem begünstigten Vertrag gutgeschrieben wird. In der Endstufe ab 2008 sollen dies pro Jahr bis zu 154 Euro sein (Ehepaare bis 308 Euro); hinzukommen bis zu 185 Euro pro Jahr für jedes Kind.

Besserverdiener erhalten einen zusätzlichen Sonderausgaben-Freibetrag. Das Finanzamt prüft automatisch, ob man mit Zulage oder Sonderausgabenabzug besser fährt.

Ob Zulage oder Freibetrag günstiger ist, prüft das Finanzamt

Förderquoten: So viel gibt der Staat zur Riester-Rente dazu

Bruttoverdienst des Vorjahres (Euro)	Ehepaar, ein pflichtversicherter Verdiener*			
	0 Kind	1 Kind	2 Kinder	3 Kinder
5.112	77,3	86,7	91,9	93,5
10.225	75,0	86,7	91,9	93,5
15.337	50,0	80,0	91,9	93,5
20.450	37,5	60,0	82,5	93,5
25.562	30,0	48,0	66,0	84,0
30.675	25,0	40,0	55,0	70,0
40.900	26,1	30,0	41,3	52,5
51.125	28,4	27,1	33,0	42,0
76.687	34,2	33,1	32,1	40,9

* Staatsanteil (in Prozent)

Besserverdiener erhalten neben der Riester-Zulage einen zusätzlichen Sonderausgaben-Freibetrag von bis zu 2.100 Euro pro Jahr ab 2008 (Ehepaare bis 4.200 Euro). Geltend gemacht werden können unabhängig vom individuellen Einkommen folgende Altersvorsorgeaufwendungen.

Sonderausgabenabzug für Beiträge zur Riester-Rente

Jahr	Höchstförderung*
2002 und 2003	bis 525 Euro
2004 und 2005	bis 1.050 Euro
2006 und 2007	bis 1.575 Euro
ab 2008 jährlich	bis 2.100 Euro

*Eigenbeträge + Zulage

Beispiel: Ein Single ohne Kinder erhält ab 2008 bei einem rentenversicherungspflichtigen Einkommen des Vorjahres 2007 in Höhe von 40.900 Euro bei einer Sparleistung von 1.636 Euro (= vier

Prozent) eine Grundzulage von 154 Euro. Hier würde von Amts wegen eine zusätzliche Entlastung als Sonderausgabe nach § 10a EstG in Höhe von 420 Euro gewährt. Macht einen Gesamtzuschuss des Staates von 574 Euro für den Riester-Beitrag von insgesamt 1.636 Euro pro Jahr. Bezogen auf das Eigenkapital des Versicherten ist das nicht schlecht – falls das eigentliche Vorsorgeprodukt etwas taugt.

Was die Riester-Förderung 2004 einer Familie mit zwei Kindern bringt

Vorjahreseinkommen (2003)	35.000 Euro (brutto)
Beitrag (2 Prozent vom brutto)	700 Euro
- Riester-Zulage	336 Euro[1]
= Eigenbeitrag 2004	364 Euro
Steuervorteil	null
Gesamtförderung	336 Euro

1 Ehefrau nicht berufstätig, aber mit eigenem Riester-Vertrag, in den sie im Idealfall selber nichts einzahlen muss

Anleger müssen jedoch einen Hürdenlauf durch die Instanzen unternehmen, um an das Geld vom Staat zu kommen. Ehe überhaupt Zulagen für Riester-Verträge fließen können, erhalten Verbraucher vom Anbieter ihrer Wahl nach Ablauf jedes Beitragsjahres – also rückwirkend für das Jahr, für das schon voller Beitrag eingezahlt wurde – ein Antragsformular. Das müssen Sie ausgefüllt an die Bank oder den Versicherer zurückschicken. Der Anbieter reicht den Antrag dann an die Zentrale Zulagenstelle für Altersvermögen (Adresse im Anhang). Dort wird die konkrete Zulage errechnet und die Auszahlung an den Anbieter veranlasst. Der Anbieter hat die Zulagen unverzüglich dem Konto des Kunden gutzuschreiben.

Die Auszahlung der Riester-Zulage unterliegt einem aufwändigen Verfahren

TIPP Jeder Kunde hat darüber hinaus Anspruch auf eine jährliche Bescheinigung seines Riester-Renten-Anbieters, die folgende Angaben enthalten muss:

- Höhe der im abgelaufenen Beitragsjahr geleisteten Beiträge,
- Summe der bis zum Jahresende gutgeschriebenen Zulagen,
- Summe der bis zum Jahresende geleisteten Beiträge insgesamt und den Kontostand.

Jeder Kunde hat also nicht nur mit dem Anbieter des Riester-Produktes zu tun, sondern darüber hinaus mit dem Zulagenamt, der Zertifizierungsbehörde, Arbeitgeber, Finanzamt, Rentenversicherungsträger und Familienkasse (für die Kinderzulage).

TIPP Die Zertifizierung kann im Internet nachgeprüft werden (www.bafin.de/datenbanken/zertifizierung.xls). Sie ist jedoch kein staatliches Gütesiegel.

Zertifizierung von Riester-Renten ist keine Qualitätsgarantie

Ein Vertrag mit Zertifizierungsnummer garantiert also nicht, dass der Anbieter die Leistungen in der versprochenen Höhe auch tatsächlich erbringen kann. Ob das Angebot lohnt, muss der Anleger vorher selber durch Vergleich mehrerer Anbieter herausbekommen. Dabei helfen auch unabhängige Tages- und Wirtschaftszeitungen sowie die Verbraucherzentralen.

Zuschüsse für private Invaliditäts- und Hinterbliebenenvorsorge

Im Zusammenhang mit der Rentenreform 2001/2002 wurden auch die Leistungen der gesetzlichen Rentenversicherung für Berufsunfähigkeit sowie die Hinterbliebenenversorgung gekürzt (siehe S. 181 ff.). Als Ausgleich bietet der Staat seit 2002 erstmals Zulagen, falls gesetzlich Rentenpflichtversicherte freiwillig die neue Versorgungslücke durch eigene private Vorsorge auffüllen.

Dies kann insbesondere durch Einschluss dieser Lebensrisiken in Riester-Verträge geschehen (siehe vorheriger Abschnitt).

Zusätzliche Zulagen vom Staat werden dafür jedoch nicht spendiert. Es bleibt also auch bei Verträgen mit Berufsunfähigkeits-Zusatz und/oder Hinterbliebenenversorgung bei den genannten Förderhöchstgrenzen, die primär für die Altersrente gedacht sind.

Arbeitnehmer und andere Betroffene sind gut beraten, mit eigenständigen privaten Versicherungen gegen diese elementaren Risiken Berufsunfähigkeit und Tod vorzusorgen. Zahlreiche Ratschläge bietet der Ratgeber „Gut versichert" (kostet 9,80 Euro), der bei den Verbraucherzentralen erhältlich ist.

Gegen Berufsunfähigkeit und Tod sollte sich jeder bei Bedarf privat absichern

Die Beiträge können im Rahmen der Vorsorgeaufwendungen in begrenztem Umfang bei der Einkommensteuer geltend gemacht werden. Im günstigsten Fall gibt es dann eine Steuerrückzahlung vom Staat. Eine ähnliche Strategie empfiehlt sich für alle Arbeitnehmer, die eine Betriebsrente von der Firma erhalten werden bzw. durch Entgeltumwandlung selbst daraufhin sparen (siehe nächster Abschnitt). Hier werden im Rahmen bestimmter Höchstgrenzen Einkommensteuern und über mehrere Jahre auch Sozialabgaben gespart, insbesondere bei Einzahlung in eine Direktversicherung, Pensionskasse oder einen Pensionsfonds.

Förderung betrieblicher Altersversorgung

Parallel zur privaten Riester-Förderung wurde auch das „Gesetz zur Verbesserung der betrieblichen Altersversorgung" (BetrAVG) novelliert. Folge: Seit 2002 haben alle Arbeitnehmer das Recht, über ihren Arbeitgeber einen Teil ihres Gehaltes in Beiträge zur Betriebsrente umzuwandeln (§ 1a BetrAVG). Davon unbenommen kann natürlich jede Firma ihren Arbeitnehmern freiwillig eine Betriebsrente aus der Firmenkasse spendieren.

Bei Entgeltumwandlung – also Bezahlung durch den Arbeitnehmer – gilt: Der Arbeitgeber muss mindestens eine betriebliche Versorgungsform anbieten – welche, darf er entscheiden.

Das bedeutet: Im Jahr 2004 kann jeder Arbeitnehmer bundeseinheitlich maximal 2.472 Euro vom Jahreseinkommen (= 206 Euro pro Monat) in einen betrieblichen Vorsorge-Vertrag einzahlen, ohne dafür Lohnsteuer zahlen zu müssen (4 Prozent von 61.800 Euro). Wer schon 2002 oder 2003 mit der Entgeltumwandlung begonnen hat, kann den Vertrag dynamisieren lassen. Häufig haben Arbeitgeber aber Tarife mit starrer Obergrenze gewählt, weil ihnen dies weniger Arbeit macht.

Um in den Genuss einer geförderten Betriebsrente zu kommen, hat der Gesetzgeber jedoch eine klare Rang- und Reihenfolge vorgegeben:

- Bietet der Arbeitgeber die Betriebsrente über eine Pensionskasse oder einen Pensionsfonds an, ist die Entgeltumwandlung dort durchzuführen; eine Entgeltumwandlung von bis zu vier Prozent des Bruttoeinkommens (2004: maximal 2.472 Euro) ist dann nicht steuerpflichtig und bis Ende 2008 auch sozialabgabenfrei (nach § 3 Nr. 63 EStG).
- Wird keine dieser Möglichkeiten angeboten, kann der Arbeitnehmer verlangen, dass der Arbeitgeber für ihn eine Direktversicherung abschließt (§ 1a Absatz 1 BetrAVG). Die wird jedoch nicht bis zu besagten vier Prozent gefördert, sondern lediglich nach Riester-Art (2004: 1.050 Euro nach § 10a EStG) oder nach traditioneller Art (bis 1.752 Euro Einzahlung, die nach § 40b EStG mit 20 Prozent pauschaler Lohnsteuer belegt sind).

Die Entgeltumwandlung hat gegenüber privaten Riester-Verträgen vor allem vier Vorteile:

- Kostenvorteile beim Abschluss (Gruppenvertrag),
- geringere Verwaltungsgebühren,
- professionelle Auswahl der am besten geeigneten Anlageform,
- unkomplizierte Einbindung der Absicherung bei Invalidität und Tod in einen Vertrag.

Eine Riester-Rente kann auch über den Betrieb abgeschlossen werden – über eine Direktversicherung, Pensionskasse oder einen Pensionsfonds. Das bringt aber nicht immer bessere Konditionen als die private Riester-Anlage (siehe erster Abschnitt dieses Kapitels). Zudem ist es über die Firma nicht gestattet, für den Ehegatten einen abgeleiteten Riester-Vertrag (ohne Einzahlungen, z.B. Hausfrauen) abzuschließen. Damit verliert die Familie bares Geld.

Zudem kommt die Entgeltumwandlung Arbeitnehmern bei der individuellen Lebensplanung entgegen: So besteht die Chance, zu Rentenbeginn alles auf einen Schlag ausbezahlt zu bekommen (Kapitalwahlrecht), während die Riester-Förderung im Prinzip nur eine monatliche Rentenzahlung zulässt. Außerdem kann man sich die Betriebsrente auch unbeschadet nach Mallorca überweisen lassen. Riester-Rentner dagegen, die im Alter auswandern, müssen die Förderung komplett zurückzahlen.

TIPP

Je mehr Lohnbestandteile in Betriebsrente umgewandelt werden, desto mehr Geld gibt der Staat für die Vorsorge dazu. Bei geringen Einzahlungen lohnt das im Vergleich zur Riester-Rente nicht (siehe Kasten).

Was die Entgeltumwandlung 2004 einer Familie mit zwei Kindern bringt

Eigenbeitrag (identisch mit Riester-Beispiel)	364 Euro
Steuervorteil bei 35.000 Euro (brutto)	70 Euro
Sozialabgaben-Ersparnis	74 Euro
Gesamtförderung	144 Euro

Geringverdiener machen also mit einer Entgeltumwandlung gegenüber der Riester-Rente (336 Euro Gewinn) ein Minus. Jedoch kann die Familie bei der Betriebsrente deutlich höhere Summen ansparen – 2004 bis 2.472 Euro. Wer es sich leisten kann, auf so viel Geld für den aktuellen Konsum zu verzichten, wird vom Staat mit reichlich Förderung belohnt.

TIPP Prüfen Sie mit Hilfe eines Beraters der Verbraucherzentrale, welche Variante in Ihrer persönlichen Situation am günstigsten ist.

Zahlreiche Ratschläge bietet der Ratgeber „Betriebliche Altersvorsorge" (kostet 7,80 Euro), der bei den Verbraucherzentralen erhältlich ist.

10 Rente und Senioren

Gesetzliche Rente und Rehabilitation

Die Sozialversicherung in Deutschland ist so aufgebaut, dass bei besonders drastischen Schicksalsschlägen eine Rente gezahlt wird, etwa nach Arbeitsunfällen mit bleibenden Schäden (siehe S. 131 ff.). Die meisten denken beim Begriff Rente zunächst nur an Altersrente. Doch selbst die gesetzliche Rentenversicherung bietet nicht nur die Altersrente, sondern zudem Erwerbsminderungsrente, Hinterbliebenenrente sowie bei Bedarf auch Geld für die Rehabilitation, um Invalidenrente zu vermeiden. Im Folgenden die wichtigsten Merkpunkte für Leistungen der gesetzlichen Rentenkasse, die den Mitgliedern aufgrund ihrer Einzahlungen bzw. sonstigen Anwartschaften (z.B. Kindererziehung) zustehen.

Grundsätzlich sind bei allen Fragen des Rentenrechts kostenlos tätige Rentenberater der Bundesversicherungsanstalt für Angestellte (BfA) oder Landesversicherungsanstalt für Arbeiter (LVA) Ansprechpartner für Auskünfte. Wem das nicht reicht, kann auch einen kostenpflichtigen privaten Rentenberater (spezialisierter Anwalt) einbeziehen (Adressen im Anhang).

Nutzen Sie das Angebot von professionellen Rentenberatern

TIPP Rentenberater oder andere Fachleute wie Versicherten-Älteste finden Sie auch bei Städten und Gemeinden.

Seit 2004 sind Veränderungen in Kraft, um den Beitragssatz in der Rentenversicherung stabil zu halten. Dies ist auch mit Einbußen für Rentner verbunden. Die wichtigsten Punkte:

Pflegeversicherung der Rentner: Bislang teilten sich Rentner und Rentenversicherungsträger die aus der Rente zu zahlenden Beiträge zur Pflegeversicherung. Ab 1. April 2004 fällt die Beteiligung des Rentenversicherungsträgers weg. Die Rentner müssen dann ihren Beitrag zur Pflegeversicherung ebenso wie pensionierte Abgeordnete und Beamte in voller Höhe allein tragen (siehe S. 150 ff.).

Krankenversicherung der Rentner: Bislang galt der am 1. Januar maßgebende Beitragssatz der Krankenkasse jeweils vom 1. Juli des laufenden Jahres ein Jahr lang. Nun wirkt sich ein geänderter Beitragssatz der Krankenkasse bereits drei Monate später aus. Freiwillig Versicherte zahlen nicht mehr den durchschnittlichen Beitragssatz aller Krankenkassen, sondern den Satz ihrer Krankenkasse (wie Arbeitnehmer auch). Privat Versicherte erhalten weiterhin einen Zuschuss unter Berücksichtigung des durchschnittlichen allgemeinen Beitragssatzes aller Krankenkassen.

Aussetzung der Rentenanpassung: Die zum 1. Juli 2004 anstehende Anpassung der Renten wird ausgesetzt. Die Rentenhöhe bleibt also unverändert. Als nächster Anpassungstermin ist der 1. Juli 2005 vorgesehen.

Wer 2004 Rentner geworden ist, bekommt die Rente erst am Monatsende ausgezahlt

Neue Renten später ausgezahlt: Wer ab April 2004 erstmals Rente bekommt, erhält die Auszahlung nicht mehr – wie bisher üblich – am Beginn des Monats, sondern erst am Monatsende.

Rehabilitation

Wer durch Unfall oder Krankheit für lange Zeit aus der Berufstätigkeit gerissen wird, muss neben körperlichen Handicaps handfeste finanzielle Einbußen hinnehmen. Denn eine Rente ersetzt ja nur zum Teil früheres Einkommen. Ehe Sie Rente bekommen, wird durch medizinische (Regeldauer drei Wochen) und berufliche Hilfe (Regeldauer zwei Jahre) versucht, vorzeitige Invalidität zu vermeiden (vergleiche auch S. 150 ff.). Dazu gehören: stationäre Heilbehandlung in Rehabilitationskliniken, Sprachtherapien, Rehabilitationssport, Leistungen zur Fortbildung oder

Umschulung – die allesamt vom Rentenversicherer bezahlt werden. Vorausgesetzt, Sie erfüllen folgende Bedingungen:

Wann Rehabilitation möglich ist

Medizinische Rehabilitation

- 15 Jahre rentenrechtliche Zeiten sind erfüllt oder
- fünf Jahre Rentenzeiten sind erfüllt, wenn Sie bereits berufs- bzw. erwerbsunfähig sind bzw. kurz davor stehen oder
- schon eine Erwerbsminderungsrente gezahlt wird oder
- in den letzten beiden Jahren mindestens sechs Pflichtbeiträge in die Rentenkasse eingezahlt wurden

Berufliche Rehabilitation

- 15 Jahre rentenrechtliche Zeiten sind erfüllt oder
- Sie bekommen schon Rente wegen verminderter Erwerbsunfähigkeit oder
- Sie würden ohne Rehabilitation unweigerlich auf Erwerbsminderungsrente zusteuern oder
- Sie haben wegen eigener Erwerbsminderung Anspruch auf „große" Witwenrente.

Keinen Anspruch auf Rehabilitation haben Altersrentner, Beamte und ihnen gleichgestellte Angestellte, Vorruheständler und alle, die betriebliche Versorgungsleistungen bekommen.

Nicht jeder hat Anspruch auf Leistungen zur Rehabilitation

Neben medizinischen und berufsfördernden Maßnahmen („Teilhabe am Arbeitsleben" genannt) sind noch weitere Leistungen möglich (nach SGB IX):

Anschlussheilbehandlung: Sie wird nur gewährt, wenn Sie unmittelbar (innerhalb von 14 Tagen) nach ihrer Krankenhausbehandlung in eine Rehabilitationsklinik verlegt werden.

Onkologische Nachsorge: Krebsnachsorge dient dazu, Erfolge der abgeschlossenen operativen oder Strahlenbehandlungen von Geschwulsterkrankungen zu festigen. Begünstigt sind alle Versicherten und Rentner (auch Altersrentner) sowie deren nicht versicherte Angehörige (etwa Ehegatten und Kinder). Onkologische Nachsorgeleistungen werden bei malignen Geschwulst- und Systemerkrankungen bis zum Ablauf eines Jahres nach einer beendeten Primärbehandlung erbracht. Darüber hinaus sind im Einzelfall bis zu zwei Jahre nach beendeter Primärbehandlung Maßnahmen möglich, wenn erhebliche Funktionsstörungen entweder durch die Tumorerkrankung selbst oder durch Komplikationen bzw. Therapiefolgen vorliegen.

Kinderheilbehandlung: Die Rentenkasse zahlt auch spezielle Kinderheilbehandlungen (für sechs Wochen), wenn damit voraussichtlich eine erhebliche Gesundheitsgefährdung beseitigt oder Gesundheitsbeeinträchtigungen wesentlich geheilt werden können und dies Einfluss auf die spätere Erwerbsfähigkeit haben kann.

Kinder zahlen für spezielle Heilbehandlungen zur Abwehr oder Heilung von gesundheitlichen Beeinträchtigungen nichts

Die Rentenversicherung übernimmt voll die Kosten für Unterkunft, Verpflegung, ärztliche Betreuung, Pflege, Kurmittel, Medikamente, Reisekosten, erforderliche schulische Betreuung und gegebenenfalls auch die Unterbringung einer Begleitperson. Das Kind muss nichts zuzahlen.

Weitgehend ist die Rehabilitation auch für Erwachsene kostenlos; nur bei stationärem Aufenthalt sind vom Patienten täglich zehn Euro zuzuzahlen, maximal für 42 Tage (bei Anschlussheilbehandlung höchstens für 14 Tage). Keinerlei Zuzahlung ist nötig, wenn Sie

- Übergangsgeld beziehen,
- sehr wenig verdienen (bis etwa 400 Euro im Monat),
- Hilfe zum Lebensunterhalt (Sozialhilfe) bekommen.

Während der Rehabilitation gibt es Übergangsgeld (siehe S. 150 ff.).

Altersrente

Sie steht jedem Bürger zu, der während seines Berufslebens Beitrag an seinen Rentenversicherungsträger gezahlt hat – entweder pflichtgemäß (alle Arbeitnehmer; wenige Selbstständige) oder freiwillig (die meisten Selbstständigen). Altersrente gibt es frühestens ab 60. Geburtstag, künftig in der Regel ab 65. Voraussetzung: Sie sind mindestens fünf Jahre versichert gewesen.

Altersrente stellt für die Mehrzahl der Bürger die wichtigste Säule ihrer Altersvorsorge dar. Die Rentenkasse zahlt nach 45 Berufsjahren mit durchschnittlichem Verdienst eine Monatsrente (netto) von 1.082 Euro im Westen der Republik und 951 Euro im Osten (Stand: 1. Juli 2003). Die meisten arbeiten jedoch viel kürzer. Daher erhalten vier von fünf Deutschen unterm Strich nur eine Rente zwischen 300 und 750 Euro.

1.082 Euro bekommt ein Rentner im Westen, 951 Euro im Osten Deutschlands durchschnittlich nach 45 Berufsjahren

Mit der Rentenreform 2002 sinkt die Altersrente generell auf maximal 64 Prozent des letzten Nettoeinkommens. Die neuerliche Einbuße kann man allerdings ausgleichen – durch private Vorsorge, die der Staat in gewissen Grenzen fördert (siehe S. 171 ff.). Für viele gibt es selbst in günstigen Fällen bestenfalls 50 Prozent des letzten Nettoeinkommens. Wie viel genau herausspringt, kann schon während der Berufstätigkeit ermittelt werden: Ab 2004 schickt Ihr Versicherungsträger Ihnen ab dem 27. Geburtstag unaufgefordert jedes Jahr einen „Kontoauszug" (Renteninformation).

Ein Rentenbezug vor 65 bleibt auch nach Anhebung der Altersgrenzen in den letzten Jahren in Ausnahmefällen möglich:

- Bei der Altersrente wegen Arbeitslosigkeit oder nach Altersteilzeitarbeit kann der Rentenbeginn für die Dauer der Geltung beider Altersrenten, also bis zum Jahresende 2012, um maximal fünf Jahre vorgezogen werden. Gleiches gilt für die Altersrente für Frauen.

- Bei der Altersrente für langjährig Versicherte kann der Rentenbezug bis 2010 um zwei Jahre vorgezogen werden. Zwischen Jahresanfang 2011 und Oktober 2012 sinkt der Beginn für den frühestmöglichen Rentenbezug schrittweise auf das 62. Lebensjahr.
- Bei der Altersrente für Schwerbehinderte bleibt es dauerhaft bei einem vorgezogenen Bezug ab dem 60. Lebensjahr.

Ein Monat vorgezogene Rente führt lebenslang zu einem Abzug in Höhe von 0,3 Prozent der errechneten Monatsrente. Beispiel: Ein um ein Jahr vorgezogener erlaubter Rentenbezug führt zu einem Abzug von 3,6 Prozent.

Mindestens fünf Jahre Wartezeit müssen vergehen, ehe ein Anspruch auf Altersrente besteht

Je mehr Beitrag in die Kasse eingezahlt wurde, desto mehr Leistungen sind zu erwarten. Doch auch Zeiten, in denen aus unterschiedlichsten Gründen kein Beitrag entrichtet wurde, können in die Wertung kommen. Zur Berechnung der Rente wird aus allen Beitragszeiten des Arbeitslebens ein Durchschnitt ermittelt. Versicherungslücken verschlechtern also den Durchschnitt meist. Wollen Sie Anspruch auf eine Rente geltend machen, so müssen Sie nicht nur Beiträge eingezahlt, sondern auch bestimmte Wartezeiten hinter sich gebracht haben. Allgemein sind dies mindestens fünf Jahre.

Sie können auch gleitend in den Ruhestand gehen – mit einer Teilrente. Wer vor 65 schon volle Altersrente bekommen könnte, aber nebenher mehr als eine geringfügige Beschäftigung verrichtet, bei dem wird die volle Rente in eine Teilrente umgewandelt. Je nach Arbeitseinkommen lassen Sie sich dann nur ein Drittel, die Hälfte oder zwei Drittel der vollen Rente auszahlen. Je geringer der ausgezahlte Rentenanteil, desto größer die Beträge, die Sie hinzuverdienen dürfen, ohne Abstriche bei der restlichen Rente in Kauf nehmen zu müssen. Hier die groben Einkommensgrenzen, bei denen Hinzuverdienst die Rente nicht schmälert:

So viel dürfen Teilrentner mit niedrigem Einkommen vor 65 ungestraft dazuverdienen[1]

Altersrente	genaue Grenze	Grenzen 2003 (Euro) West	Ost
2/3-Teilrente	das 11,7fache[2]	459	403
1/2-Teilrente	das 17,5fache[2]	686	603
1/3-Teilrente	das 23,3fache[2]	913	803

1 Grenzen gelten nur bis 65; danach kann unbeschränkt hinzuverdient werden
2 ... des aktuellen Rentenwertes, multipliziert mit den Entgeltpunkten der letzten drei Jahre vor Beginn der vorgezogenen Altersrente (mindestens 1,5 Punkte),
Stand: 1. Juli 2003

Diese Hinzuverdienstgrenzen kommen zum Tragen, wenn Sie in den letzten drei Jahren vor Rentenbeginn im Schnitt unter 50 Prozent des Durchschnittseinkommens der Bevölkerung geblieben sind. Wer darüber lag, hat auch für die Teilrente höhere Einkommensgrenzen, ehe die Rente gekürzt wird.

So viel dürfen Teilrentner mit überdurchschnittlichem Einkommen vor 65 dazuverdienen[1]

Altersrente	Grenzen 2003 (Euro) West	Ost
2/3-Teilrente	917	806
1/2-Teilrente	1.372	1.206
1/3-Teilrente	1.826	1.606

1 Grenzen gelten nur bis 65; danach kann unbeschränkt hinzuverdient werden
Stand: 1. Juli 2003

Wer 65 und älter ist, kann unbegrenzt zur Rente hinzuverdienen

Faustregel: Bei der Zwei-Drittel-Teilrente (zwei Drittel der vollen Rente) können Sie rund 40 Prozent des letzten Bruttoeinkommens hinzuverdienen, bei der Hälfte-Teilrente rund 60 Prozent und bei der Ein-Drittel-Teilrente knapp 80 Prozent des letzten Bruttoeinkommens.

Wer mehr Arbeitseinkommen bezieht, obwohl er vor 65 schon Anspruch auf volle Altersrente hat, muss sich Abstriche an der Teilrente gefallen lassen. Fragen Sie zu den Details ihren Rentenversicherungsträger.

Übrigens: Hinzuverdienstgrenzen gibt es nicht nur bei der Altersrente, sondern auch bei der Invaliditäts- und Hinterbliebenenrente.

Altersrente für ehrenamtliche Pflege

Wer Angehörige pflegt, baut eigene Rentenansprüche auf

Jeder, der als Laie die Pflege für seinen Angehörigen übernimmt, kann Leistungen beanspruchen. So darf man an kostenlosen Pflegekursen teilnehmen und ist kostenlos gesetzlich unfallversichert (ab 14 Wochenstunden Pflege). Noch wichtiger: Ehrenamtliche Pfleger bauen während der Pflegetätigkeit kostenlos Ansprüche für die eigene Rente auf (vergleiche S. 150 ff.). Denn je nach persönlichem Stunden-Einsatz wird den „Laien-Pflegern" Geld auf ihrem Rentenkonto gutgeschrieben, ohne dass sie dafür Beitrag zahlen müssten. Umgerechnet bedeutet das derzeit etwa 6 bis 20 Euro mehr Monatsrente im Alter. Die Pflegekasse meldet den Namen des Pflegers und die Dauer der Pflege an den Träger der Rentenversicherung und bezahlt den entsprechenden Beitrag.

Erwerbsminderungsrente

Seit 2001 gilt: Statt der früheren Renten wegen Berufsunfähigkeit (BU) und Erwerbsunfähigkeit (EU) gibt es Rente wegen Erwerbsminderung. Das Gesetz unterscheidet nach Rente wegen teilweiser Erwerbsminderung – dann gibt es exakt die Hälfte des erworbenen Rentenanspruchs – und „voller" Erwerbsminderungsrente. Maßstab ist in beiden Fällen die ärztlich attestierte zeitliche Fähigkeit, noch arbeiten zu können. Volle Rente wird immer dann gewährt, wenn Sie wegen Krankheit oder Behinderung unter den üblichen Bedingungen des allgemeinen Arbeitsmarktes weniger als drei Stunden täglich arbeiten können. Dies ist der früheren EU-Rente vergleichbar. Bei der halben Rente reicht das Leistungsvermögen aus, mindestens drei, aber weniger als sechs Stunden täglich zu arbeiten. Dafür gibt es aber nicht mehr zwei Drittel – wie bei der bisherigen BU-Rente –, sondern nur noch die Hälfte der vollen Rente.

Erwerbsminderungsrente wird meistens befristet bezahlt

Rente wegen Erwerbsminderung wird grundsätzlich zeitlich befristet. Das heißt: Sie wird längstens für drei Jahre gezahlt. Nur wenn ohne jeden Zweifel feststeht, dass die Leistungsminderung in Zukunft nicht mehr behoben werden kann, ist es möglich, die Rente unbefristet zu bewilligen. Bei befristeten Renten beginnt diese immer erst Anfang des siebten Monats nach Eintritt der Leistungsminderung.

Rente wegen Erwerbsminderung unterliegt den gleichen Abschlägen wie die Altersrente wegen Schwerbehinderung, wenn sie vor Vollendung des 63. Lebensjahres gezahlt wird (Abzug: maximal 10,8 Prozent der Rente). Abgemildert wird diese Kürzung durch eine höhere Zurechnungszeit. Betrug sie bis zum Jahr 2000 ein Drittel der Zeit zwischen Vollendung des 55. und 60. Lebensjahres, wird sie nun zwischen 55 und 60 voll gewährt. Das bedeutet: Der Betroffene wird so gestellt, als hätte er bis 60 voll gearbeitet.

So genannten Berufsschutz gibt es leider nicht mehr. Die Prüfung, ob eine andere zumutbare Tätigkeit mit ähnlichen beruflichen Anforderungen verrichtet werden kann, entfällt. Ein Professor könnte demnach auch als Pförtner eingesetzt werden. Die allgemeine Arbeitsmarktlage findet aber weiterhin Berücksichtigung. Folge: Wer weniger als sechs Stunden täglich arbeiten könnte, aber bereits arbeitslos ist bzw. keinen entsprechenden Teilzeitarbeitsplatz findet, wird wegen des überfüllten Teilzeitarbeitsmarktes weiter die volle Erwerbsminderungsrente erhalten.

TIPP

Für alle, die spätestens Silvester 1960 geboren sind, gilt der „Berufsschutz" der früheren Rente wegen Berufsunfähigkeit weiter. Wenn also weder der bisherige Beruf noch eine zumutbare andere Tätigkeit mindestens sechs Stunden täglich ausgeübt werden kann, besteht Berufsunfähigkeit. In diesem Fall gibt es die halbe Rente wegen Erwerbsminderung.

Die Erwerbsminderungsrente für alle ab Jahrgang 1961 hat auch negative Auswirkungen auf die Witwenrente: Stirbt der Versicherte vor dem 63. Geburtstag, ohne selbst eine Rente bezogen zu haben, muss die Witwe mit Abzügen rechnen. Für jeden Monat, den die Witwenrente vor dem 63. Geburtstag gezahlt wird, sind 0,3 Prozent Abzug fällig, maximal jedoch 10,8 Prozent. Gemildert werden diese Abzüge durch eine verbesserte Zurechnungszeit zwischen 55 und 60 Jahren – ebenso wie bei der Erwerbsminderungsrente.

Wer nach dem neuen Recht erstmals ab 2001 eine Erwerbsminderungsrente (ER) erhält, kann dennoch in bestimmten Grenzen Geld verdienen, ohne sich Abstriche an der Rente gefallen lassen zu müssen. Hier die groben Einkommensgrenzen, bei denen Hinzuverdienst die Rente nicht schmälert.

So viel dürfen Erwerbsunfähige ungestraft dazuverdienen

Altersrente	Grenzen 2003 (Euro) West	Ost
Volle Erwerbsminderung		
volle Rente	340	340
3/4-Rente	611	538
1/2-Rente	811	713
1/4-Rente	1.011	889
Teilweise Erwerbsminderung		
volle Rente	811	713
1/2-Rente	1.011	889

Stand: 1. Juli 2003

TIPP

Wer vor 1961 geboren ist und berufsunfähig wird, darf ebenso viel hinzuverdienen wie in der Tabelle bei „teilweiser Erwerbsminderung" ausgewiesen ist. Details zu den Regelungen der Erwerbsminderungsrente liefert die Broschüre „Reform der Renten wegen verminderter Erwerbsfähigkeit", herausgegeben von der BfA und dort kostenlos zu beziehen (Adresse im Anhang).

Witwenrente

Stirbt ein gesetzlich Rentenversicherter, erhalten die nächsten Angehörigen Witwen- bzw. Witwerrente, die Kinder Waisenrente. Die Witwenrente gibt es, wenn mindestens eine der folgenden Bedingungen erfüllt ist:

- Der Verstorbene bekam eine eigene gesetzliche Rente.
- Er war mindestens fünf Jahre gesetzlich rentenversichert.
- Der Verstorbene hatte seine Ausbildung vor weniger als sechs Jahren abgeschlossen, aber war seither schon mindestens ein Jahr pflichtversichert.
- Todesursache war ein Schaden beim Wehr- oder Zivildienst oder durch politische Haft.

Die Höhe richtet sich nach den Ansprüchen, die der Verstorbene zuletzt auf eigene Rente gehabt hätte. Der Hinterbliebene bekommt davon in den ersten drei Monaten nach dem Tod 100 Prozent, danach gibt es im günstigsten Fall 60 Prozent („Große" Witwenrente) oder nur 25 Prozent. Große Witwenrente steht Ihnen nur zu, wenn Sie als Hinterbliebener mindestens 45 Jahre alt sind oder selbst berufs-/erwerbsunfähig sind oder mindestens ein Kind unter 18 zu erziehen haben (bei behindertem Kind auch darüber hinaus). Diese Regelungen gelten für alle weiter, die am 1. Januar 2002 bereits verheiratet waren und bei denen ein Ehepartner älter als 40 Jahre war.

Frauen und Männer ab 45 Jahren bekommen große Witwenrente

Für alle anderen gelten seit 2002 Einschränkungen: Die große Witwenrente wird gekürzt, und zwar für ab 2002 neu geschlossene Ehen sowie für Ehen, in denen beide Partner jünger als 40 Jahre sind. Statt 60 Prozent der Rentenansprüche des Verstorbenen gibt es nur noch 55 Prozent. Dafür gibt es für die Kindererziehung je Kind in der Ehe einen Zuschlag: rund 50 Euro Monatsrente fürs erste Kind (2 Entgeltpunkte) und rund 25 Euro fürs zweite und jedes weitere Kind (1 Entgeltpunkt).

Die kleine Witwenrente bleibt bei 25 Prozent, wird aber für manche befristet: Ist die Witwe jünger als 45, nicht berufstätig (und nicht erwerbsgemindert) und ohne Kind unter 18, wird die Witwenrente auf nur noch zwei Jahre begrenzt.

Witwenrente kann auch wegfallen, wenn die Ehe nicht mindestens ein Jahr gedauert hat (so genannte Versorger-Ehe). Dann geht der Gesetzgeber davon aus, dass der Gang zum Standesamt in erster Linie wegen der Hinterbliebenenabsicherung erfolgt ist. Stirbt der Versicherte vor dem 63. Geburtstag, ohne selbst eine Rente bezogen zu haben, muss die Witwe zumindest mit Abzügen rechnen. Für jeden Monat, den die Witwenrente vor dem 63. Geburtstag gezahlt wird, werden 0,3 Prozent Abzug fällig, maximal jedoch 10,8 Prozent.

Witwen mit eigenem Einkommen erhalten nur anteilig Witwenrente. Der Freibetrag beträgt das 26,4fache des aktuellen Rentenwertes: Man darf rund 690 Euro verdienen, ohne dass die volle Witwenrente in Gefahr gerät, in Ostdeutschland 606 Euro (Stand: Mitte 2003). Mit Kind, das Anspruch auf Waisenrente hat, dürfen weitere rund 146 Euro zum Monatseinkommen zählen, ohne dass die Witwenrente dadurch geschmälert wird.

Witwen und Witwer können rund 690 Euro verdienen (im Osten 606) ohne dass die Witwenrente in Gefahr ist

So viel dürfen Witwen ungestraft dazuverdienen

Witwenrente	Grenzen 2003 (Euro) West	Ost
volle Rente	690	606
mit 1 Kind	+ 146	+ 129
mit 2 Kindern	+ 146	+ 129
mit 3 Kindern	+ 146	+ 129

Stand: 1. Juli 2003

Wer mehr verdient, für den gilt: Eigenes Einkommen über den Freibetrag hinaus wird zu 40 Prozent auf die Witwenrente angerechnet.

Seit 2002 gilt der Freibetrag bei allen Witwen und Witwern nicht mehr nur für Arbeitseinkünfte wie bis Ende 2001, sondern es werden auch alle anderen Einkünfte wie Kapitalerträge, Miet- oder Pachteinnahmen, private Altersvorsorge-Ansprüche (außer Riester-Verträge) angerechnet.

Beispiel: Eine Witwe in München mit einem Kind verdient 850 Euro im Monat und bekommt umgerechnet 30 Euro Zinsen aus Wertpapieren pro Monat. Sie hat 836 Euro Freibetrag (690 + 146). Bleiben 14 Euro, die das Einkommen den Freibetrag übersteigt. Davon werden 40 Prozent auf die Witwenrente angerechnet werden. Demnach wird ihre Witwenrente um 5,60 Euro pro Monat gekürzt.

Wer zu viel verdient oder andere Einkünfte hat, bekommt gar keine Witwenrente

Es kann aber auch passieren, dass gar keine Hinterbliebenenrente gezahlt wird: wenn zu viel eigenes Einkommen und Vermögen (zum Beispiel durch Auszahlung einer Lebensversicherung bei Tod des Ehepartners) vorhanden ist. Gesetzlich besteht kein Anspruch auf Hinterbliebenenrente, sondern nur eine Aussicht. Dies hält das Bundesverfassungsgericht bislang für rechtens.

Waisenrente

Waisenrente gibt es für jedes Kind, dessen verstorbener Elternteil mindestens fünf Jahre gesetzlich rentenversichert war. Gezahlt werden zehn Prozent der Ansprüche, die der Verstorbene auf eigene Altersrente gehabt hätte, wenn der lebende Elternteil noch zum Unterhalt beisteuern muss (Halbwaisenrente). Besteht keine Unterhaltspflicht mehr, gibt es 20 Prozent der aktuellen Rentenansprüche des Verstorbenen (Vollwaisenrente). Vielfach kommen nicht mehr als 100 bis 150 Euro Waisenrente im Monat zusammen.

Waisen ab 18 mit eigenem Einkommen erhalten nur anteilig Waisenrente. Auch hier gibt es wie bei der Witwenrente Freibeträge, bis zu deren Höhe die Waisenrente nicht angetastet wird. Bis zum Nettoeinkommen von rund 460 Euro bleibt die Waisenrente voll erhalten (in Ostdeutschland 404 Euro; Stand: Mitte 2003). Wer mehr verdient, für den gilt: Eigenes Einkommen über den Freibetrag hinaus wird zu 40 Prozent auf die Witwenrente angerechnet.

Beispiel: Eine Waise in Leipzig erhielt bis zum 18. Geburtstag 145 Euro Waisenrente. Nun muss die Ausbildungsvergütung von 500 Euro netto auf die Waisenrente angerechnet werden: Der Freibetrag von 404 Euro rettet die volle Ausbildungsvergütung nicht – es bleiben 96 Euro, die das Einkommen den Freibetrag übersteigt. Davon werden 40 Prozent auf die Waisenrente angerechnet. Demnach wird ihre Waisenrente um 38,40 Euro pro Monat gekürzt – es bleiben 106,60 Euro.

Erziehungsrente

Die gesetzliche Rentenversicherung zahlt auch Rente an geschiedene Witwen bzw. Witwer. Voraussetzung: Sie erfüllen selbst drei Bedingungen:

- Die Scheidung erfolgte nach dem 30. Juni 1977 (in Ostdeutschland auch für frühere Scheidungen),
- Witwe oder Witwer ist selbst mindestens fünf Jahre gesetzlich rentenversichert,
- hat ein Kind unter 18 zu erziehen und nach der Scheidung nicht wieder geheiratet.

Wer als Hinterbliebener Kinder zu erziehen hat, erhält Unterhalt

Höhe: wie der Unterhaltsanspruch wegen Kindererziehung. Die Erziehungsrente fließt so lange, bis die Ausbildung des Kindes beendet ist oder Sie wieder heiraten. Wer als Witwe/r selbst Geld verdient, bekommt nur anteilig Erziehungsrente. Es gelten dieselben Freibeträge wie bei der Witwenrente.

Rentensplitting

Zu Lebzeiten können Ehepartner auch ein so genanntes Rentensplitting beantragen. Dann werden alle während der Ehe aufgebauten Rentenansprüche jeweils zur Hälfte geteilt und daraus dann später die Witwenrente berechnet.

Voraussetzung: Beide haben jeweils mindestens 25 Jahre mit rentenrechtlichen Zeiten zurückgelegt. Folge des Splittings: Jeder hat seinen Anspruch, der für Witwen dann auch durch hohes eigenes Einkommen nicht geschmälert wird (keine Einkommensanrechnung) und auch bei eventueller erneuter Heirat nicht wegfällt.

Die Wahl-Regelung gilt für alle ab 2003 geschlossenen Ehen sowie für Ehepaare, die vor 2003 geheiratet haben und an ihrem Hochzeitstag jünger als 40 Jahre alt waren. Das Splitting kann beantragt werden, wenn beide erstmals Anspruch auf volle Altersrente haben.

Ob sich das Rentensplitting gegenüber der Witwenrente lohnt, hängt vom Einzelfall ab (insbesondere vom Einkommen der Frau). Die meisten fahren mit klassischer Witwenrente besser.

Für Frauen ist die Witwenrente häufig günstiger

Anrechnung von Kindererziehungszeiten

Seit 2002 gilt: Hat es eine Mutter auf mindestens 25 Jahre rentenrechtliche Zeiten gebracht (Pflicht- und freiwillige Beiträge, Ersatz-, Anrechnungs-, Berücksichtigungs- und Zurechnungszeit), wird die rentenrechtliche Bewertung der Berücksichtigungszeiten wegen Kindererziehung verbessert. Gemeint sind die Zeiten wegen Kindererziehung bis zum zehnten Lebensjahr, die nicht bereits durch die dreijährige Kindererziehungszeit für die Rentenberechnung berücksichtigt sind.

Bei der Rente wird die Kindererziehung bereits wie Berufstätigkeit anerkannt. Das bedeutet: Der Elternteil, der ein Kind erzieht, für den zahlt der Bund Rentenbeitrag (außer Beamte). Für jedes Kind, das ab 1992 geboren wird, gibt es drei Jahre (bei Kindern, die 1991 und früher geboren wurden, ein Jahr). Höhe: 100 Prozent des allgemeinen Durchschnittseinkommens.

TIPP Haben Sie während dieser Zeit neben der Kindererziehung auch gearbeitet, so wird der Verdienst extra für die Rente berechnet. Berufstätigkeit und Kindererziehung werden für das entsprechende Jahr addiert; anrechnungsfähig ist jedoch maximal die Beitragsbemessungsgrenze des jeweiligen Jahres.

Neben dieser direkten Anerkennung der Kindererziehung wird seit 2002 das erzielte Gehalt während der Kindererziehung bei der Berechnung der Rente um die Hälfte erhöht. Es wird unterstellt, dass zumindest eine Teilzeitbeschäftigung ausgeübt werden kann. Die Anhebung ist allerdings begrenzt auf das jeweilige Einkommen eines Durchschnittsverdieners (2004 = 29.428 Euro West).

TIPP

Wer wegen gleichzeitiger Erziehung von zwei und mehr Kindern nicht arbeiten kann, erhält eine Gutschrift, die etwa einem Drittel des Durchschnittsverdieners entspricht.

Wichtig: Beide Regelungen gelten auch bei Pflege eines pflegebedürftigen Kindes – in diesem Falle sogar bis zur Vollendung des 18. Lebensjahres.

Betroffen sind aber nur Berücksichtigungszeiten ab 1992. Konsequenz: Jede Frau kann es bei Berufstätigkeit während der Erziehung eines Kindes pro Beschäftigungsjahr ab 1992 auf bis zu 8,20 Euro mehr Monatsrente bringen. Bei Erziehung mehrerer Kinder – ohne eigene Berufstätigkeit – bekäme sie diesen Betrag als Zuschuss.

Grundsicherung – was ist das?

Bedürftigen steht im Alter eine so genannte Grundsicherung statt Sozialhilfe zu

Wer nicht genug Altersrente oder Erwerbsunfähigkeitsrente zum Leben bekommt, musste früher zum Sozialamt. Seit 2003 gibt es eine finanzielle Grundsicherung. Sie wird wie eine normale Rente bezahlt und für ein Jahr im Voraus festgelegt, aber grundsätzlich lebenslang gezahlt. Damit soll verschämter Altersarmut vorgebeugt werden. Dabei erfolgt – anders als bei der Sozialhilfe – kein Rückgriff auf die nächsten Angehörigen. Voraussetzung: Das Jahreseinkommen der Kinder bzw. Eltern bleibt jeweils unter 100.000 Euro. Das Geld stellt der Bund aus Steuermitteln zur Verfügung.

TIPP

Wer die Grundsicherung beantragt, muss über 65 Jahre alt sein. Bei dauerhafter, voller Erwerbsminderung genügt ein Mindestalter von 18 Jahren. Weitere Voraussetzungen sind ein sehr bescheidenes Einkommen, das zum Unterhalt nicht reicht, und sehr bescheidenes Vermögen (siehe Kasten).

Was zum Einkommen und Vermögen zählt

Einkommen:
- Erwerbseinkommen
- Renten
- Einkünfte aus Vermietung und Verpachtung
- Kapitaleinkünfte
- Wohngeld

Vermögen:
- Bargeld und Bankguthaben
- Wertpapiere
- Lebensversicherung
- Immobilienbesitz
- eigenes Auto

Geldbeträge können in geringem Umfang vorhanden sein, ohne die Grundsicherung zu gefährden. Die Höchstgrenze beträgt 2.301 Euro bei Alleinstehenden bzw. bis zu 2.915 Euro bei Ehepaaren (die zusammenleben) und eingetragenen Partnerschaften. Eigenes Einkommen wird angerechnet. Liegt das eigene Einkommen unter der Grundsicherung, wird entsprechend aufgestockt.

Grundsicherung entspricht etwa der Höhe von Sozialhilfe

Ehegatten oder Partner einer eheähnlichen Gemeinschaft (ab 2005 auch eingetragene Partnerschaften) sind sich gegenseitig zum Unterhalt verpflichtet. Das bedeutet, dass sowohl Einkommen als auch Vermögen des Partners einbezogen werden. Die Grundsicherung entspricht in etwa der Sozialhilfe (siehe S. 112 ff.). Es kommen allerdings noch Zuschläge hinzu:

- 15 Prozent Ausgleich für besondere Leistungen der Sozialhilfe – wie Wintermantel oder Waschmaschine,
- Zuschlag für angemessene tatsächliche Kosten für Miete und Heizung,
- Beiträge zur gesetzlichen Kranken- und Pflegeversicherung,
- 20 Prozent Mehrbedarf des Regelsatzes für Schwerbehinderte (Zeichen „G" oder „aG" im Ausweis).

TIPP

Ohne Antrag gibt es kein Geld. Zuständig sind die Grundsicherungsämter in den Kommunen bzw. das Sozialamt. Die Rentenversicherungsträger helfen beim Ausfüllen und leiten die Anträge weiter, entscheiden aber nichts. Wer weniger als 844 Euro Monatsrente erhält, bekommt automatisch einen Antrag zugeschickt.

Altersversorgung im öffentlichen Dienst

Angestellte und Arbeiter im öffentlichen Dienst sind ebenso gesetzlich rentenversichert wie alle anderen Arbeitnehmer auch. Sie haben jedoch einen großen Vorteil: Sie erhalten zumeist eine in weiten Teilen kostenlose Zusatzrente von der „Firma", die die gesetzliche Altersrente analog zur Beamtenversorgung auf maximal 75 Prozent des letzten Bruttoeinkommens vor der Rente aufstockt.

Beispiel: Für Bund und Länder zahlt die Versorgungsanstalt des Bundes und der Länder (VBL) an die Angestellten und Arbeiter bei Bund und Ländern Zusatzrente (Adresse im Anhang).

Die Pension der Beamten zahlt letzlich der Steuerzahler

Anders bei Beamten: Sie bekommen keine Rente, sondern Pension. Sie zahlen also gar nichts in die gesetzliche Rentenversicherung ein, haben aber auch nichts von ihr zu erwarten. Die Altersvorsorge übernimmt der Arbeitgeber (Dienstherr genannt), und damit letztlich der Steuerzahler. Nach dem Beamtenversorgungsgesetz steht Ihnen Pension (Ruhegehalt genannt) in

Höhe der letzten Tätigkeit (Amt genannt) zu, wenn dieses Amt mindestens zwei Jahre ausgeübt wurde. Jedoch nicht in voller Höhe, sondern nach Dienstjahren. Von 1992 an gibt es für jedes Dienstjahr 1,875 Prozent. Diese Zahl wird mit den ruhegehaltsfähigen Dienstbezügen multipliziert, um die Pension zu ermitteln. Ruhegehaltsfähige Dienstbezüge sind im Wesentlichen das letzte Grundgehalt, der Ortszuschlag und womöglich ruhegehaltfähige Zulagen. Faustregel: Die Mindestversorgung sind 35 Prozent der Dienstbezüge. Je nach Dienstzeit (jedes Jahr steigt die Pension um besagte 1,875 Prozent) sind maximal 75 Prozent der Dienstbezüge drin; Letztere allerdings erst nach 40 Dienstjahren.

Seit 1999 zahlen auch Beamte indirekt in eine Pensionskasse

Seit 1999 wird bei Beamten bei jeder „Gehaltserhöhung" ein Teil der Erhöhung einbehalten und in ein Sondervermögen eingezahlt, das zur Bezahlung künftiger Pensionen angelegt wird (Versorgungsrücklage). Dies führt zu einer dauerhaften Senkung von Besoldung und Pension von drei Prozent. Zudem wird die Pension gekürzt: Sie soll nur noch um 1,78125 Prozent pro Jahr steigen – auf maximal 71,25 Prozent der Dienstbezüge (ab 2008). Unterm Strich senkt das Versorgungsänderungsgesetz, das 2003 in Kraft trat, das Pensionsniveau bis 2017 um 6,2 Prozent ab. Im Gegenzug erhalten seit 2003 – also ein Jahr später als alle anderen – auch Beamte die Förderung der „Riester-Rente" (siehe S. 171 ff.).

Pensionäre zahlten in der gesetzlichen Pflegeversicherung den vollen Beitragssatz schon lange vor den „normalen" Rentnern. Teile davon werden ihnen jedoch von der Beamtenbeihilfe erstattet, die der Bund ab 2006 zusammenstreichen will.

TIPP

Angehörige stehen sich auch nach dem Tod eines Beamten besser als mit der gesetzlichen Rentenversicherung. So gibt es keine fünf Jahre Wartezeit, ehe bei Dienstunfall oder Tod Leistungen beansprucht werden können. Witwen bekommen Witwengeld (statt Witwenrente wie in der gesetzlichen Rentenversicherung). Höhe: 60 Prozent des Ruhegehalts, also vergleichbar der großen Witwenrente, aber ohne deren Einschränkungen an Alter, Kinder und Berufstätigkeit (ab 2003: 55 Prozent für Witwen unter 40 und bei Hochzeitstermin ab 2002).

Preisnachlässe und Hilfsdienste für Senioren

Es gibt vor allem auf kommunaler Ebene vielfältige Mittel, um der älteren Generation Abwechslung und Lebensfreude zu verschaffen. Fragen Sie im Rathaus, bei Vereinen oder Wohlfahrtsverbänden nach. Fündig wird man auch bei den Grauen Panthern oder der Bundesarbeitsgemeinschaft der Senioren-Organisationen (Adressen im Anhang). Hier eine kurze überregionale Auswahl:

Altentagesstätten: Die gibt es praktisch überall; geboten werden gesellige Veranstaltungen, Programme, Kurse sowie gemeinnützige Arbeiten. Träger für den meist einmaligen wöchentlichen Treff ist häufig das Deutsche Rote Kreuz (Adresse im Telefonbuch). Durch unterschiedliche Zuschüsse ist die Teilnahme meist kostenlos, ansonsten sehr preisgünstig.

Erkundigen Sie sich im Rathaus, bei der Kirche oder in Verbänden und Vereinen nach kostenlosen oder preiswerten Angeboten für Ältere

In vielen Städten und Gemeinden existieren unterschiedliche Einrichtungen zur Freizeitgestaltung. Beispiele: Nachbarschaftsheime, Mal- und Museumszirkel, Tanzklubs und Gymnastikgruppen, kostenlose oder preisgünstige Gemeinschaftsreisen. Den örtlichen Überblick haben Sozialamt, Wohlfahrtsverbände und Kirchengemeinden.

Mobile Hilfsdienste: Wer auf fremde Hilfe angewiesen ist, dem steht vielerorts ein mobiler Dienst offen, den Gemeinden, Wohlfahrtsverbände oder Kirchengemeinden organisieren. Beispiele: „Mahlzeitendienst" oder „Essen auf Rädern". Über diese Hilfsdienste werden ältere Bürger, denen Einkaufen oder Kochen nicht mehr möglich sind, auf Wunsch regelmäßig mit warmen

Mahlzeiten oder Tiefkühlmenüs versorgt. Daneben gibt es häufig auch einen stationären Mittagstisch in Altentagesstätten, Altenheimen oder Kantinen öffentlicher Verwaltungen. Der Preis ist günstig und wird gelegentlich nach der Rentenhöhe gestaffelt.

Andere mobile Dienste helfen vor allem dann, wenn die Kräfte zur Führung des Haushalts nicht ausreichen und andere Unterstützung nicht zu bekommen oder zu bezahlen ist. „Haushaltshilfsdienste" etwa erledigen vielfach Fensterputzen, Wohnungsreinigung, Wäschebesorgung und Einkäufe. Es gibt auch fahrbare Wäsche- und Haushaltsreinigungsdienste, Fußpflegedienste und „Büchereien auf Rädern".

TIPP Viele Ältere halten sich auch mit einem Ehrenamt mental fit. Davon gibt es in Deutschland ein schier unendliches Angebot in Vereinen und Vereinigungen, aber auch bei zahlreichen kommunalen Aktivitäten.

Ganz umsonst muss auch ehrenamtliche Tätigkeit nicht sein: Wer in seiner Freizeit als Übungsleiter, Ausbilder, Erzieher, Künstler oder Pfleger (alter, kranker oder behinderter Menschen) tätig ist, kann bis zu 1.800 Euro pro Jahr steuerfrei kassieren. Voraussetzung: Träger ist eine öffentliche Körperschaft oder ein gemeinnütziger Verein (insbesondere Sportverein).

11 Notlagen und Streitsituationen

Wer unverschuldet in Not gerät, kann sich nicht nur ans Sozialamt (S. 112 ff.) oder bei niedriger Altersrente ans Grundsicherungsamt (S. 181 ff.) wenden. Für bestimmte Notlagen gibt es gezielt Anlaufstellen.

Opfer von Gewalttaten

Opfer von Verbrechen erleiden nicht nur körperliche oder psychische Beeinträchtigungen, sondern müssen oft auch wirtschaftlich Nachteile hinnehmen. Diese werden durch Renten, Leistungen privater Versicherungen oder der Sozialhilfe nicht in jedem Fall ausgeglichen. Auch Schadenersatzansprüche gegen den Verursacher, wenn er denn ermittelt wird, führen nicht immer zum Erfolg. Daher kümmert sich der Staat um Gewaltopfer, die einen dauerhaften Gesundheitsschaden genommen haben, in gleichem Maße wie um Opfer beim Wehr- bzw. Zivildienst. Voraussetzung: Die Tat ereignete sich in Deutschland oder auf einem deutschen Schiff bzw. in einem deutschen Flugzeug.

TIPP Einzelheiten sind im „Gesetz über die Entschädigung für Opfer von Gewalttaten" von 1976 festgelegt.

Wie eine Gewalttat werden auch Straftaten behandelt, die gemeingefährlich oder auf eine Person gerichtet sind. Art und Höhe der Leistungen für Opfer von Gewalttaten entsprechen den Hilfen für Kriegsopfer, beschränken sich jedoch auf den Ausgleich von Gesundheitsschäden: durch Heil- und Krankenbehandlung, Ersatz von Lohnausfall und eine Grundrente bei mindestens 25 Prozent geminderter Erwerbsfähigkeit. Achtung: Für Vermögensschäden, Schmerzensgeld und Sachschäden ist allein der Täter haftbar, nicht der Staat!

Wer Schmerzensgeld oder den Ersatz von Schäden verlangt, muss sich an den Täter wenden

Der zahlt für die gesundheitliche Beeinträchtigung dafür im Extremfall lebenslang.

Warnung: Grundsätzlich greift die staatliche Hilfe nur dort, wo das Opfer und seine Familie aufgrund der Schäden daran gehindert ist, aus eigener Kraft das Leben zu meistern.

Den Antrag auf Opferentschädigung nimmt das zuständige örtliche Versorgungsamt entgegen. Sie müssen nicht direkt das Opfer des Verbrechens gewesen sein. Anerkannt werden auch Schäden, die entstanden sind, weil Sie

Auch wer dadurch Schaden nimmt, dass er das Verbrechen abwehren wollte, hat Anrecht auf Entschädigung

- beim Angriff auf eine Person mit verletzt wurden,
- ein Verbrechen abwehren wollten,
- Opfer eines Brand- oder Sprengstoffanschlages wurden,
- bei der Flucht vor dem Verbrecher verletzt wurden.

Das Amt prüft, ob Ihnen eine oder mehrere der folgenden Leistungen zustehen.

Leistungen für Gewaltopfer[1]

- Versorgung, darunter Kosten für
  - Heilbehandlung,
  - Ersatzleistungen (etwa für medizinische Hilfsmittel),
  - Kuren,
  - Haushaltshilfe, Pflege,
  - Krankengeld,
  - Beihilfe (etwa 35 Euro täglich),
  - Krankenbehandlung (für Angehörige und Pflegepersonal)
  - Hilfen zur beruflichen Eingliederung
  - Übergangsgeld während der beruflichen Rehabilitation,
  - Grundrente ab 30 Prozent geminderter Erwerbsfähigkeit (= 118 Euro) bis 100 Prozent (= 621 Euro), Zulagen für Schwerstbeschädigung, Pflege und Berufsschaden unabhängig vom vorhandenen Einkommen,

- Ausgleichsrente ab 50 Prozent Erwerbsminderung (unter Anrechnung des Einkommens),
- Ehegattenzuschlag (68 Euro),
- Leistungen der Kriegsopferfürsorge (als Ergänzung bei erhöhtem Hilfsbedarf)

■ Witwenversorgung
- Witwenrente (60 Prozent der Leistungen des erwerbsunfähigen Beschädigten, wenn der Gatte in Folge der Gewalttat starb)
- Witwenbeihilfe, wenn durch die Schädigung die Hinterbliebenenvorsorge nicht ausreichend möglich war
- Krankenbehandlung
- Leistungen der Kriegsopferfürsorge

■ Waisenversorgung
- bis Endes des 18., in Ausbildung bis Ende des 27. Lebensjahres; Höhe der Grundrente: bis 105 Euro pro Monat für Halbwaisen (bis 196 Euro für Vollwaisen)
- Ausgleichsrente: bis 184 Euro pro Monat für Halbwaisen (bis 256 Euro für Vollwaisen)
- Krankenbehandlung
- Leistungen der Kriegsopferfürsorge

■ Elternversorgung
- Leistungen für Eltern von verstorbenen Gewaltopfern, wenn diese erwerbsunfähig oder mindestens 60 Jahre alt sind (bis 504 Euro für Elternpaar, bis 351 Euro für ein Elternteil)
- Krankenbehandlung
- Kriegsopferfürsorge

1 Stand: 1. Juli 2003

Die Beträge gelten auch für Ausländer, falls es dort eine vergleichbare Entschädigung für deutsche Gewaltopfer gibt, sowie für Ausländer, die rechtmäßig längerfristig bei uns leben.

TIPP Opfer von Straftaten erhalten kompetente Unterstützung von der Selbsthilfeorganisation „Weißer Ring" (Adresse im Anhang).

Das zweite Opferentschädigungsgesetz (OEG) von 1993 hat zwar die Entschädigung erleichtert. Dennoch müssen oft die

Gerichte bemüht werden, ehe Opfer zu ihrem Recht kommen. Jüngste Streitfälle:

- Wenn jemand durch eine Gewalttat stirbt, können seine Angehörigen zwar Opferrente erhalten, dafür müssen sie jedoch Einbußen bei anderen Sozialleistungen wie der gesetzlichen Unfallversicherung hinnehmen. Dies entschied das Bundessozialgericht am 12. Juni 2003 (Az.: B 9 VG 4/02).

- Wenn jemand einen Schock-Schaden erleidet, weil ein naher Angehöriger nach dem Tod missbraucht wird, rechtfertigt das keine Opferrente. So entschied das Bundessozialgericht am 12. Juni 2003 (Az.: B 9 VG 6/02). Die Frau hatte psychische Störungen erlitten, als sie davon erfuhr, dass ihre kurz zuvor bei einem Verkehrsunfall getötete Enkelin in der Leichenhalle von einem Mann sexuell missbraucht worden war. Begründung: Es fehle an einer Gewalttat gegen eine lebende Person.

Gerichtsurteile sprechen nicht immer zugunsten der Opfer bzw. ihrer Hinterbliebenen

- Wenn der Ehepartner durch eine Gewalttat schwer verletzt wird und später stirbt, hat die Witwe nur dann Anspruch auf Opferleistungen, wenn sie sofort Schäden durch den Schock davonträgt. So muss das Urteil des Bundessozialgerichts vom 12. Juni 2003 verstanden werden (Az.: B 9 VG 8/01). Ein Taxifahrer war durch einen tätlichen Angriff verletzt worden und starb an den Folgen acht Tage später im Krankenhaus. Wäre der Mann sofort tot gewesen, hätten die Angehörigen Leistungen erhalten. So aber gehen sie leer aus, denn nur der erste Schock zählt.

Opfer beim Wehr- und Zivildienst

Wer beim Wehr- oder Zivildienst Schäden davonträgt, erhält Unterstützung durch die so genannte Kriegsopferversorgung. Dieser altertümliche Begriff meint Hilfen, die während des Militär- oder Zivildienstes erfolgte gesundheitliche Schäden mildern sollen. Dazu zählen auch Folgen von Truppenübungen oder Militärflügen. Werden Sie etwa durch tief fliegende Militärmaschinen nachweislich gesundheitlich geschädigt, haben Sie Anspruch auf Entschädigung.

Viele Leistungen sind abhängig von Ihrem Einkommen und Vermögen. Lassen Sie sich bei der zuständigen Kriegsopferfürsorgestelle Ihres Landkreises bzw. Ihrer Stadt oder beim Sozialamt beraten. In jedem Fall haben Sie Anspruch auf Heil- und Krankenbehandlung sowie auf Geldleistungen zur Sicherstellung des Lebensunterhalts (siehe Abschnitt „Opfer von Gewalttaten"). Dazu zählen:

- Grundrente (ab 25 Prozent geminderte Erwerbsfähigkeit),
- zusätzliche Ausgleichsrente (ab 50 Prozent geminderte Erwerbsfähigkeit) und gegebenenfalls Berufsschadenausgleich (42,5 Prozent des Verdienstausfalls),
- Zuschläge für Ehegatten und Kinder,
- Zulagen für Pflegefälle und Blinde.

TIPP

Anspruch haben auch Opfer, die heute durch Munition aus dem Zweiten Weltkrieg verletzt werden (zum Beispiel beim Tritt auf eine Granate im Wald beim Pilzesammeln) oder beim Versuch, die Grenzsperren der DDR zu überwinden, zu Schaden kamen.

Wer mehr wissen will, sollte sich vom Bundesministerium für Familie, Senioren, Frauen und Jugend die kostenlose Broschüre „Kriegsopferversorgung" bestellen (Broschürenstelle, Postfach 201551, 53107 Bonn).

Verkehrsopferhilfe

Geraten Sie unverschuldet in einen Unfall und der Schuldige flüchtet dann oder besitzt keine Kfz-Haftpflichtversicherung (strafbar), können Sie Ihre Rechte nicht beim gegnerischen Versicherer geltend machen. In diesem Falle hilft der Verein Verkehrsopferhilfe. Er besteht seit 1963 und zahlt, als wäre der Schuldige mit der gesetzlichen Mindestdeckungssumme versichert (derzeit bis zu 2,5 Millionen Euro bei Personenschäden, bei mehreren Geschädigten 7,5 Millionen Euro und bis zu 500.000 Euro für Sachschäden). Der Verein darf allerdings nur dann eintreten, wenn der Geschädigte anderweitig keinen Ersatz erhalten kann (Privatvermögen des Schädigers, Krankenkasse, Vollkaskoversicherung usw.).

TIPP

Bei Unfällen mit Fahrerflucht gelten Besonderheiten: Schäden am Auto werden nicht ersetzt; bei sonstigen Sachschäden (Kleidung, Ladung, Gepäck) werden die Kosten erstattet, die über 500 Euro hinausgehen. Wurden Personen verletzt oder getötet, zahlt die Verkehrsopferhilfe auch in diesen Fällen bis zu 7,5 Millionen Euro. Gespeist wird der Fonds der Unfallopferhilfe aus Abgaben aller Versicherer, die am deutschen Markt Kfz-Versicherungen anbieten.

Bei Unfällen mit Fahrerflucht zahlt die Verkehrsopferhilfe für Personenschäden bis 7,5 Mio. Euro

Je nach Schwere des Unfalls zahlt die Verkehrsopferhilfe einmalig (Sachschaden) oder länger (Gesundheitsschaden). Betroffene sollten sich schnellstmöglich an die Verkehrsopferhilfe wenden (Adresse im Anhang).

Verbraucherberatung

Wer Ärger mit Firmen, Ämtern, Behörden oder etwa dem Nachbarn hat, fühlt sich oft auf sich allein gestellt oder fürchtet finanzielle Belastungen. Natürlich kostet es Geld, mit Hilfe eines Anwalts und eventuell sogar vor Gericht seine Ansprüche durchzusetzen. Was viele indes nicht wissen, ist: Es gibt auch jede Menge außergerichtlicher Möglichkeiten und Lösungen ohne Anwalt, die entweder kostenlos oder kostengünstig zu haben sind.

Verbraucherzentralen

Die örtlichen Verbraucherzentralen sind in Verbraucherfragen sehr kompetent (Adresse des Bundesverbandes am Ende des Buches). Sie bieten neben einem informativen und aktuellen Online-Angebot

- telefonische, schriftliche und persönliche Beratung in verschiedenen Bereichen (z. B. Versicherungsberatung, Altersvorsorge, Bauträgerverträge, Baufinanzierung); qualifizierte Mitarbeiter sind Ihre Ansprechpartner am Telefon und in den Beratungsstellen vor Ort;
- außergerichtliche Rechtsvertretung (in Ausnahmen auch gerichtliche Vertretung);
- außergerichtliche Streitschlichtung (noch nicht in allen Bundesländern vorgeschrieben);
- die Möglichkeit zur Selbstinformation in den Beratungsstellen;
- Ratgeber, Broschüren und Hefte der Stiftung Warentest;
- Gruppenberatungen, Kurse sowie Schulungen.

Die Kosten für die Leistungen sind unterschiedlich, jedoch regelmäßig geringer als bei kommerziellen Angeboten. Man will Ihnen auch nichts verkaufen. Die außergerichtliche Streitschlichtung durch die Verbraucherzentralen und andere Schlichtungsstellen trägt zur Entlastung der Justiz bei.

Versuchen Sie, Ärger und Probleme immer erst außergerichtlich zu klären

Beispiel Nordrhein-Westfalen: Wenn der Streitwert nicht mehr als 600 Euro beträgt und beide Parteien ihren Wohn- bzw. Geschäftssitz im gleichen Landgerichtsbezirk haben, erfolgt außergerichtliche Streitschlichtung. Verbraucher können dann in einer Beratungsstelle ein Schlichtungsverfahren beantragen – etwa bei Streit mit Handel und Handwerk, mit Banken und Versicherern. Berater kümmern sich dann um das Einvernehmen mit dem Unternehmen und unterbreiten einen Vorschlag zur Güte. Kosten: 15,30 Euro für jede Partei.

Schlichtungsstellen der Industrie- und Handelskammern

Sie arbeiten nach dem gleichen Prinzip und können bei Streit mit Unternehmen eingeschaltet werden. Die Adressen Ihrer örtlichen IHK erfahren Sie aus dem Telefonbuch oder im Internet (www.dihk.de). Vorteil: Die Schlichter verfügen über die notwendige Sachkenntnis, um Konflikte lösen zu können. Sie sind mit Fachleuten der jeweiligen Branche und Juristen besetzt. Die Besetzung ist jedoch nicht immer paritätisch. Das Schlichtungsverfahren ist sehr kostengünstig, dauert aber meist lange. Gefällt Ihnen das Ergebnis nicht, können Sie hinterher immer noch klagen. Denn: An den Spruch der Schlichtungsstelle sind Sie als Verbraucher nicht zwingend gebunden – im Gegensatz zum Unternehmen. Allerdings sollten Sie auf Fristen achten, um notfalls noch vor Gericht gehen zu können.

Von den Schiedsstellen ist das *Schiedsgericht* zu unterscheiden. Wer ein Schiedsgericht in Anspruch nimmt, kann nicht mehr vor einem ordentlichen Gericht klagen. Das Urteil ist bindend. In der Regel trägt jeder seine eigenen Kosten.

Schlichtungsstellen im Handwerk

Auch bei Ärger mit Handwerkern können Sie auf die Hilfe von Schiedsstellen bauen. Wenn Telefongespräche und Briefwechsel keine Einigung bringen, bieten die örtlichen Handwerkskammern Schlichtungsverfahren an (Infos beim Zentralverband des Deutschen Handwerks, Adresse im Anhang). Einige Berufsverbände unterhalten eigene Schiedsstellen.

Einige Berufsverbände des Handwerks bieten eigene Schlichtungsstellen an

Beispiel: Der Zentralverband des Kraftfahrzeughandwerks unterhält bundesweit rund 150 Schlichtungsstellen. Sind Sie mit der Entscheidung nicht einverstanden, bleibt immer noch der Weg zum Gericht. Wo sich eine Schiedsstelle in Ihrer Nähe befindet, erfahren Sie im Internet (www.kfzgewerbe.de).

Versicherungen

Ärger mit Versicherern gibt es häufig im Schadensfall. Wenn Sie den Eindruck haben, nicht genug entschädigt worden zu sein, oder Ihnen gar die Leistung ganz verweigert wird, helfen unter Umständen zunächst Beschwerden: Ein Widerspruch beim Versicherer selbst, danach beim Ombudsmann für den Gesamtverband der deutschen Versicherungswirtschaft (GDV), beim Ombudsmann für den Verband der Privaten Krankenversicherer oder bei der Bundesanstalt für Finanzdienstleistungsaufsicht (BaFin, Adressen im Anhang).

Beschweren Sie sich immer zuerst direkt bei der Versicherung – erst danach kann der Ombudsmann aktiv werden

Neutral, unabhängig und kostenlos tritt der Ombudsmann als Schlichter zwischen Kunden und Versicherungsgesellschaften ein. Zumeist ist ein ehemaliger Richter des Bundesgerichtshofes als Ombudsmann tätig. Sie müssen Ihrer Versicherung zunächst sechs Wochen Zeit geben, auf Ihre Beschwerde zu reagieren – erst danach kann der Ombudsmann aktiv werden. Beschwerden bis zu einem Streitwert von 5.000 Euro kann er allein entscheiden und bis zum Wert von 50.000 Euro Empfehlungen aussprechen. Der Ombudsmann der privaten Krankenversicherer spricht ausschließlich Empfehlungen aus. Beide können nur helfen, wenn die Angelegenheit noch nicht bei der BaFin oder bei Gericht liegt.

TIPP Verlässliche Ratschläge gibt der Ratgeber „Gut versichert" (kostet 9,80 Euro), der bei den Verbraucherzentralen zu bekommen ist.

Banken

Ähnlich wie Versicherer bieten auch Banken die Schlichtung über Ombudsleute an. Das Verfahren ist für den Kunden kostenlos. Einige Streitfälle sind allerdings ausgenommen. So wird der Ombudsmann zum Beispiel nicht tätig, wenn sich bereits ein

Gericht oder eine andere außergerichtliche Schlichtungsstelle mit dem Vorgang beschäftigt, der Anspruch verjährt ist und die Bank sich auf Verjährung berufen hat. Ansprechstellen sind die Beschwerdestelle beim Bundesverband deutscher Banken, Bundesverband der Volks- und Raiffeisenbanken (Schlichterspruch ist dort für die jeweilige Volksbank nicht bindend), Verband Deutscher Hypothekenbanken, Verband der privaten Bausparkassen oder Deutschen Sparkassen- und Giroverband (noch kein Schlichter eingesetzt). Die Adressen finden Sie am Ende des Buches.

Örtliche Gütestellen

Probleme mit Nachbarn lassen sich oft über örtliche Gütestellen lösen. In manchen Bundesländern sind Schlichtungsverfahren bei Nachbarschaftsstreit vor einem Gerichtsverfahren verbindlich vorgeschrieben. Auch für fast alle anderen Streitigkeiten mit einem Streitwert bis zu 600 Euro ist vor eine Klage häufig ein Schlichtungsverfahren bei einer Gütestelle gesetzt. Damit will man die Lawine von oft skurrilen Nachbarschaftsfehden vor Gericht eindämmen. Ausnahme: Wenn es ausschließlich um Geld geht, kann man stattdessen auch einen Mahnbescheid beantragen.

TIPP Adressen erhalten Sie bei Ihrer örtlichen Rechtsanwaltskammer.

Hilfe im Ausland

Bei Problemen während eines Auslandsaufenthaltes hilft die deutsche Botschaft

Wer im Ausland unverschuldet in Not gerät, hat im Konsularbeamten der deutschen Botschaft einen Rettungsanker (Adresse unter www.auswaertiges-amt.de zu erfahren). Auch Botschaften anderer europäischer Länder helfen. Die Auslandsvertretung kann Ihnen

- bei Passverlust einen Reiseausweis zur Rückkehr in das Bundesgebiet ausstellen,
- bei Geldverlust Kontaktmöglichkeiten mit Verwandten oder Freunden zu Hause vermitteln,
- schnelle Überweisungswege aufzeigen (Blitzgiro, telegrafische Postüberweisung) bzw. in Ländern, in denen diese Überweisungswege nicht vorhanden sind, auch eine Überweisung über die Auslandsvertretung ermöglichen,
- in besonders gelagerten Einzelfällen bis zum Eingang der Geldüberweisung aus der Heimat ein Überbrückungsgeld auszahlen, das zurückzuzahlen ist.

Wenn alle eigenen Hilfsmöglichkeiten erfolglos geblieben sind, kann Ihnen eine zurückzuzahlende Hilfe zur Rückkehr nach Deutschland gewährt werden. Bei Bedarf wird auch ein vertrauenswürdiger Anwalt, Arzt oder Dolmetscher vor Ort benannt, bei Festnahme auf Wunsch die anwaltliche Vertretung sichergestellt und bei Tod Hilfe bei der Erledigung der Formalitäten vor Ort geleistet.

Schuldnerberatung

Rund drei Millionen deutsche Haushalte sind überschuldet. Das so genannte Verbraucher-Insolvenzverfahren bietet Privatleuten die Chance für einen Neuanfang. Dafür gibt es zunächst zwar kein Geld vom Staat, aber Sie können mit staatlicher Hilfe am Ende wieder schuldenfrei leben. Jedenfalls stundet das Gericht die notwendigen Kosten, falls kein Geld vorhanden ist. Am Ende können sie ganz gestrichen werden.

Wer sich als Schuldner sechs Jahre um Abhilfe bemüht, kann den Rest erlassen bekommen

Tipp: Der erste Weg zur Schuldenbereinigung führt zu einer zur Schuldnerberatung geeigneten Person oder Stelle, um das außergerichtliche Verfahren in Gang zu bringen und ohne die ein gerichtlicherAntrag nicht zulässig ist. Hilfe gibt es in einer der rund 300 Schuldnerberatungsstellen, die ohne kommerzielles Interesse arbeiten. Träger sind die Kommunen (Sozialamt) sowie die Wohlfahrtsverbände, zum Beispiel Diakonisches Werk, Caritas, Arbeiterwohlfahrt, Deutsches Rotes Kreuz, Deutscher Paritätischer Wohlfahrtsverband. Verbraucherzentralen bieten nur in einigen Ländern umfassende Schuldnerberatung an.

Um die sechsjährige Frist überhaupt durchstehen zu können, müssen Teile des Einkommens pfändungsfrei bleiben. Entsprechende Freigrenzen (siehe Tabelle) sollen regelmäßig der aktuellen Preisentwicklung angepasst werden. Die nächste Erhöhung ist ab 1. Juli 2005 geplant.

So viel Netto-Einkommen bleibt pfändungsfrei

Alleinstehender	939,99 Euro
mit 1 Unterhaltsberechtigtem	1.289,99 Euro
mit 2 Unterhaltsberechtigten	1.479,99 Euro
mit 3 Unterhaltsberechtigten	1.679,99 Euro
mit 4 Unterhaltsberechtigten	1.869,99 Euro
ab 5 Unterhaltsberechtigte	2.069,99 Euro

Stand: 1. Januar 2002; Quelle: BGBl. 2001 Teil I Nr. 69

Sprechen Sie mit der Schuldnerberatung über Ihre Schulden, insbesondere wenn Mietschulden im Spiel sind. In Ausnahmefällen übernimmt der Staat diese Kosten, damit Sie nicht auf der Straße sitzen (siehe S. 112 ff.).

Zahlreiche Broschüren und Portale vermitteln seriöses Wissen für Schuldner

TIPP Eine Liste der Schuldnerberatungsstellen kann bei der Bundesarbeitsgemeinschaft Schuldnerberatung angefordert werden (Adresse im Anhang). Die komplette Liste der Schuldnerberatungsstellen finden Sie im Internet unter Forum-Schuldnerberatung.de, BIAG-SV.de oder AGSBV.de. Zahlreiche Adressen liefert auch die kostenlose Broschüre des Bundesministeriums für Familie, Senioren, Frauen und Jugend „Was mache ich mit meinen Schulden?" (Bestelladresse: Postfach 20 15 51, 53145 Bonn). Zahlreiche Informationen bietet der Ratgeber „Geschafft: schuldenfrei" der Verbraucherzentralen. Sie erhalten ihn dort für 7,80 Euro.

Juristische Hilfen für Bedürftige

Wer bedürftig ist, soll im Falle eines Falles nicht auf einen Anwalt verzichten müssen und soll auch die Chance haben, vor Gericht um sein Recht kämpfen zu können. Daher springt der Staat mit Beratungshilfe ein und erstattet vor Gericht womöglich Prozesskostenhilfe. In Strafverfahren wird ein Pflichtverteidiger gestellt.

Beratungshilfe

Wer geringes Einkommen hat, kann im juristischen Streitfall Beratungshilfe beantragen, wenn er außerhalb eines Gerichtsverfahrens kostenlose Rechtsberatung, also einen Rechtsanwalt, braucht. Die Beratungshilfe finanziert das fällige Anwaltshonorar, wenn der Betreffende

- die erforderlichen Mittel nicht selbst aufbringen kann,
- über keine anderen Mittel, etwa eine Rechtsschutzversicherung, verfügt und
- die Sachlage nicht mutwillig herbeigeführt hat.

Die Hilfe steht Bedürftigen zu, die volle Prozesskostenhilfe bekommen würden (siehe nächster Abschnitt). Beratungshilfe gibt es bei Bedarf im

- Zivilrecht einschließlich Arbeitsrecht,
- öffentlichen Recht einschließlich Sozialrecht und Steuerrecht,
- Strafrecht,
- Ordnungswidrigkeitenrecht.

Das heißt: Beratungshilfe können Sie auch dann beanspruchen, wenn sie gegen die Entscheidung einer staatlichen Stelle vorgehen wollen. Beispiele hierfür sind umstrittene Entscheidungen im Zusammenhang mit der Sozialhilfe, dem Wohngeld, dem Arbeitslosengeld oder der Arbeitslosenhilfe.

Auch wer mit behördlichen Entscheidungen nicht einverstanden ist, kann mit Beratungshilfe um sein Recht kämpfen

Anlaufstelle für Beratungshilfe sind die örtlichen Amtgerichte, speziell die dort beschäftigten Rechtspfleger. Entweder übernimmt das Gericht die Beratungshilfe selbst oder verweist an einen Rechtsanwalt (dafür stellt Ihnen der Rechtspfleger einen Berechtigungsschein aus). Übrigens: Eine erste Auskunft im Amtsgericht ist kostenlos!

Beratungshilfe können Sie allerdings nur beantragen, wenn Sie keine Rechtschutzversicherung abgeschlossen haben, bestimmte Einkommensgrenzen nicht überschreiten (siehe unter „Prozesskostenhilfe") und über kein Vermögen verfügen, auf das Sie zurückgreifen könnten. Meist kostet die anwaltliche Beratung Sie dann nicht mehr als zehn Euro. Zum Vergleich: Normalerweise verlangen Anwälte für eine Erstberatung bis zu 180 Euro.

TIPP In Bremen und Hamburg gibt es statt der gesetzlichen Beratungshilfe eine öffentliche Rechtsberatungsstelle, in Berlin die Wahl zwischen gesetzlicher Beratungshilfe und öffentlicher Rechtsberatung im Bezirks- oder Sozialamt.

Prozesskostenhilfe

Wollen Sie einen Prozess anstrengen, können aber die Gerichtskosten und das Honorar Ihres Anwalts nicht oder nicht vollständig aufbringen, steht Ihnen unter Umständen Prozesskostenhilfe zu. Voraussetzung: Der Prozess hat Aussicht auf Erfolg. Das Gericht prüft vor dem Prozess die Erfolgsaussichten und die Bedürftigkeit.

TIPP Sie können den Antrag selbst bei Gericht stellen. Sie müssen dann Nachweise über Ihre Einkommen und Ihre Belastungen (Miete,

Versicherungen, Darlehensraten, Unterhalt usw.) mitbringen. Da aber mit dem Antrag die Klage oder die Verteidigung gegen eine Klage eingereicht werden muss, sollten Sie es besser einem Anwalt überlassen, den Antrag zu stellen. Der benötigt dieselben Unterlagen. Sprechen Sie mit dem Anwalt über die Prozesskostenhilfe und darüber, was zuzahlen ist, wenn sie abgelehnt wird.

Wenn möglich sollte ein Anwalt den Antrag auf Prozesskostenhilfe stellen

Um Ihre finanziellen Möglichkeiten festzustellen, wird das einzusetzende Einkommen ermittelt, das an die Regelsätze der Sozialhilfe anknüpft (siehe S. 112 ff.): Das Nettoeinkommen minus Mindestbeträge für den eigenen Lebensunterhalt und den der Familie, Wohn- und Heizkosten sowie eventuelle außergewöhnliche Belastungen.

So wird das Einkommen für Prozesskostenhilfe ermittelt

Bruttoeinkommen
- Einkommensteuer
- Sozialversicherung
- Werbungskosten
- Wohnkosten (Miete, Nebenkosten, Heizung; meist bis 400 Euro)
- eigener Freibetrag des Prozessierenden (364 Euro)
- Freibetrag für den Ehegatten, falls verheiratet (ebenfalls 364 Euro)
- Freibetrag für jedes unterhaltsberechtigte Kinde (je 256 Euro)
- Freibetrag bei Berufstätigkeit trotz Leistungseinschränkung (bis 200 Euro)
- weitere Beträge bei besonderer Belastung, etwa Körperbehinderung

= einzusetzendes Einkommen (Schulden werden ggf. berücksichtigt. Vermögen ist einzusetzen)

Falls dabei höchstens 15 Euro übrig bleiben, gibt es volle Prozesskostenhilfe. Sie brauchen dann keine Rechtskosten zu bezahlen. Ergeben sich höhere Beträge, ist teilweise Prozesskostenhilfe möglich. Übrigens: Die Freibeträge (Stand: 2003) ändern sich entsprechend der Entwicklung der gesetzlichen Renten (meist jährlich zum 1. Juli).

Je mehr Sie verdienen, desto mehr verwandelt sich die teilweise Prozesskostenhilfe in einen zinslosen Kredit.

Wer zu viel verdient, muss die Prozesskostenhilfe in Raten zurückzahlen

Beispiel: Bleiben Ihnen 250 Euro einzusetzendes Einkommen, kann das Gericht Monatsraten in Höhe von 75 Euro für die Rückzahlung anordnen.

Insgesamt müssen Sie jedoch höchstens 48 Monatsraten aufbringen, unabhängig davon, durch welche Instanzen das Verfahren geht.

Ändern sich die wirtschaftlichen Verhältnisse, wird auch die Entscheidung über die Prozesskostenhilfe revidiert. Mit anderen Worten: Geht es Ihnen finanziell besser, werden Sie aufgefordert, den staatlichen Vorschuss komplett zurückzuzahlen.

Verlieren Sie den Prozess, kommt die Prozesskostenhilfe dafür keinesfalls auf. Die Kosten für den Gegner müssen Sie selbst tragen. Daher sollten Sie vorher genau auf die Empfehlungen der Rechtsberatung achten, ehe Sie den Prozess anstrengen. Allerdings ist die Einschätzung eines Rechtsanwalts und die Entscheidung des Gerichts über die Prozesskostenhilfe und damit die Erfolgsaussichten vor dem Prozess keine Garantie für einen siegreichen Prozess.

Pflichtverteidigung

In einem Strafprozess muss dem Beschuldigten die Chance gegeben werden, seine Interessen durch einen Verteidiger vertreten zu lassen. Falls Sie sich nicht selbst einen Rechtsanwalt als Verteidiger (den so genannten Wahlverteidiger) gesucht haben, verpflichtet das Gericht einen Pflichtverteidiger, der auf Staatskosten arbeitet. Dabei geht es nicht um das Einkommen oder die Bedürftigkeit – in Strafsachen gibt es keine Prozesskostenhilfe –, sondern um die rechtsstaatliche Absicherung des Verfahrens. Das

Pflichtverteidiger arbeiten auf Staatskosten

Gesetz bezeichnet die Pflichtverteidigung als „notwendige Verteidigung" (nach § 140 Strafprozessordnung). Das ist in der Regel erforderlich, wenn

- sich der Angeklagte seit mindestens drei Monaten in Haft befindet,
- die Anklage nicht zum Amtsgericht (Strafrichter oder Schöffengericht), sondern zum Landgericht (große Strafkammer, Wirtschaftsstrafkammer oder Schwurgericht) erhoben worden ist,
- dem Angeklagten nicht nur ein Vergehen (z.B. Diebstahl), sondern ein Verbrechen (z.B. Raub) zur Last gelegt wird,
- der Angeklagte unfähig ist, sich selbst zu verteidigen (z.B. geistige Behinderung),
- die Sach- oder Rechtslage besonders schwierig ist (nur in Bußgeldverfahren).

Man kann sich also auch als vermögender Bürger einen Pflichtverteidiger geben lassen. Die Kosten für die Pflichtverteidigung trägt die Staatskasse.

Kommt es allerdings zur Verurteilung, werden die Kosten Ihres Strafverteidigers als Teil der Gerichtskosten gewertet. Folge: Die Staatskasse fordert einen Teil der Ausgaben von Ihnen zurück. Aus Kostengründen auf einen selbst gewählten Verteidiger (Wahlverteidiger) zu verzichten, kann sich also bitter rächen.

Wer verurteilt wird, muss einen Teil der Kosten des Pflichtverteidigers zurückzahlen

Aber auch einen Pflichtverteidiger kann der Beschuldigte selbst aussuchen! Allerdings muss sich dieser Anwalt als Pflichtverteidiger mit einer geringeren Gebühr begnügen als sonst üblich. Das wird ihn nicht unbedingt zu Höchstleistungen anspornen.

Übrigens: Die Kosten für die Pflichtverteidigung betragen in der Hauptverhandlung beim Schöffengericht rund 205 Euro für den ersten Verhandlungstag, 166 Euro für jeden weiteren Tag und rund 103 Euro für das Vorverfahren. Prozesse vor der Großen Strafkammer, am Schwurgericht und vor dem Oberlandesgericht sind teurer (bis zu 350 Euro für den ersten Tag), ebenso jeder weitere Prozess, um das Urteil zu korrigieren (Berufung; Revision).

12 So setzen Sie Ihre Ansprüche durch

Nicht nur im Strafprozess sind Sie auf einen versierten Verteidiger Ihrer Interessen angewiesen. Auch im Umgang mit Ämtern und Behörden ist ein solider Berater von großem Wert. Er kostet zwar oft Geld, erspart aber auch Zeit, Wege und damit Geld. Häufig lassen sich mit seiner Hilfe überhaupt erst Ansprüche durchsetzen. Denn die Rechtslage ist oft kompliziert und der Formularkrieg nicht jedermanns Sache. Hier ein kleiner Wegweiser für den Umgang mit Behörden.

Spielregeln mit Behörden

Staatliche Hilfen sind keine Almosen, sondern Hilfen, auf die ein gesetzlich verbriefter Rechtsanspruch besteht bzw. die nach Prüfung der Umstände gewährt werden können. Mit Ihrer Bitte um Hilfe oder Ihrem Antrag auf Zuschüsse lösen Sie einen Verwaltungsvorgang aus, der an bestimmte Vorschriften gebunden ist. Die Sachbearbeiter müssen sich bei der Bearbeitung an diese Vorschriften halten. Das soll sicherstellen, dass jedem Bürger gleiches Recht zuteil wird.

Es gibt viele Gelegenheiten, bei denen Sie mit den Behörden der Wohngemeinde, des Landes oder des Bundes in Berührung kommen.

TIPP

Auskünfte zu Behörden bekommen Sie am besten direkt im Rathaus

Haben Sie Zweifel, welche Behörde für Ihr Anliegen die richtige Adresse ist, rufen Sie vorher im Rathaus, Stadtbezirks- oder Landratsamt an und erkundigen Sie sich danach (Anschrift und Sammel-Telefonnummer stehen im örtlichen Telefonbuch, meist unter dem Stichwort „Gemeindeverwaltung“, „Stadtverwaltung“ oder „Landesregierung“).

Da nicht jeder Wunsch von Amts wegen in Erfüllung geht, ist es gut, von Anfang an die Spielregeln zu kennen. Dann wissen Sie sich auch gegen einen negativen Bescheid zu wehren. Erfahrungsgemäß kommt am weitesten, wer freundlich und sachlich auftritt, sich an die Vorschriften und Abläufe hält, an die auch der zuständige Sachbearbeiter gebunden ist, und dem Sachbearbeiter so gut wie möglich mit Auskünften und Belegen zuarbeitet. Hier die Spielregeln bei Behörden in Kurzform:

Auskunft

Wer ein Anliegen hat, kann sich wegen einer Auskunft an die Behörde wenden. Ob per Telefon, Brief oder persönlich – Behörden sind zur kostenlosen Auskunft verpflichtet. Wer individuelle Beratung wünscht, sollte das persönliche Gespräch suchen und sich dafür am besten telefonisch anmelden. Auch das ist alles kostenlos. Wichtig: Mit der Auskunft wird jedoch noch kein Verwaltungsakt ausgelöst, dazu bedarf es eines Antrages.

Antrag

Erst wenn Sie einen schriftlichen Antrag stellen, setzt sich die Behörde in Gang

Die Mühlen fangen erst an zu mahlen, wenn Sie Geld oder andere Hilfen beantragt haben. Dieser Antrag muss schriftlich vorliegen, entweder durch eines der zahllosen Formulare oder formlos als ganz normaler Brief (siehe Abschnitt „Musterbriefe"). Nach einer angemessenen Frist muss Ihr Antrag bearbeitet sein, in einfacheren Fällen innerhalb eines Monats. Dann erhalten Sie schriftlichen Bescheid, der begründet sein muss. Beigefügt ist auch eine so genannte Rechtsmittelbelehrung: Die klärt darüber auf, wie Sie sich gegen den Bescheid wehren können, falls Sie damit nicht einverstanden sind. Wenn Sie meinen, Sie haben einen Anspruch, lassen Sie sich nicht abwimmeln, mit dem Argument, der Antrag habe keine Aussicht auf Erfolg. Bestehen Sie auf einer Entscheidung.

Bescheid

Lässt der Bescheid auf Ihren Antrag lange auf sich warten, können Sie dem Amtsschimmel durchaus auf Trab bringen. Sinnvoll ist es, nach zwei Wochen telefonisch nachzufragen, ob der Antrag überhaupt sein Ziel erreicht hat. Dann kann man nochmals sachlich auf eine gewisse Dringlichkeit aufmerksam machen, zum Beispiel beim Wohngeld auf den Fakt, dass die nächste Mietzahlung ansteht. Tut sich auch dann nichts, sollten Sie dem Sachbearbeiter praktikable Zwischenlösungen vorschlagen, zum Beispiel einen angemessenen Vorschuss verlangen. Lässt der Bescheid dann immer noch auf sich warten, sollten Sie sich mündlich oder besser schriftlich sachlich beschweren.

Beschwerde

Die Behörde muss Ihre Beschwerde entgegennehmen und den Vorgang intern prüfen. Findet sie keine Unregelmäßigkeiten, wird die Beschwerde abgelegt und es passiert nichts weiter, der Vorgang wird also normal „weiterbearbeitet". Dauert Ihnen das alles zu lange, können Sie einen Schritt weitergehen und sich beim Vorgesetzten Ihres Sachbearbeiters oder bei der nächsthöheren Behörde beschweren (Dienst- oder Fachaufsichtsbeschwerde).

Die Beschwerde bearbeitet meist der zuständige Sachbearbeiter selbst

Dienst- oder Fachaufsichtsbeschwerde

Damit veranlassen Sie eine übergeordnete Prüfung der Sachlage – praktisch das letzte Mittel vor einer Klage. Ist die Entscheidung zu Ihren Gunsten, wirft das ein ungünstiges Licht auf Ihren zuständigen Sachbearbeiter. Deshalb wirkt es manchmal schon Wunder, dem Bearbeiter gegenüber eine Dienstaufsichtsbeschwerde zu erwägen. Doch Vorsicht: Kommt es wirklich zur Prüfung und die bestätigt dann die Entscheidung des Sachbearbeiters, so müssen Sie abwarten, wann und wie der Sachbearbeiter entscheidet. Erst wenn die Entscheidung vorliegt, können Sie widersprechen bzw. klagen.

Widerspruch

Wird Ihr Antrag ganz normal bearbeitet, fällt aber nicht zu Ihrer Zufriedenheit aus, können Sie gegen den Bescheid Widerspruch einlegen, und zwar schriftlich und mit Begründung. Dazu haben Sie vier Wochen Zeit, nachdem Ihnen der Bescheid mit Rechtsmittelbelehrung zugestellt wurde. Verstreicht diese Frist ungenutzt, wird der Bescheid rechtskräftig – alle weiteren Beschwerden sind dann zwecklos.

Wird Ihr Widerspruch abgelehnt, bleibt nur noch die Klage

Warnung: Falls Sie Widerspruch einlegen, bleibt die getroffene Entscheidung der Behörde zunächst gültig. Haben Sie zum Beispiel gegen die Kürzung Ihres Wohngeldanspruchs protestiert, bekommen Sie zunächst trotzdem nur den gekürzten Satz. Nach angemessener Frist erhalten Sie schriftlich den Widerspruchsbescheid. Beigefügt ist wieder eine Rechtsmittelbelehrung: Die klärt darüber auf, wie Sie sich gegen diesen Bescheid wehren können. Dann hilft allerdings nur noch der Gang vors Gericht (Klage).

TIPP Die Rechtsmittelbelehrung im Bescheid sagt Ihnen an wen der Widerspruch zu richten ist.

Klage

Wer sich im Recht fühlt, kann gegen den Widerspruchsbescheid eine Klage vor dem zuständigen Gericht einreichen. Dazu haben Sie wiederum vier Wochen Zeit, nachdem Ihnen der Widerspruchsbescheid zugestellt wurde. Zuständig ist entweder das allgemeine Verwaltungsgericht (Sozialhilfe, Baurechtsstreitigkeiten), das Sozialgericht (Sozialversicherung, Arbeitsagentur, Kriegsopferversorgung) oder das Finanzgericht (Steuern). Häufig dauert es jedoch mehrere Monate, ehe überhaupt der Prozess anberaumt wird. Das Gericht ist von Amts wegen verpflichtet, sich um die Ermittlungen zu kümmern. Dauert die Sache Ihnen aber wieder zu lange – weil Sie womöglich auf das Geld zum Leben angewiesen sind –, können Sie beim Gericht eine einstweilige Anordnung erwirken.

TIPP

Die Belehrung im Widerspruchsbescheid sagt Ihnen auch hier, an welches Gericht die Klage zu richten ist.

Einstweilige Anordnung

Diese Zwischenlösung des Gerichts verpflichtet die beklagte Behörde, Ihnen das Geld auszuzahlen, bis das Gericht beraten und seine Entscheidung getroffen hat. Beraten Sie sich jedoch gründlich mit Ihrem Anwalt, bevor eine einstweilige Anordnung beantragt wird. Denn: Entscheidet das Gericht später gegen Sie, muss das Geld zurückgezahlt werden.

Apropos Rückzahlung: Geht alles ohne Widersprüche und Gericht ab, so brauchen Sie Zuschüsse und Sachleistungen der öffentlichen Hand normalerweise nicht zurückzuzahlen (außer Darlehen, die aber oft zinslos sind). Einzige Ausnahme: Wenn Sie sich die Hilfen mit falschen Angaben erschwindelt haben. Kommt man Ihnen auf die Schliche, heißt es nicht nur, alles wieder zurückzugeben, sondern es drohen auch saftige Strafen.

Wer sich öffentliche Hilfen erschwindelt, muss alles zurück zahlen und wird bestraft

Musterbriefe

Um den Einstieg in die Korrespondenz mit Behörden zu erleichtern, folgen einige Musterbriefe.

TIPP

Versuchen Sie als Laie nicht mit juristischem Halbwissen zu glänzen oder auf schwülstige Weise Ihre Wünsche zu beschreiben. Sagen Sie einfach kurz und knapp, was Sie wollen, und geben Sie eine Kontaktmöglichkeit an, wie Sie am besten zu erreichen sind. Beispiel Wohngeld:

Antrag auf Wohngeld

Sehr geehrte Damen und Herren,

hiermit stelle ich erstmals einen formlosen Antrag auf Wohngeld. Mein Vermieter hat gerade die Miete erhöht.
Falls ein Antrags-Formular auszufüllen ist, senden Sie mir bitte das Formular zu. Schicken mir bitte auch eine Übersicht mit Adresse und Öffnungszeiten der zuständigen Stelle. Ich werde die Unterlagen dann samt Mietvertrag, aktueller Mietquittung und Verdienstbescheinigung umgehend einreichen.

Mit freundlichen Grüßen

Falls Sie den Antrag eingereicht haben, jedoch längere Zeit nichts von der Behörde hören, lohnt eine schriftliche Nachfrage, also eine eindeutige Erinnerung. Etwa so:

Nachfrage zu Bearbeitung Wohngeldantrag

Sehr geehrte Damen und Herren,

am .... habe ich bei Ihnen einen Wohngeldantrag abgegeben. Bis heute warte ich vergeblich auf eine Mitteilung, ob und wann ich mit dem Zuschuss rechnen kann.
Da ich, wie Sie meinem Antrag und den beigefügten Gehaltsbescheinigungen entnehmen können, sehr dringend auf das Wohngeld angewiesen bin, bitte ich Sie, den Antrag so schnell wie möglich zu bearbeiten. Falls Sie den Antrag aufgrund fehlender Angaben nicht weiterbearbeiten können, geben Sie mir möglichst schnell Bescheid, damit ich von meiner Seite alles unternehmen kann, um die Bearbeitung zu beschleunigen.
Für einen telefonischen Zwischenbescheid wäre ich Ihnen sehr verbunden. Ich bin tagsüber unter der Telefon-Nummer .... zu erreichen.

Mit freundlichen Grüßen

Falls die Behörde weiter nicht zu einer Entscheidung kommt und der Bescheid nach längerer Zeit immer noch aussteht, lohnt je nach Dringlichkeit eine Beschwerde. Beispiel:

Beschwerde

Sehr geehrter Herr Bürgermeister,

leider sehe ich mich veranlasst, über .... (Name), Sachbearbeiter im Amt für .... (Name), Beschwerde zu führen.
Seit nunmehr .... Wochen, genauer: seit dem ...., lässt er/sie meinen dringenden Antrag auf Genehmigung einer .... (Sache) unbeantwortet. Mehrere telefonische Nachfragen der letzten Wochen haben offenbar nichts bewirkt. Herr/Frau .... sprach von außerordentlich starker Überlastung und vertröstete mich ein ums andere Mal. Eine solch lange Bearbeitungszeit halte ich für unzumutbar, zumal jeder Tag ohne Entscheidung für mich mit empfindlichen finanziellen Belastungen verbunden ist. Wenn die Angelegenheit bis zum .... nicht geklärt ist, kommen weitere Kosten auf mich zu.
Bitte tragen Sie Sorge, dass Frau .... oder ihre Dienststelle Anfragen und Anträge ordnungsgemäß und in zumutbarer Frist bearbeiten, und erteilen Sie der zuständigen Sachbearbeiterin oder ihrem Vorgesetzten eine entsprechende Weisung.

Mit freundlichen Grüßen

TIPP

Im Ernstfall sollten Sie Ihr gutes Recht gegen die Entscheidung der Behörde einklagen. Dafür empfiehlt sich jedoch vorher eine Rechtsberatung, um die Chancen vor Gericht auszuloten. Denn Prozesskosten gehen schnell ins Geld und kommen häufig teurer als der eigentliche Streitwert. Beispiel:

Klage gegen Behörde nach erfolglosem Widerspruch (an Sozialgericht)

Klage gegen Widerspruch Bescheid vom ...../Aktenzeichen ....

Sehr geehrte Damen und Herren,

hiermit erhebe ich Klage gegen den Bescheid vom ....
Ich hatte gegen die Kürzung meiner Sozialhilfe von 280 Euro auf 190 Euro am .... Widerspruch eingelegt. Mit Widerspruchsbescheid vom .... wurde mir mitgeteilt, dass das Sozialamt bei seiner Entscheidung bleibt.

Mit freundlichen Grüßen

TIPP Vereine und Gewerkschaften bieten für Mitglieder kostenlosen Rechtsschutz – so beim ADAC, dem Bund der Versicherten oder Mieter- bzw. Grundbesitzervereinen. Das reicht im Einzelfall bis zur kostenlosen Rechtsvertretung vor Gericht (zum Beispiel für Gewerkschaftsmitglieder vor dem Arbeitsgericht).

Bei Streit den richtigen Anwalt finden

Wie findet man den Anwalt seines Vertrauens? Im Telefonbuch stehen alle Kandidaten aus Ihrer Wohngegend. Auch die Rechtsanwaltskammer hilft mit Adressen aus, darf aber keine Empfehlung geben. Einen Anwalt können Sie auch hier finden:

- Deutsche Anwaltauskunft (vom Deutschen Anwaltverein): Tel.: 0 18 05/18 18 05 (12 Cent pro Minute) bzw. www.anwaltauskunft.de
- Anwalt-Suchservice (vom Verlag Dr. Otto Schmidt): Tel.: 0 18 05/25 45 55 (12 Cent pro Minute) bzw. www.anwalt-suchservice.de

Die beiden Internetseiten verzeichnen zahlreiche Anwälte, über deren „Qualität" finden Sie dort keine Angaben. Dieser Service ermittelt bis zu drei Anwälte in Ihrer Nähe, die im gewünschten Spezialgebiet zu Hause sind.

Viele schrecken aus Angst vor Kosten vor einem Anwalt zurück und vergeben sich dadurch gerichtliche und außergerichtliche Chancen, zu ihrem Recht und damit auch oft zu Geld vom Staat zu kommen. Denn: Der Gang zum Anwalt bedeutet noch lange keine gerichtliche Auseinandersetzung. Im Gegenteil: Etwa 70 Prozent aller zivilrechtlichen Auseinandersetzungen außergerichtlich gelöst, etwa durch Vergleich. Außergerichtliche Verhandlungen bedürfen oft eines fachkundigen Rechtsbeistandes, um Forderungen durchzusetzen und Fehler zu vermeiden. Ein Anwalt

Der größte Teil aller Auseinandersetzungen führt nicht vor Gericht

- kennt Fristen und Verjährungen,
- kennt die Fallen im Prozessrecht,
- kann fundiert beraten und schon dadurch manches Problem relativieren, in anderem Licht darstellen oder lösen,
- haftet für seine Beratung,
- ist besonders bei Verträgen unerlässlich,
- kann als Mediator auftreten und Konflikte im Sinne beider Parteien klären,
- ist in Strafsachen unabdingbar.

Die Suche wird erleichtert, wenn der Anwalt seine Spezialisierung durch die zusätzliche Qualifikation als Fachanwalt nachgewiesen hat. Diesen geschützten Titel gibt es bislang für folgende Rechtsgebiete:

- Arbeitsrecht,
- Familienrecht,
- Steuerrecht,
- Strafrecht,
- Insolvenzrecht,
- Versicherungsrecht (neu ab 2004),

- Sozialrecht und
- Verwaltungsrecht.

Fachanwälte haben auf ihrem Spezialgebiet eine extra Ausbildung

Der Deutsche Anwaltverein (DAV) setzt sich für die Ausweitung des Titels Fachanwalt auch in den Gebieten Verkehrsrecht, Medizinrecht, Baurecht und Mietrecht ein. Fachanwälte haben auf ihrem Spezialgebiet eine vertiefte Ausbildung absolviert und bilden sich hier auch regelmäßig fort.

TIPP

Bei Streit mit Ämtern und Behörden um Geld vom Staat sind am ehesten Spezialisten im Verwaltungsrecht bzw. Sozialrecht gefragt. Bevor Sie einen Anwalt engagieren, testen Sie am Telefon, wie interessiert und fachkundig er auf Ihren Anruf reagiert. Und fragen Sie gleich beim ersten Kontakt nach dem Honorar. Denn Anwälte kosten natürlich Geld.

Wenn Sie einen Termin in seiner Kanzlei wahrnehmen, wird anschließend unter Umständen schon die erste Zahlung fällig (bis 180 Euro). Wägen Sie sehr gründlich ab, ob sich der finanzielle Aufwand lohnt.

Geben Sie dem Anwalt alle nötigen Informationen, damit speziell eine Telefonberatung nicht zu teuer wird

Nicht jeder muss aber in die Kanzlei. Preiswerteren Rechtsrat gibt es von Anwälten auch am Telefon und im Internet. Der ist inzwischen erlaubt, entschied der Bundesgerichtshof am 26. September 2002 (Az.: I ZR 44/00 und I ZR 102/00). Der Anruf unter einer 0190-Nummer kostet Ratsuchende pro Minute ungefähr 1,86 Euro, von denen der Anwalt 1,27 Euro erhält. Selbst eine ausführliche Beratung von einer Stunde schlägt da nur mit knapp 112 Euro zu Buche. Doch ein Beratungsgespräch dauert am Telefon meist nur zehn Minuten. Zudem kann jeder Ratsuchende die Kosten günstig beeinflussen, indem er sich möglichst kurz und präzise zum Sachverhalt äußert. Der Anwaltsrat kann nur so gut sein wie die Informationen des Mandanten – das gilt in besonderer Weise für die telefonische Beratung, bestätigen Juristen der Verbraucherzentrale Nordrhein-Westfalen, die ebenfalls telefonischen Rechtsrat bieten.

TIPP

Schreiben Sie sich vor dem Anruf die wichtigsten Stichworte zum Problem auf. Kernfragen: Was? Wer? Wo? Wann? Warum? Klare Angaben erleichtern den Rat und ersparen Telefonkosten. Falls der Fall komplizierter liegt, lohnt ein Termin in der Kanzlei. Daher sollte ein Anwalt, der Telefonservice bietet, auch in der Nähe sein Büro haben.

Ein Risiko bleibt am Telefon: Der persönliche Kontakt, um den Sachverhalt vollständig zu ermitteln, fehlt. Der Anwalt muss sich auf die mündlichen Angaben des Ratsuchenden verlassen, kann zum Beispiel nicht in Verträge einsehen. Das birgt die Gefahr von Falschberatung. Daher jeden Rat schriftlich bestätigen lassen – auch bei Rechtsrat aus dem Internet.

Gerichte und Instanzen

Ganz zum Schluss noch ein kurzer Blick ins deutsche Rechtssystem, um zu erkennen, wann welches Gericht zuständig ist, um zum Beispiel Geld vom Staat einzuklagen. Unterschieden wird in öffentliches und privates Recht (siehe Kasten).

Öffentliches und privates Recht

Öffentliches Recht
Es regelt die Beziehungen des Einzelnen zur öffentlichen Gewalt und die Beziehungen der öffentlichen Gewalt zueinander und umfasst das Staats- und Verfassungsrecht, also

- Verwaltungsrecht (Polizei-, Steuer-, Verkehrs-, Wasser-, Sozial-, Bau-, Wegerecht)
- Prozessrecht
- Strafrecht
- Völkerrecht
- Kirchenrecht

Privatrecht
Es regelt die Rechtsbeziehungen der einzelnen Bürger zueinander. Sein Kern ist das bürgerliche Recht, das im Bürgerlichen Gesetzbuch (BGB) niedergelegt ist. Es enthält Regelungen für den bürgerlichen Alltag, zum Beispiel für Kauf und Verkauf, für Pacht, Leihe und Schenkung, für Eheschließung und Ehescheidung, für Unterhaltsansprüche und Vormundschaft, für Erbschaft. Im Einzelnen ist das

- Schuldrecht, z. B. Werkvertrag, Miete
- Sachenrecht,
- Familienrecht,
- Erbrecht,
- Handelsrecht,
- Urheber- und Patentrecht,
- Teile der Gewerbeordnung.

Daneben werden einzelne Zweige der Gerichtsbarkeit unterschieden, die für die einzelnen Streitgebiete zuständig sind:

- **Sozialgericht**
  Entscheidet über Streitigkeiten in der Sozialversicherung einschließlich Entscheidungen des Arbeitsamtes und der Rentenversicherungsträger. Erste Instanz: Sozialgericht der Kommune.

Jedes Gericht ist für spezielle Streitgebiete zuständig

- **Verwaltungsgericht**
  Klärt Streitigkeiten zwischen Bürger und Staatsordnung, wie Ablehnung eines Bauantrags. Erste Instanz: Verwaltungsgericht der Kommune.
- **Finanzgericht**
  Ist für Auseinandersetzungen der Bürger mit den Finanzbehörden zuständig, meistens für Klagen gegen Steuerbescheide. Erste Instanz: Finanzgericht Ihres Bundeslandes.
- **Zivilgericht**
  Ist für bürgerliche Rechtsstreitigkeiten im Rahmen des Privat-

rechts zuständig. Beispiel: Kaufvertrag, Mietstreitigkeiten, Scheidung, Unterhalt, Haftung und Schadenersatz. Erste Instanz: Amtsgericht der Kommune.

- **Arbeitsgericht**
  Befasst sich mit arbeitsrechtlichen Belangen (auch für den öffentlichen Dienst). Es geht um Lohn, Kündigung, Arbeitsschutz, aber auch Mitbestimmung, Betriebsrat, Tarifverträge und Streiks. Besonderheit: Hier trägt in der 1. Instanz jeder seine Kosten selbst – unabhängig vom Ausgang des Prozesses. Erste Instanz: Arbeitsgericht der Kommune.

13 Ausblick

Hier in kurzer Übersicht, was 2005 und 2006 an weiteren sozialen Einschnitten droht:

2005

Ab 2005 gilt: Jede legale Arbeit ist insbesondere für Langzeitarbeitslose zumutbar – auch wenn nicht mindestens der ortsübliche oder Tariflohn gezahlt wird (vergleiche S. 92 ff.).

Ab 2005 werden die beiden bislang völlig getrennten Bereiche Arbeitslosenhilfe und kommunale Sozialhilfe zusammengefasst und perspektivisch von den Kommunen geregelt (Hartz-IV-Gesetz) – Arbeitslosengeld II genannt (vergleiche S. 112 ff.). Das traditionelle Arbeitslosengeld – dann Arbeitslosengeld I genannt – bleibt in der Verantwortung der Arbeitsämter. Allerdings wird die Bezugsdauer verringert (siehe „2006").

Bei der Sozialhilfe wird ab 2005 vieles vereinfacht (Arbeitslosengeld II). So soll der Regelsatz auf 345 Euro pro Monat festgesetzt werden (Osten: 331 Euro). Das hört sich gut an, beinhaltet aber auch die bisherigen einmaligen Zusatzleistungen, zum Beispiel für Kleidung und Hausrat (vergleiche S. 112 ff.).

Bezieher von Arbeitslosengeld II müssen sich aktiv um Arbeit bemühen

Wer Arbeitslosengeld II erhält, muss sich dennoch um Arbeit bemühen, um seine Ansprüche nicht zu verlieren (vergleiche S. 112 ff.). Ab 2005 bestimmt das Hartz-IV-Gesetz: Bei Ablehnung einer zumutbaren Arbeit oder Eingliederungsmaßnahme sowie bei fehlender Eigeninitiative soll die Zahlung für drei Monate um 30 Prozent der Regelleistung gekürzt werden. Im Wiederholungsfall drohen weitere Kürzungen. Bei Jugendlichen unter 25 soll die Leistung schon im ersten Falle der Weigerung komplett gestrichen werden.

Ab 2004 (Umsetzung ab 2005) gilt: Die individuelle Berechnung der Lohnkostenzuschüsse für ABM und SAM entfällt komplett; es gilt allein die pauschalierte Förderung nach Qualifizierung (Hartz-III-Gesetz) – vergleiche S. 92 ff.

Ab 2005 wird die Fortführung einer selbstständigen Tätigkeit bei Arbeitslosigkeit erschwert: Ohne Anrechnung auf das Arbeitslosengeld darf man dann nur noch eine selbstständige Tätigkeit weiterführen, die man in den letzten 18 (bisher zwölf) Monaten vor der Arbeitslosigkeit mindestens zwölf (bisher zehn) Monate nebenberuflich ausgeübt hat. Voraussetzung: Die Arbeitszeit beträgt weniger als 15 (bisher 18) Stunden und der Verdienst daraus ist nicht höher als vorher (vergleiche S. 73 ff.). Ansonsten wird ab 2005 jeder Nebenverdienst auf das Arbeitslosengeld angerechnet, der 165 Euro im Monat übersteigt. Die Alternativregel „oder 20 Prozent des Arbeitslosengeldes, falls das mehr ist", entfällt (vergleiche S. 92 ff.). Wer nebenher selbstständig arbeitet, kann der Einfachheit halber von seinen Honoraren 30 Prozent als Betriebsausgabenpauschale abziehen – der Rest unterliegt der Anrechnungsregel.

Nebenverdienste über 165 Euro im Monat mindern das Arbeitslosengeld

Wer als Arbeitslosenhilfe-Empfänger eigenes Einkommen hinzuverdient, hat bisher einen Freibetrag von 20 Prozent der monatlichen Arbeitslosenhilfe (ab 2005: Arbeitslosengeld II), mindestens 165 Euro (vergleiche S. 112 ff.). Ab 2005 soll der monatliche Freibetrag beim Arbeitslosengeld II wie folgt aussehen:

- 15 Prozent bei Einkünften bis 400 Euro,
- zusätzlich 30 Prozent bei Einkünften zwischen 400 und 900 Euro,
- zusätzlich 15 Prozent bei Einkünften bis 1.500 Euro.

Ab 2005 soll es Veränderungen bei der gesetzlichen Pflegeversicherung geben (vergleiche S. 150 ff.). Ein Gesetzentwurf existierte bei Redaktionsschluss zwar noch nicht, aber die Stoßrichtung ist klar. So soll die häusliche Pflege zu Lasten der Heimbetreuung gestärkt werden. Für neue Pflegefälle sollen die Mittel in den Pflegestufen I und II gekürzt werden. Im Gegenzug werden die Mittel für häusliche Pflege wahrscheinlich auf das Niveau der stationären Pflege angehoben. Weitere geplante Änderungen:

Kinderlose – auch Ältere, deren Kinder erwachsen sind – zahlen ab 2005 mehr in die gesetzliche Pflegeversicherung ein

- Wer kein Kind (mehr) erzieht, muss Beitragszuschlag zahlen (wahrscheinlich 2,50 Euro pro Monat). Alternativ könnte es 50 Euro Freibetrag pro Kind und Monat für Eltern geben.
- In der häuslichen Pflege werden betreute Wohngemeinschaften gefördert.
- Die Leistungen – bislang festgeschrieben – sollen jährlich der Lebenshaltung angepasst werden (ab 2007).
- Altersverwirrte bekommen pauschal 30 Minuten Pflege-Zuschlag pro Tag bezahlt, was in vielen Fällen zu einer höheren Pflegestufe führt.
- Die Pflegekassen sollen eine finanzielle Demografie-Reserve aufbauen (ab 2010).

Ab 2005 soll es weitere Einschnitte bei der gesetzlichen Altersrente geben. Das sieht der Entwurf des Rentenversicherungs-Nachhaltigkeitsgesetzes vor. Dazu zählen insbesondere:

- In die Formel zur Berechnung der Rente wird ein so genannter Nachhaltigkeits-Faktor eingefügt, der die Rentenhöhe an die Bevölkerungsentwicklung koppelt. Weniger Beitragszahler bedeuten auch weniger jährliche Rentenerhöhung – auch für bereits laufende Renten.
- Die Anrechnung von Schul- und Hochschulzeiten ab 17 auf die Rentenhöhe wird schrittweise abgeschafft (bisher bringt das bis zu 59 Euro mehr Monatsrente). Ab 2009 entfällt diese Anrechnung für Neurentner komplett. Dann werden Schul-

und Hochschulzeiten aber weiterhin für Wartezeiten angerechnet (bis zu acht Jahre), die jeder braucht, um überhaupt Anspruch auf Altersrente zu haben (vergleiche S. 181 ff.).

Ab 2005 sollen Alterseinkünfte stärker als bisher besteuert werden. Das sieht der Entwurf des Alterseinkünftegesetzes vor. Dazu zählen insbesondere:

- Ab 2005 bis 2040 wird schrittweise die nachgelagerte Besteuerung von Renten eingeführt. Zu Beginn dürfte dann die Hälfte der Rente, die über einem Freibetrag liegt (noch nicht bekannt) besteuert werden, später dann die volle Altersrente. Bisher sind es zumeist 27 Prozent oberhalb der Freibeträge.
- Das bisherige Steuerprivileg für private Kapital-Versicherungen, also Sonderausgabenabzug und Steuerfreiheit der Erträge bei längerer Laufzeit, soll in dem Zusammenhang ebenfalls gekippt werden. Diese Verschlechterung dürfte aber nur für Verträge gelten, die ab 2005 abgeschlossen werden (vergleiche S. 171 ff.).
- Außerdem soll die steuerliche Förderung der Riester-Rente vereinfacht werden (künftig nur noch fünf statt elf Kriterien – vergleiche S. 171 ff.). Beispiele: Zahlungsmodalitäten werden nicht mehr vorgeschrieben; bis zu 30 Prozent des Kapitals zu Rentenbeginn können auf einmal ausgezahlt werden; der Mindest-Eigenbeitrag soll bei einheitlich 60 Euro liegen.
- Die Ansprüche auf Betriebsrente sollen bei Wechsel des Arbeitgebers problemlos mitwechseln können (Portabilität). Details sind noch nicht bekannt.

Ab 2005 wird voraussichtlich das Steuerprivileg der Kapital-Lebensversicherung abgeschafft

2006

Ab 2006 soll Arbeitslosengeld höchstens noch zwölf Monate gezahlt werden (vergleiche S. 92 ff.). Um finanzielle Härten beim

Übergang zum Arbeitslosengeld II abzufedern, gibt es für zwei Jahre einen Zuschlag zum Arbeitslosengeld II, der nach sechs Monaten jedoch halbiert wird.

Das Krankengeld als Leistung der Krankenkassen in bisheriger Form gibt es nur noch bis 31. Dezember 2005. Danach muss es vom Kassenmitglied extra versichert werden – entweder über die Kasse (kostet 0,5 Prozent Beitrag extra) oder privat (vergleiche S. 131 ff.).

Ab 1. Februar 2006 erwerben Wehr- und Zivildienstleistende in der Dienstzeit keinen neuen Anspruch mehr auf Arbeitslosengeld. Ansonsten sind sie während des Dienstes aber arbeitslosenversichert. Bis dahin werden Wehr- und Zivildienst einheitlich wie zehn Monate Beschäftigung für die Berechnung von Arbeitslosengeld behandelt (vergleiche S. 92 ff.).

Ab 2006 gibt es Altersrente für Arbeitslose und Nutzer von Altersteilzeit erst ab 63

Ab 2006 können Arbeitslose und Altersteilzeit-Nutzer erst ab 63 Altersrente bekommen. Damit soll die Frühverrentung gestoppt werden. Ab 2006 sollen vorwiegend die Jahrgänge 1946 bis 1948 betroffen sein – vergleiche S. 112 ff. Für sie schiebt sich der Beginn der Altersrente ab 2006 hinaus – für jeden Monat spätere Geburt als Dezember 1945 gibt es einen Monat später Rente. Für alle, die nach dem 30. November 1948 geboren sind, gibt es Rente wegen Arbeitslosigkeit dann erst ab 63 (bisher mit 60). Das Gesetzgebungsverfahren ist jedoch noch nicht abgeschlossen – verfolgen Sie die Tagespresse.

TIPP Eine Anhebung der Altersgrenze erfolgt nicht für Versicherte,

- die am 1. Januar 2004 arbeitslos sind,
- deren Arbeitsverhältnis aufgrund einer Kündigung oder Vereinbarung, die vor dem 1. Januar 2004 erfolgt ist, nach 2003 beendet worden ist,

- die vor dem 1. Januar 2004 Altersteilzeit-Arbeit vereinbart haben oder
- Anpassungsgeld für entlassene Arbeitnehmer des Bergbaus bezogen haben.

Gleiches gilt für eine vor 2004 vereinbarte Befristung von Arbeits-Verhältnissen oder bei Bewilligung von ABM oder SAM.

Ab 2006 sollen Pensionären (Ruhestandsbeamten) die Beamtenbeihilfe gekürzt werden. Mit dieser Beihilfe erstattet der Bund bislang einen Teil der Ausgaben der Pensionäre, so den vollen Beitrag zur gesetzlichen Pflegeversicherung. Bis 2008 werden die Pensionen von 75 Prozent des letzten Gehalts auf 71,25 Prozent gekürzt.

Anhang

Wichtige Adressen

Verbraucherzentralen

Verbraucherzentrale Baden-Württemberg e. V.
Paulinenstraße 47, 70178 Stuttgart, Telefon 07 11/66 91-10,
Telefax 07 11/66 91-50, www.verbraucherzentrale-bawue.de

Verbraucherzentrale Bayern e. V.
Mozartstraße 9, 80336 München, Telefon 0 89/53 98-70,
Telefax 0 89/53 75 53, www.verbraucherzentrale-bayern.de

Verbraucherzentrale Berlin e. V.
Bayreuther Straße 40, 10787 Berlin, Telefon 0 30/2 14 85-0,
Telefax 0 30/2 11 72 01, www.verbraucherzentrale-berlin.de

Verbraucher-Zentrale Brandenburg e. V.
Templiner Straße 21, 14473 Potsdam, Telefon 03 31/2 98 71-0,
Telefax 03 31/2 98 71-77, www.vzb.de

Verbraucherzentrale des Landes Bremen e. V.
Altenweg 4, 28195 Bremen, Telefon 04 21/16 07 77,
Telefax 04 21/1 60 77 80, www.verbraucherzentrale-bremen.de

Verbraucher-Zentrale Hamburg e. V.
Kirchenallee 22, 20099 Hamburg, Telefon 0 40/2 48 32-0;
Telefax 0 40/2 48 32-290, www.vzhh.de

Verbraucherzentrale Hessen e. V.
Große Friedberger Straße 13–17, 60313 Frankfurt am Main,
Telefon 0 69/97 20 10-0, Telefax 0 69/97 20 10-50,
www.verbraucher.de

Verbraucher-Zentrale Mecklenburg-Vorpommern e. V.
Strandstraße 98, 18055 Rostock, Telefon 03 81/4 93 98-0,
Telefax 03 81/4 93 98-30, www.verbraucherzentrale-mv.de

Verbraucher-Zentrale Niedersachsen e. V.
Herrenstraße 14, 30159 Hannover, Telefon 05 11/9 11 96-0,
Telefax 05 11/9 11 96-10, www.vzniedersachsen.de

Verbraucher-Zentrale Nordrhein-Westfalen e. V.
Mintropstraße 27, 40215 Düsseldorf, Telefon 02 11/38 09-0,
Telefax 02 11/38 09-172, www.verbraucherzentrale-nrw.de

Verbraucherzentrale Rheinland-Pfalz e. V.
Ludwigstraße 6, 55116 Mainz, Telefon 0 61 31/28 48-0,
Telefax 0 61 31/28 48-66, www.verbraucherzentrale-rlp.de

Verbraucherzentrale des Saarlandes e. V.
Hohenzollernstraße 11, 66117 Saarbrücken, Telefon 06 81/5 00 89-0,
Telefax 06 81/5 88 09-22, www.vz-saar.de

Verbraucher-Zentrale Sachsen e. V.
Bernhardstraße 7, 04315 Leipzig, Telefon 03 41/6 88 80 80,
Telefax 03 41/6 89 28 26, vvww.vzs.de

Verbraucherzentrale Sachsen-Anhalt e. V.
Steinbockgasse 1, 06108 Halle, Telefon 03 45/2 98 03-29,
Telefax 03 45/2 98 03-26, www.vzsa.de

Verbraucherzentrale Schleswig-Holstein e. V.
Bergstraße 24, 24103 Kiel, Telefon 04 31/5 90 99-0,
Telefax 04 31/5 90 99-77, www.verbraucherzentrale-sh.de

Verbraucher-Zentrale Thüringen e. V.
Eugen-Richter-Straße 45, 99085 Erfurt, Telefon 03 61/5 55 14-0,
Telefax 03 61/5 55 14-40, www.vzth.de

Verbraucherzentrale Bundesverband (vzbv),
Markgrafenstraße 66, 10969 Berlin
Telefon 0 30/25 80 00, Telefax 0 30/2 58 00-5 18, www.vzbv.de

Familie und Soziale Dienste

Deutscher Verein für öffentliche und private Fürsorge, Am Stockborn 1 – 3, 60439 Frankfurt/M., Tel.: 069/9 58 07 01 (ab 1.7.04: Michaelkirchstr. 17 – 18, 10179 Berlin) Internet: www.deutscher-verein.de

Deutsches Müttergenesungswerk, Bergstraße 63, 10115 Berlin, Tel.: 030/ 33 00 29-0, Internet: www.muettergenesungswerk.de

Deutscher Arbeitskreis für Familienhilfe, Eschbachstraße 6, 79199 Kirchzarten, Tel.: 0 76 61/ 9 32 10, Internet: www.ak-familienhilfe.de

Katholischer Arbeitskreis für Familien-Erholung, Kolpingplatz 5 – 11, 50667 Köln, Tel.: 0221/20 70 11 70, E-Mail: info@kafe.de

Evangelische Familienerholung im Diakonischen Werk der EKD, Altensteinstraße 51, 14195 Berlin, Tel.: 030/ 83 00 14 50, Internet: www.ev-familienerholung.de

Paritätischer Arbeitskreis für Familienerholung c/o Der Paritätische Wohlfahrtsverband – Gesamtverband, Oranienburger Str. 13-14, 10178 Berlin, Tel.: 030/ 24 63 6 – 0, Internet: www.paritaet.org

Verband Alleinstehender Mütter und Väter (VAMV) – Bundesverband, Hasenheide 70, 10967 Berlin, Tel.: 030/ 69 59 78 6, Internet: www.vamv.de

Schwangerenkonfliktberatung

Siehe: Wohlfahrtsverbände; zudem:

Bundesverband Pro Familia, Stresemannallee 3, 60596 Frankfurt/M., Tel.: 069/ 63 90 02, Internet: www.profamilia.de

örtliche Gesundheitsämter: (Telefonbuch)

Verbraucher

(Siehe „Verbraucherzentralen", S. 240)

Stiftung Warentest, Lützowplatz 11, – 13, 10785 Berlin, Tel.: 030/ 26 31 – 0, Internet: www.warentest.de

Bundesverband deutscher Banken, Kundenbeschwerdestelle, Postfach 04 03 07, 10062 Berlin, Tel.: 030/ 16 63 – 0, Internet: www.bdb.de

Deutscher Sparkassen- und Giroverband, Behrenstr. 31, 10117 Berlin, Tel.: 030/ 2 02 25 – 0, Internet: www.dsgv.de

Bundesverband der deutschen Volksbanken und Raiffeisenbanken, Ombudsmann, Schellingstr. 4, 10785 Berlin, Tel.: 030/ 20 21 – 0, Internet: www.bvr.de

Verband deutscher Hypothekenbanken, Kundenbeschwerdestelle, Postfach 08 05 54, 10005 Berlin, Tel.: 030/ 2 09 15 100, Internet: www.hypverband.de

Verband der privaten Bausparkassen, Klingelhöfer Str. 4, 10785 Berlin, Tel.: 030/ 59 00 91 – 500, Internet: www.bausparkassen.de

Versicherungs-Ombudsmann, Postfach 06 08 32, 10006 Berlin, Tel.: 01804/ 22 44 24, Internet: www.versicherungsombudsmann.de

Krankenversicherungs-Ombudsmann Verband der privaten Krankenversicherung, Büro Berlin, Leipziger Straße 104, 10117 Berlin, Tel.: 01802/ 55 04 44, Internet: www.pkv-verband.de

Bund der Versicherten (BdV), Postfach 11 53, 24547 Henstedt-Ulzburg, Tel.: 04193/ 9 42 22 (Beratung nur für Mitglieder), Internet: www.bundderversicherten.de

Deutsches Kraftfahrzeuggewerbe – Zentralverband – (Schlichtungsstelle), Franz Lohe-Straße 21, 53129 Bonn, Tel.: 0228/ 91 27 – 0, Internet: www.kfzgewerbe.de

Deutscher Industrie- und Handelskammertag (DIHK), Breite Strasse 29, 10178 Berlin, Tel.: 030/ 2 03 08 – 0, Internet: www.diht.de

Zentralverband des Deutschen Handwerks (ZDH), Mohrenstraße 20/21, 10117 Berlin, Tel.: 030/ 206 19 – 0, Internet: www.zdh.de

Ausbildung

Bundesministerium für Bildung und Forschung, Referat Öffentlichkeitsarbeit, 53170 Bonn, Tel: 01888/57 – 0, Internet: www.bmbf.de

Speziell zu BAföG: www.bafoeg.bmbf.de

Bundesverwaltungsamt, Barbarastr. 1, 50735 Köln, Tel.: 0221/ 3 58 – 0, Internet: www.bva.bund.de

Deutsches Studentenwerk, Monbijouplatz 11, 10178 Berlin, Tel.: 030/29 77 27-0, Internet: www.studentenwerke.de

Stipendien

Konrad-Adenauer-Stiftung – Begabtenförderung, Postfach 14 20, 53732 St. Augustin, Internet: www.kas.de

Heinrich-Böll-Stiftung – Studienwerk, Rosenthaler Straße 40/41, 10178 Berlin, Internet: www.boell.de

Stiftung Stipendienfonds des Verbandes der Chemischen Industrie, Postfach 11 19 43, 60054 Frankfurt/Main, Internet: www.vci.de

Daimler-Chrysler-Studienstiftung, Personalmarketing –T 100, 70546 Stuttgart, Internet: www.daimlerchrysler.de/personal

Deutscher Akademischer Austauschdienst, Kennedyallee 50, 53175 Bonn, Internet: www.daad.de

Friedrich-Ebert-Stiftung – Abteilung Studienförderung, Godesberger Allee 149, 53175 Bonn, Internet: www.fes.de

Stiftung der Deutschen Wirtschaft, Studienförderung Klaus Murmann, Breite Straße 29, 10178 Berlin, Internet: www.sdw.org

Studienstiftung des deutschen Volkes – Studienförderung, Mirbachstraße 7, 53173 Bonn, Internet: www.studienstiftung.de

Zivildienst

Bundesamt für den Zivildienst, 50964 Köln, Tel.: 0221/ 36 73 – 0, Internet: www.zivildienst.de

Arbeit und Berufstätigkeit

Bundesagentur für Arbeit, Regensburger Str. 104, 90478 Nürnberg, Tel.: 0911/ 1 79 – 0, Internet: www.bundesagentur.de

Arbeitsamt: Siehe örtliches Telefonbuch

Bundesministerium für Wirtschaft und Arbeit, Scharnhorststraße 34-37, 10115 Berlin, Tel.: 01888/ 615 – 0, Internet: www.bmwa.bund.de

Existenzgründung

Bundesamt für Wirtschaft und Ausfuhrkontrolle, Frankfurter Str. 29 – 35, 65760 Eschborn, Tel.: 06196/ 908 625, Internet: www.bafa.de

KfW-Mittelstandsbank, Palmengartenstr. 5 – 9, 60325 Frankfurt/M., Tel.: 069/ 74 31 – 0, Internet: www.kfw-mittelstandsbank.de

Business Angels Netzwerk Deutschland (BAND), Semperstraße 51, 45138 Essen, Tel.: 0201 / 89 41 5 – 60, Internet: www.business-angels.de

Arbeitslosigkeit

Arbeitslosenverband Deutschland, Gotlindestr. 40, 10365 Berlin, Tel.: 030/ 55 17 33 82, Internet: www.arbeitslosenverband.org

Gesundheit und Risikovorsorge

Bundesministerium für Gesundheit und soziale Sicherung, Am Propsthof 78a, 53121 Bonn, Tel.: 01888/ 4 41 – 0, Internet: www.bmgs.bund.de

Bundesverband der Betriebskrankenkassen, Kronprinzenstr. 6, 45128 Essen, Tel.: 0201/ 1 79 01, Internet: www.bkk.de

AOK-Bundesverband, Kortrijker Straße 1, 53177 Bonn, Tel.: 0228/ 84 30, Internet: www.aok.de

IKK Bundesverband der Innungskrankenkassen, Friedrich-Ebert-Straße / TechnologiePark, 51429 Bergisch Gladbach, Tel.: 02204/ 44 – 0, Internet: www.ikk.de

Verband der Angestellten- und Arbeiter-Ersatzkassen, Frankfurter Straße 84, 53721 Siegburg, Tel.: 0 22 41 / 108 – 0, Internet: www.vdak.de

Online-Vergleich der Krankenkassen: www.billigekrankenkassen.de

Verband der privaten Krankenversicherung (PKV), Postfach 51 10 40, 50946 Köln, Tel.: 0221/ 3 76 62 – 0, Internet: www.pkv-verband.de

Bundesversicherungsamt, Villemombler Str. 76, 53123 Bonn, Tel.: 0228/ 6 19 – 1888; Internet: www.bundesversicherungsamt.de

Hauptverband der gewerblichen Berufsgenossenschaften, Alte Heerstr. 111, 53757 Sankt Augustin, Tel.: 02241/ 2 31 01, Internet: www.hvbg.de

Bundesverband der Unfallkassen, Fockensteinstr. 1, 81539 München, Tel.: 089/ 6 22 72 – 0, Internet: www.unfallkassen.de

Pflege, Rehabilitation und Behinderung

Bundesministerium für Gesundheit und soziale Sicherung, Broschürenstelle, Postfach 500, 53108 Bonn, Tel.: 01888 / 5 27 – 0, Internet: www.bmgs.bund.de

Beauftragter der Bundesregierung für die Belange behinderter Menschen, 11017 Berlin, Tel.: 0 18 88/441-29 44, Internet: www.behindertenbeauftragter.de

Deutsche Behindertenhilfe Aktion Mensch, Holbeinstr. 15, 53175 Bonn, Tel.: 0228/ 20 92 200, Internet: www.aktion-mensch.de

Bundesarbeitsgemeinschaft der Berufsbildungswerke, (Erstausbildung Jugendliche) Freiburger Straße 6, Haus 1, 77652 Offenburg, Tel.: 07 81/97 07 – 0 43, Internet: www.bagbbw.de

Arbeitsgemeinschaft Deutscher Berufsförderungswerke (Ausbildung und Eingliederung Erwachsener), Berufsförderungswerk Hamburg GmbH, August-Krogmann-Straße 52, 22159 Hamburg, Tel.: 040/ 6 45 81 – 0, Internet: www.berufsfoerderungswerke.de

Bundesarbeitsgemeinschaft Hilfe für Behinderte (BAGH), Kirchfeldstr. 149, 40215 Düsseldorf, Tel.: 0211/ 3 10 06 – 0, Internet: www.bagh.de

Private Vorsorge

(Siehe „Verbraucherzentralen“, S. 240)

Bundesanstalt für Finanzdienstleistungsaufsicht (BaFin) – Zertifizierungsstelle - Graurheindorfer Str. 108, 53117 Bonn, Tel.: 0228/ 41 08 – 0; Internet: www.bafin.de (Link: Zertifizierungsstelle)

Bundesversicherungsanstalt für Angestellte – Zentrale Zulagenstelle für Altersvermögen, 10868 Berlin, Tel.: 030/ 865 78 998, Gratis-Service-Tel.: 0800 / 333 19 19, E-Mail: Zulagenstelle@bfa-berlin.de

Senioren und Rente

Bundesarbeitsgemeinschaft der Senioren-Organisationen (BAGSO), Eifelstraße 9, 53119 Bonn, Tel.: 0228/ 24 99 93 – 0, Internet: www.bagso.de

Senioren-Schutz-Bund „Graue Panther“, Greifswalder Straße 4, 10405 Berlin, Tel.: 030/ 204 12 29, Internet: www.grauepanther.de

Deutscher Senioren Ring (DSR) Olbrichtstr. 4/2, 69469 Weinheim (Bergstr.), Tel.: 06201/ 6 04 91 48, Internet: www.seniorenring.de

Evangelische Arbeitsgemeinschaft für Altenarbeit in der EKD (EAfA), Herrenhäuserstraße 12, 30419 Hannover, Tel.: 0511 / 27 96 – 0, Internet: www.ekd.de

Sozialverband VdK Deutschland, Wurzerstraße 4 a, 53175 Bonn, Tel.: 0228 / 8 20 93 – 0, Internet: www.vdk.de

Verband Deutscher Rentenversicherungsträger (VDR), Eysseneckstr. 55, 60322 Frankfurt/Main, Tel.: 069/ 15 22 – 0, Internet: www.vdr.de

regionale Landesversicherungsanstalten für Arbeiter (LVA): siehe Telefonbuch

Bundesversicherungsanstalt für Angestellte (BfA), Ruhrstr. 2, 10709 Berlin, Tel.: 030/ 8 65 – 1, Internet: www.bfa.de

Bahnversicherungsanstalt, Karlstr. 4 – 6, 60329 Frankfurt/M., Tel.: 069/ 2 65 -1, Internet: www.bahnva.de

Künstlersozialkasse, Langeoogstr. 12, 26384 Wilhelmshaven, Tel.: 04421/ 3 08 – 0, Internet: www.kuenstlersozialkasse.de

Seekasse, Reimerstwiete 2, 20457 Hamburg, Tel.: 040/ 3 61 37 – 0, Internet: www.see-bg.de

Bundesknappschaft, Pieperstr. 14 – 28, 44789 Bochum, Tel.: 0234/ 3 04 -0, Internet: www.bundesknappschaft.de

Gesamtverband der landwirtschaftlichen Alterskassen, Weißensteinstr. 72, 34131 Kassel, Tel.: 0561/ 93 59 – 0, Internet: www.lsv-d.de

Versorgungsanstalt des Bundes und der Länder (VBL), Hans-Thoma-Str. 19, 76133 Karlsruhe, Tel.: 0721/ 1 55 – 0, Internet: www.vbl.de

Bundesverband der Rentenberater, Hohenstaufenring 17, 50674 Köln, Tel.: 0221/ 2 40 66 42, Internet: www.rentenberater.de

Gewaltopfer

Weißer Ring, Weberstraße 16, 55130 Mainz, Tel.: 06131/83 0 30, Internet: www.weisser-ring.de

Verkehrsopferhilfe

Verein Verkehrsopferhilfe (VOH), Glockengießerwall 1, 20095 Hamburg, Tel.: 040 / 30 18 00, E-Mail: voh@verkehrsopferhilfe.de

Schuldnerberatung

Bundesarbeitsgemeinschaft Schuldnerberatung, (auch Adressen von Insolvenzgerichten und Schuldnerberatungsstellen), Wilhelmstr. 11, 34117 Kassel, Tel.: 0561/ 77 10 93, Internet: www.bag-schuldnerberatung.de

Wohlfahrtsverbände

Arbeiterwohlfahrt Bundesverband, Marie-Juchacz-Haus, Oppelner Str. 130, 53119 Bonn, Tel.: 0228/ 66 85 – 0, Internet: www.awo.org

Deutscher Caritasverband, Karlsstr. 40, 79104 Freiburg, Tel.: 0761/ 2 00 – 418; Internet: www.caritas.de

Deutscher Paritätischer Wohlfahrtsverband, Oranienburger Str. 13-14, 10178 Berlin, Tel.: 030/ 24 63 6 – 0, Internet: www.paritaet.org

Deutsches Rotes Kreuz, Carstennstr. 58, 12205 Berlin, Tel.: 030/ 85 40 40, Internet: www.drk.de

Diakonisches Werk der Evangelischen Kirche in Deutschland, Staffelbergstr. 76, 70184 Stuttgart, 0711/ 21 59 – 0, Internet: www.diakonie.de

Bundesarbeitsgemeinschaft der Freien Wohlfahrtspflege (BAG FW), Oranienburger Straße 13 – 14, 10178 Berlin, Tel.: 030/ 24 08 90, Internet: www.bag-wohlfahrt.de

Anwaltssuche

Deutsche Anwalt-Auskunft (Deutscher Anwaltverein), Tel.: 01805/18 18 05; Internet: www.anwaltauskunft.de

Anwalt-Suchservice (Verlag Otto Schmidt), Tel.: 01805/25 45 55; Internet: www.anwalt-suchservice.de

Stichwortverzeichnis